ELUOSI
CAIZHENG WENTI YANJIU

俄罗斯财政问题研究

李淑霞 著

哈爾濱工業大學出版社
HARBIN INSTITUTE OF TECHNOLOGY PRESS

内容提要

俄罗斯解体后进行了一系列制度改革，在公共财政方面的改革尤为广泛和深入，引起国际学界和各国政府的高度关注。俄罗斯的公共财政问题研究成为新兴前沿课题。

本研究的主题定位在俄罗斯经济增长与收入分配过程中财政的作用。本书共10章，主要内容包括财政基本理论、支出、税收、预算联邦制及公共财政管理等，对俄罗斯财政问题进行了深入分析和实证研究。

本书主要适合高等院校经济学、财政学、国际经贸等专业师生及公共政策等相关部门参考。

图书在版编目(CIP)数据

俄罗斯财政问题研究/李淑霞著. —哈尔滨：哈尔滨工业大学出版社，2017.3

ISBN 978-7-5603-6370-7

Ⅰ.①俄… Ⅱ.①李… Ⅲ.①财政经济-研究-俄罗斯 Ⅳ.①F815.12

中国版本图书馆CIP数据核字(2016)第303628号

责任编辑 田新华
封面设计 高永利 思 华
出版发行 哈尔滨工业大学出版社
社 址 哈尔滨市南岗区复华四道街10号 邮编150006
传 真 0451-86414749
网 址 http://hitpress.hit.edu.cn
印 刷 哈尔滨工业大学印刷厂
开 本 787mm×960mm 1/16 印张13.25 字数260千字
版 次 2017年3月第1版 2017年3月第1次印刷
书 号 ISBN 978-7-5603-6370-7
定 价 49.00元

序

混合经济是转型国家走向市场经济的唯一目标。在混合经济体制中，关于公共财政职能的争论事实上体现了以国家与市场关系为主题的财政理论的发展。早期财政的理论基础是古典学派，在思想上强调个人主义，在经济政策上主张“最好的财政计划，是经费支出最少的计划；最好的租税，是人民负担最轻的租税”。

20 世纪 30 年代以后，凯恩斯宏观财政理论的产生使政府活动范围的研究从简单的“政府收支”转向“公共经济”，主张财政预算应以促进宏观经济目标的实现为主旨，这一理论又兼顾了税收的公平目标，主张税收结构应该以所得税、遗产税等直接税为主，以累进税率替代固定税率或比例税率。这一理论很好地指导了发达国家的政策选择。

新古典学派的财政理论继承和发展了微观财政理论，并结合凯恩斯的宏观财政理论，研究财政支出和税收对经济发展的影响，该理论强调减少对经济生活的政府干预，实现新自由主义和凯恩斯主义并行。

这些理论反映了公共经济和私人经济的不同组合与经济发展的关系。从国际经验来看，政府的公共收支规模已经达到不可忽视的程度，这说明政府的支出和收入行为必然对整个经济的增长和收入分配产生潜在重要的影响。因此，无论是从微观上还是宏观上，收入和支出政策也以促进经济增长和收入公平为主要目标。

俄罗斯的市场经济模式虽然由自由放任的市场经济向社会市场经济模式过渡，但是财政制度和政策的选择仍然遵循新自由主义的思想框架。与此同时，财政调整实现了政府的行为从非规范化向规范化的转化。改革初期基于宏观经济稳定的财政调整，为了减少联邦预算赤字，政府选择了逆向财政调整机制，即大幅度地削减政府支出和增加税收。1998 年之后的财政调整，重新诠释了政府与市场、政府与企业、居民个人以及各级政府之间的分配关系，逐渐规范了财政矫正市场失灵、提供公共产品和服务、组织政府收入、调节资源配置与收入分配以及稳定宏观经济的职能。

俄罗斯历经艰难的经济改革已经取得一定的成就，经济增长方式由粗放型增长向集约型增长的转变过程中，国内生产总值已经得到恢复并且稳定地增长，实际工资以稳健的速度增长，财政对国民经济的影响日益加深。1995～2011年期间，统一预算收入和支出占GDP的比例平均约为30.33%、30.13%。2012年财政盈余占GDP的比例为0.4%，平均公共债务水平占GDP的比例不足10%。俄罗斯的贫困率达9年来最高，收入分配差距在拉大。那么，经济增长和收入不平等的原因是什么？该书试图从公共财政角度解析俄罗斯的增长与分配现状。

作者的这部著作主要是阐明和分析了俄罗斯经济转型之后，政府行为的方式、方法及其效应，特别是经济增长及收入分配中公共财政的不可低估的作用。1998年之后，俄罗斯运用财政制度、税收和支出政策支持了经济增长和收入分配的变化。作者从理论到实践对俄罗斯财政的作用进行了深入细致地分析，有许多独到之处，可谓在这一问题上最为系统深入的著作之一。

财政制度和财政政策如何影响社会总需求和总供给，从而实现增长和公平目标，这是一个极其复杂的问题，它既受各种经济因素的影响，又取决于政策本身的设计和选择。通过财政这一重要窗口的研究，可为不同社会经济政策目标下的财政政策选择提供现实依据，有助于拓深对俄罗斯整个宏观经济领域的把握，还可为我国公共财政制度改革及政策的合理运用提供有价值的启示，对中国的公共财政管理改革给予可供参考的视角，具有前瞻性、学术创新性和应用性。

经济增长与收入分配历来是各国经济改革中的重大问题，也是公共财政改革中的重要问题。该书从俄罗斯公共财政视角对此问题进行研究，视角独特。这是继作者李淑霞博士于2009年在经济科学出版社出版的学术专著《财政分权与财政激励——以俄罗斯预算联邦制为视角的研究》（2013年获黑龙江省社会科学优秀成果一等奖）后，又一部针对俄罗斯经济转型的研究力作，也是她在这一前沿性领域的深入研究的又一学术成果。

郭连成

东北财经大学国际经济贸易学院

2016年1月

目 录

1　财政效应的理论框架

1.1　收入分配与经济增长中的财政变量

西方经济学家将社会资源的合理配置视为经济学的核心问题,并将效率作为评判社会资源的配置状况的标准,并且指出,只有完全竞争市场才能实现资源配置的帕累托最优状态。但是,现实的市场并不具备完全竞争市场的假设条件,这导致一些物品或劳务的供给处于无效率状态,如国防、公安、司法、水利、消防等产品或服务。与此同时,大量外部效应的存在扭曲了市场价格,从而使资源配置丧失效率。因此,纠正资源有效配置的根本途径则在于财政措施。

然而,效率并不是评判社会资源配置状况的唯一标准。在很多情况下,公平也是必须加以考虑的重要原因。由市场所决定的收入初次分配是极不公平的,所以政府通过财政再分配来弥补市场机制所造成的缺陷。

除此之外,由于垄断的存在,尤其是某些产品的价格缺乏弹性,致使价格不能及时反映经济情况的变动。由于人们的消费倾向和流动偏好以及资本边际效率的预期变动,使社会总供求不能保持平衡,最终导致失业和通货膨胀。市场机制这些缺陷,一定程度上造成经济周期的波动。因此,财政必须担负起烫平经济周期波动的重任。

正是由于市场机制在实现资源有效配置、缓解收入分配差距、抑制经济周期波动方面存在着市场失灵,马斯格雷夫概括了财政的三个职能:配置、分配和稳定。

从西方财政理论来看,财政职能的研究经历三个阶段,与之相对应的是微观、宏观和综合性财政理论的发展。

第一个阶段是古典学派和新古典学派的微观财政理论,着重研究具体的财政措施与个体经济行为之间的关系,侧重研究税收在筹集财政收入中的作用、税收负担的转嫁与归宿问题，以及履行国家职能的消费性和投资性支出以及转移性支出对经济行为的影响。

财政理论的第二个阶段是凯恩斯主义学派的宏观财政理论，着重研究财政的收入和支出与宏观经济之间的关系，主要是税收和支出如何刺激社会总需求以抑制经济衰退。

第三个阶段是新古典学派，包括货币主义、供给学派、理性预期学派等。该理论的特点是继承和发展了新古典学派微观税收理论，并结合宏观税收理论，研究财政的收入和支出对经济发展的效应。

理论阐示了在混合经济中政府通过财政制度的设计和改革，通过特定财政政策参与市场经济活动，以达到既定的经济目标。因此，财政的经济效应将涉及财政、财政理论和财政政策。财政就是研究政府在经济中的作用，集中体现在政府收入和支出对资源配置、收入分配和经济稳定中的影响。财政的本质是公共选择的经济化，体现财政制度和财政政策的具体化。财政制度是通过法律、法规、条例和办法调整国家财政分配关系的制度安排。财政政策反映了特定国家特定时期的价值判断，体现在具体的财政目标中，并且在财政理论的指导下，根据经济的实际运行状况所采取的干预性措施。

这些措施可以用国际货币基金组织概括的财政变量来表示[①]，见表 1.1。

表 1.1　政府财政政策分类

理论上的分类	政府财政统计分类
直接税	·对所得、盈利和资本收益征收的税收 ·对工资和劳动力征收的税收 ·对财产征收的税收
间接税	·对商品和服务征收的普通税收 ·对国际贸易和交易征收的税收

① The classification is based on the manual GFS 2001 and corresponds to the General Government.

续表 1.1

理论上的分类	政府财政统计分类
其他收入	·其他税种 ·捐赠收入 ·其他收入
消费性支出	·雇员补贴(compensation of employees) ·商品和服务使用(use of goods and services) ·固定资产购置(consumption of fixed capital) ·利息(interest) ·补贴(subsidies) ·补助金 (grants) ·社会福利 (social benefits) ·其他费用(other expense)
公共投资	·非金融资产净获得(net acquisition of non financial assets)
金融资产和负债业务	·金融资产净获得(net acquisition of financial assets) ·负债净额(net incurrence of liabilities)
政府盈余/赤字	总收入减去总支出(total revenues minus total outlays)

1.2 理论框架

对财政政策影响经济活动的宏观经济分析可以区分两个基本的一般理论方法:一个是新古典主义的方法;另一个是新增长理论分析方法。

在促进经济增长方面,给出明确的政府政策含义的增长理论是索洛模型。在 Solowt 和 Swanr 的新古典增长模型中,强调不同财政政策工具的短期效应,政府政策是经济体系的外生因素,如人口和技术进步,经济的稳定增长是由外生因素决定的;对长期经济增长没有实际影响,增长率是由劳动供给增长和技术进步决定的自然增长率[①]。因此,这种政策趋向于政府干预水平越低越好。而在哈罗德 - 多马模

① Solow , R. M. A Contribution to the Theory of Economic Growth. Quarterly Journal of Economics,1956.(70).

型中,实际增长率有可能低于有保证的增长率,政府需要通过预算赤字降低有保证的增长率。这一思想体现在凯恩斯理论中,就是利用扩张性财政支出政策刺激有效需求,产生短期增长效应。

新增长理论的经典模型是内生增长模型。内生增长模型与新古典增长模型不同的是,一国的长期增长是由内生变量决定的。这些内生变量对财政政策是敏感的,认为政府干预下税收和公共支出政策的实施会使经济均衡实现长期社会最优增长率。

在这些模型中,人力和物质资本的投资不会影响稳定增长率。因此,需要更多发挥税收和政府支出在长期经济增长中的作用。巴罗·费希尔等在内生增长模型中研究了财政政策的经济增长效应,回答了不同国家增长率为什么不同?[①] 并且认为,在平衡预算的前提下,若税收融资的政府支出规模适度,将对长期经济增长起促进作用。此后,西方主流学派的许多学者按照巴罗的思路,将政府财政政策作为影响经济的内生变量,通过建立各种经济计量模型来分析其对现实经济的影响。

新增长理论认为,市场力量的作用不足以利用社会可能达到的最大创新潜力,一部分创新潜力被浪费了。政府应着力于制定能促进发展新技术的各种政策。如支持教育,刺激对物质资本的投资,保护知识产权,支持研究与开发工作,实行有利于新思想形成并在世界范围内传递国际贸易政策,以及避免政府对市场的扭曲等。因此,校正性税收和生产性公共支出将影响经济增长,财政政策可以影响产出以及长期增长率的水平。

标准的内生增长方程是由 Barro (1990) and Barro and Sala - i - Martin (1992) 开发的。Leonel Muinelod 在 Barro (1990) 模型的基础上遵循 Kneller (1999) 等人的思路引入了财政变量[②]。模型中考虑经济中有 n 个生产者,每一个生产者生产一种产品(y),生产函数为

$$y = Ak^{1-a}g^{a} \tag{1}$$

其中,k 表示生产者的民间资本,g 表示公共资本(模型中考虑的是生产性公共支出)。

① Barro Robert J . Public Finance in Models of Economic Growth Review of Economic Satudjes, 1990. (59):645 - 661.

② Leonel Muinelo, Oriol Roca - Sagalés . Economic Growth and Inequality: The Role of Fiscal Policies. 2011. http://www. recercat. net/bitstream/handle/2072/152015/wpdea1105. sequence = 1.

政府通过征收比例税(扭曲性税收)获得平衡年度预算支出的收入和一次性税收(非扭曲性税收)。因此,政府的预算约束可以表示为

$$ng + C + b = L + \tau n y \tag{2}$$

其中,C 和 g 分别表示公共非生产性支出和公共生产性支出。在允许不平衡预算的情况下,需要引入变量 b 表示预算盈余(赤字)。

在 t 时期 i 国家经济增长率 $\Delta y_{i,t}$,是一组非财政变量 $X_{i,t}$ 和财政变量 $FP_{i,t}$ 的函数,即

$$\Delta y_{i,t} = \alpha + \beta \sum_{h=1}^{n} X_{i,t}^{h} + \sum_{j=1}^{m} \gamma_j FP_{i,t}^{j} + u_{i,t} \tag{3}$$

假设向量 FP 包括所有的相关元素,我们推断出

$$\sum_{j=1}^{m} FP_{i,t}^{j} = 0 \tag{4}$$

为了避免方程(3)估计时的完全共线性,我们排除向量 FP 中的一个元素。考虑到在政府预算约束内,省略变量能够有效地代替补偿元素(科内尔 etal ,1999)。因此,经济增长方程可以表示为

$$\Delta y_{i,t} = \alpha + \beta \sum_{h=1}^{n} X_{i,t}^{h} + \sum_{j=1}^{m-1} \gamma_j FP_{i,t}^{j} + \gamma_m FP_{i,t}^{m} + u_{i,t} \tag{5}$$

我们省略元素 $FP_{m,t}$ 获得新的增长方程为

$$\Delta y_{i,t} = \alpha + \beta \sum_{h=1}^{n} X_{i,t}^{h} + \sum_{j=1}^{m-1} (\gamma_j - \gamma_m) FP_{i,t}^{j} + u_{i,t} \tag{6}$$

为了降低设定误差的偏差,我们认为两个增长正交方程包含不同的控制变量。模型(1)控制变量的设定是基于索洛增长模型,包括最初的人均 GDP 水平、私人投资和人口增长。基于曼昆—罗默—威尔模型(1992),且为了限制人力资本积累的影响,模型(2)包括了先前的索洛集合,同时包含了平均受教育年限中年龄 25 岁及以上的人口。

在这里,我们考虑到宏观经济和财政政策分配结果的综合分析,也考虑了增长方程中不平等的程度。因此,模型(3)和(4)(结构方程式)扩展了基准模型,即分别在模型(1)和(2)中增加了一个不均等变量(基尼系数)。

考虑收入再分配条件下的财政政策,与经济增长的大量理论文献相比,至今财政政策对收入不平等的影响方面的研究还很少。

对于经济上的不平等,模型中使用的标准方程是基于 Li and Zou (1998)、

Squire and Zou（1998）、Castelló and Doménech（2002）和 Lundberg and Squire（2003）①的理论和模型做出的。在增长方程中排除 *FP* 向量元素策略，我们将财政政策变量考虑进来。因此，收入不平等的程度取决于两组非财政变量（γ 变量）和财政变量（*FP* 变量）为

$$\ln eq_{it} = \delta + \Psi \sum_{K=1}^{l} Y_{i,t}^{K} + \sum_{j=1}^{m-1} (\zeta_j - \zeta_m) FP_{i,t}^{j} + \varepsilon_{i,t} \tag{7}$$

如上述文献所述，不平等方程必须考虑控制公民自由权利的程度和教育不平等代表资产不平等的程度。这里，一方面关注社会最富有阶层对政治的控制和他们对收入分配的影响，给予他们保护自己财产的政治权利；另一方面，教育不平等变量也提示我们，人力资本结构在解释收入不平等的差异中的重要性。同时，*FP* 变量包含财政变量，以及国家预算约束中代表补偿元素的省略变量。

为了降低设定误差的偏差，我们考虑两个不平等正交方程模型（5）和（6），它们唯一的不同是后一个方程还包含了一个控制不平等变量结构差异的虚拟变量（根据税后收入衡量，如果收入不平等，则结果为 1，否则为 0）。内生经济增长不平等模型中策略的一致部分，构成了我们的不平等结构式方程即模型（7）。

Leonel Muinelo - Gallo 考察了 43 个中等以上的高收入国家在 1972 年至 2006 年期间不同性质的财政政策对经济增长的影响以及对收入不平等的作用，通过建立两个独立模型解释经济增长和不平等中财政政策的效果。最后在模型中将不平等引入经济增长方程中，讨论财政政策对两者的共同作用。实证结果表明，政府公共性的规模增加和直接税的减少可在促进了经济增长的同时减少不平等，即公共投资的财政政策，可能会打破这种效率与公平的权衡，因为该项目在降低不平等同时，而不损害产出水平。

① Li and Zou. 1998, Income inequality is not harmful for growth: theory and evidence. Review of Development Economics ,1998. 2(3): 318 - 334; Castelló, A. and R. Doménech, Human Capital Inequality and Economic Growth: Some New Evidence. Economic Journal, 2002. 112(478):187 - 200. Lundberg, M. and L. Squire. The Simultaneous Evolution of Growth and Inequality. Economic Journal,2003. 113.

1.3 公共财政与收入分配

收入分配差距是当代俄罗斯社会经济问题的重要组成部分。这个问题在发达国家已经克服,但在俄罗斯却保留了大多数发展中国家和转型国家的过渡性质。当然,在市场经济中实现完全平等也是不可能的,但在一定程度上是可以实现的,这需要国家采取适当的社会政策。

发达国家的经验提供了有力的证据,它们已经取得了收入分配的平等程度,这是社会公平和避免各种动荡的基础。在经济方面,这种平等的消费需求的增长是至关重要的。它反过来不可忽视的一个非常重要的因素是,从生产增长滞后于消费需求又可能催生出严重的经济危机。

从高度发达的国家、发展中国家的基尼系数(1961 年至 1996 年)可以看出,发达国家有更高的收入分配平等程度。欧洲的基尼系数介于 25% ~35%(瑞典最低)。然而,自 20 世纪 70 年代中期以来,这一数字已经大幅增长,如在英国和美国(美国超过 40%)。至于在拉美国家中,基尼系数是欧洲的 1 至 2 倍,达到 50% ~60% 的更高水平。这些国家的收入分配提供了极不平等的证据。在俄罗斯反映收入不平等的基尼系数也达到较高的水平。

收入不平等程度是很多因素共同作用的结果。在要素市场收入中,劳动收入不平等程度,就业和闲暇时间是收入不平等的主要致因,自主创业和资本起到较小的作用。在大多数 OECD(经济合作与发展组织)成员中,家庭总收入的市场不平等是主要决定因素。劳动市场收入占平均不平等程度的 75% 左右,相对应的,只有 25% 来自于自雇和资本收入的影响。

OECD 在 2012 年关于《收入不平等与增长》研究报告中,考察了税收和转移支付对经济增长和收入分配的影响[①]。在该报告中,按收入不平等模式对国家可以分 5 组,为了解不平等产生的主要原因及可操作性的政策选择提供了有价值的数据。

(1)北欧国家和瑞士的特点是工资的不平等导致了收入低于平均可支配收入,

① OECD 2012, Income inequality and growth: The role of taxes and transfers, OECD. Economics Department Policy Notes, 2012. No. 9.9 -10.

特别是高收入阶层伴随着较高的就业率和兼职就业。在所有这些国家(瑞典除外)中劳动不平等所占的份额高于平均收入水平。这意味着在这些国家只存在适度的再分配。

(2)8 个欧洲大陆国家(比利时、捷克共和国、爱沙尼亚、芬兰、法国、意大利、斯洛文尼亚)的不平等源于劳动市场收入低于 OECD 的平均水平。劳动收入不平等是由低就业率引起的。尤其是比利时、法国、意大利和斯洛伐克共和国。较高的自主就业或资本收入在家庭市场收入中,带来的不平等接近 OECD 的平均水平(斯洛伐克共和国除外)。税收和现金转移支付占 GDP 较高的国家减少了家庭可支配收入的不平等。

(3)在 7 个其他欧洲大陆国家(奥地利、德国、希腊、匈牙利、卢森堡、波兰和西班牙),以及日本和韩国,源于劳动力市场的不平等高于 OECD 的平均水平。但是,基本的原因各不相同。在所有国家,工资率的不平等都存在,但希腊、匈牙利、韩国、卢森堡、波兰和西班牙就业率低,奥地利和日本雇用就业率高。现金转移往往影响再分配,因为其规模小(韩国)或以基本保险为基础。因此,一些国家不具有高度累进性(奥地利、德国、希腊、匈牙利、日本、波兰和西班牙)。总体而言,无论是家庭可支配收入不平等还是贫困率都接近 OECD 的平均水平。

(4)5 个英语母语的国家(澳大利亚、加拿大、爱尔兰、新西兰和英国)和荷兰雇用就业人数方面占相当大的份额,提高了劳动收入不平等程度;另一方面,除了爱尔兰,其他国家就业率超过 OECD 的平均水平,减少了不平等。而现金转移支付(荷兰以外的所有国家)往往比其他 OECD 国家更具有针对性的累进税制。因此,在这些国家,存在相当明显的再分配效应。然而,除荷兰以外的所有国家的家庭可支配收入的不平等高于 OECD 的平均水平。

(5)智利、以色列、墨西哥、葡萄牙、土耳其和美国等具有高工资和低就业率(美国可能例外)特点,现金转移再分配的影响不大,其规模很小,且基于保险性质。在多数国家累进税收规模不大,在 OECD 的平均水平以上。总体而言,家庭可支配收入不平等和贫困率都远高于 OECD 的平均水平。

虽然实施社会政策的国家都不同程度地存在着收入不平等,但这种收入再分配政策却是缩小收入不平等的有效措施。预算支出和累进税制将有助于降低收入不平等程度。

许多研究认为,人口的教育水平有助于促进收入分配的平等程度。也就是说,人力资本的积累以及小企业的发展在现代经济增长中发挥了巨大的作用。因此,社会政策的主要行为之一在于增加教育、医疗保健、职业培训和再培训,以及建立人力资本的公共资源的配置机制。在这方面,发达国家的政府支出在总支出中的比例很大。

关于人力资本促进发达国家的国民财富增加可以通过以下数据反映。根据世界银行的统计,固定资产(设备、建筑物和交通)在美国国民财富结构中占19%,自然资源占5%,而人力资本达到76%,在欧洲相对应的指标分别是23.2%,2.8%和74%,而在俄罗斯这些指标分别达到10%,40% 和50%。

因此,必须以人的个性方面的发展为基础支持教育和医疗卫生。它不仅能够以人为基础而形成必要的生产部门。同时,其它方面的国家社会支出依然是重要的。首先,这有助于克服社会不平等,不仅获得市场分配的收入,而且还可以改变人类的生活,如疾病、失业、贫困等,消除人类的最低收入。在这种情况下,重要的社会支出即政府的转移支付,包括社会保障、失业救济金、退休金、医疗保健(教育除外)的政府支出。

数据表明,许多国家转移性公共支出在增加。在美国和日本,该支出占国内生产总值的35%,而在欧洲国家20世纪90年代接近50%(21世纪有所下降)。在过去,美国社会转移支付仅占GDP的15%,在欧洲为20%(英国除外)。

1.4 增长和平等的权衡:互补性的税收和支出政策

目前,关于收入不平等与增长之间的统一并没有形成共识的理论文献,已有的实证论据也还没有定论。但是,具体的结构性改革旨在于提高生活水平,也影响收入分配。例如,税收和支出不仅影响收入分配,也会影响生产效率。当然,也存在着两个目标权衡的政策。

第一,取消税收漏洞,同时削减劳动力的边际税率,将促进公平和增长。既可以促进经济增长又可以减少不平等的可供选择的政策有很多。补缴税款支出,这主要是高收入群体受益,很可能有利于长期人均国内生产总值的提高,可以降低边际税率产生更公平的收入分配。但是,税收减免往往会扭曲资源配置。此外,扩大补缴税款支出还可以减少税收制度的复杂性，从而提高税收遵从和降低征收成本。具体的税收支出，应重新考虑包括按揭利息的税收减免的税收优惠政策，促进养老储蓄或减少销售的主要或次要的资本收益。有些税收优惠可能会为高收入者提供避税工具。

第二，与转移收入相结合的累进税可能提高收入的不平等，但可以促进经济增长。不同税种对经济活动的影响也不同。有些税种对经济活动产生较大的不利影响。个人和企业所得税是最扭曲的税种，它们对劳动供给、生产率和资本积累有相当大的负面影响。远离这类税收和对税收与转移支付的组合性选择，如不动产税和消费税，可能提高生活水平，是权衡收入分配目标与效率的一种选择。因为，个人所得税一般采用累进税制，而房地产税和消费税从一生的角度看具有中性税收的性质。有针对性地转移支付可以减少这种权衡的程度。

第三，转移支付对收入不平等与增长的影响取决于其设计。从理论角度来说，转移支付是否能够带来效率的改善是不明确的①。转移支付对人均 GDP 和收入水平的不利影响取决于其是否产生劳动的负激励。税收和转移支付前的收入不平等主要是由于劳动力所得不平等，雇用就业和闲置的可能性。自主就业和资本收入对收入不平等的作用较小。税收和转移支付机制可降低所有国家整体的收入不平等。CEOD 成员中，转移支付降低不平等程度约四分之三，其余因素是对家庭的直接征税。

在 CEOD 范围内的税收和转移支付后作为衡量收入不平等的基尼系数，比在 2000 年税收和转移支付之前，收入约低 25%。这就是说，税收和转移支付后的收入分配状况在不同国家有所不同，见表 1.2。事实上，税收和转移支付后，基尼指数介于斯洛文尼亚低于 0.25（较小的不平等）、智利 0.5（高度不平等）之间。税收和转移支付前最不平等的国家通常在税收和转移支付之后依然如此。2000 年后 OECD

① 这里所讲到的效率是卡尔多－希克斯效率，即从总量上来说，如果一项政策能够带来总体产出（福利）的增加，则认为是有效率的，即使其中某一部分人或地区在短期内会因此遭受损失（Kaldor，1939；Hicks，1939）。平均意义上，如果转移支付能够提高长期的经济增长率，那么就是有效的；在转移支付量给定的情况下，如果改变支出结构，比如给予西部地区更大的份额，能够带来更多的经济增长，则也是有效率的。OECD 2012，Income inequality and growth：The role of taxes and transfers，OECD. Economics Department Policy Notes，2012. No. 9.10－11.

成员中，税收和转移支付之前基尼系数的最低值和最高值分别是韩国和意大利，税收和转移支付之后基尼系数的最低值和最高值分别是斯洛文尼亚、智利。其中，15个国家的基尼系数下降到0.236～0.295，16个国家在0.303～0.378之间，另外3个国家为0.409～0.494之间。

表1.2 OECD成员税收和转移支付前后的基尼系数

基尼系数范围	税收和转移支付之前			税收和转移支付后		
	国家数*	最小值	最大值	国家数**	最小值	最大值
0.2～0.3				15	0.236	
0.3～0.4	2	0.382		15		
0.4～0.5	27			3		0.494
0.5～0.6	4		0.534	0		

*爱尔兰缺少税收和转移支付之前的统计数据；**冰岛缺少税收和转移支付之后的统计数据

在一些国家，现金转移支付的规模较小，但对有需要的人具有高度针对性。转移支付产生的收入再分配主要发生在整个生命周期。因此，养老金往往在个人之间的再分配作用较小，它反映的是在整个生命周期的重新分配。

个人所得税往往具有累进性，而消费税和房地产税收往往吸收当期富裕人口收入的较大份额。税收和转移支付的改革需要在减少不平等和提高人均GDP前提下产生双重红利。特别是减少对富裕阶层的税收支出，有利于促进公平的目标，同时保持有利于增长的所得税边际税率。其他方面的改革也需要在经济增长与社会公平两个政策目标之间的权衡。转移支付和税收的组合，减少扭曲的税收，尤其是要避免对劳动而转向消费的课征，有利于提高劳动积极性，但却可能至少在一个给定的时间点提高不平等程度。

1.5 本书分析的角度与框架

在市场经济运行中，政府利用财政这个间接宏观调控手段，可以在不同层次上影响经济增长和收入分配。本书侧重于从财政的支出和收入机制两个方面分别讨论其对俄罗斯经济增长和收入分配的影响。

在市场经济条件下,财政的首要职能是在微观领域的资源配置职能。具体地说,在现实的经济运行中,财政旨在于高效利用资源的情况下,使经济增长保持一个较高的速度,同时还不能忽视财政的收入分配和宏观经济的稳定职能。

在混合经济中,公共财政职能的转变是俄罗斯经济改革中最重要的领域之一。无论是在计划分配制度下,还是在市场条件下,公共财政是通过公共政策实现资源配置的重要工具,在社会经济中发挥着重要作用。

所不同的是,在计划分配体制下,财政是以计划为主直接参与投资、生产和经营活动;而在混合经济中,公共财政在市场经济中的地位和作用是筹集、再分配和支出资源,国家有针对性地在公共财政领域实施公共政策。公共财政不仅是强制融资的工具,也是国家的经济杠杆之一。财政则转变为以财政支出和收入杠杆来间接调控国民经济运行的职责。与此同时,财政活动的动机从国家基点的公共需要转向个人基点的公共需要,因此,财政支出旨在于矫正市场失灵,提供公共产品和服务,并且通过财政支出水平和结构的变化影响经济增长和收入分配。

而政府征税是为了履行财政职能而筹集的一切资金的总和,其目的在于通过对所有经济行为主体征税,鼓励、扶持或限制纳税人特定经济行为,实现政府在一定时期的经济政策目标。在这种情况下,税收将直接对经济增长和收入分配状况产生影响。

对于俄罗斯来说,评价20多年来公共财政体制的运行,迫切需要搞清楚财政支出规模、支出结构、社会保障和税收制度各要素对增长,以及收入分配的影响效果,这是改革政府制度、财政支出政策和税收政策、完善支出结构和税制结构的理论基础。这些研究构成了本书的重要章节。

作为本项研究开篇的第1章,研究的起点在于从理论上界定公共财政的各要素,包括支出和收入(税收)的各个方面影响经济增长和收入分配的逻辑关系,从而对政府财政职能作简要的考察。这项研究是必要的,一方面是为了全面了解“公共财政”影响这一主题的研究轮廓;另一方面为以后各专题的研究奠定基础。

经济增长和收入分配是重要的经济政策目标。第2章到第8章分别研究了政府的支出项目和税收产生的增长和分配的效果。

从财政支出的角度,对实际产出(Y)、实际资本存量(K)、真实就业数量(N)、实际财政支出总量(G)和社会公平指数(GN)各变量效应的分析,得出的结论是无论在长期还是在短期,财政支出对经济增长都起着促进作用。与之相反,财政支出却不利于社会公平。此外,从长期和短期来看,资本存量的增加对经济增长和社会公平都是有利的,但不利于降低失业率。

从结构角度,我们考察了国民经济支出、社会文化措施支出、国防支出、住宅公用事业支出、抚恤支出、社会保险支出、强制性医疗保险支出项目与经济增长和社会公平之间的关系。通过研究发现,住宅公用事业支出、抚恤支出、社会保险支出和强制医疗保险支出给经济增长带来一定的负面影响,但却可以在一定程度上促进社会公平。社会文化措施支出对经济增长和社会公平同时起到一定的促进作用,有利于经济发展和社会进步。

世界银行十分强调社会保障制度在减少贫困、缩小收入分配差距方面的作用。俄罗斯成为独立的主权国家面临的最大挑战就是建立有效的社会安全网,通过建立健全社会保障制度以利于提高社会的福祉,特别是提高低收入社会成员的生活质量。基于人口老龄化对社会保障的影响,我们发现目前的养老保险制度对提高俄罗斯福利的产生了不利的影响,需要在养老金领取制度、退休制度、养老金收入方面进行改革。

20 世纪 90 年代初开始,俄罗斯的税收制度发生了根本性的变革,这种变化旨在于建立适应市场经济运行的税制模式。从总体上,俄罗斯税制改革以拓宽税基、降低税率、简化税制、合理税收优惠为重点,从而使税收制度的改革呈现了一个不断优化的过程。

从宏观税负与经济增长的关系角度评价税制改革的效果,总的结论是,俄罗斯宏观税负与经济增长之间的关系体现在经济的“复苏期”和“平台期”等不同时期,并且发现随着税收制度的不断完善和税收政策的不断调整,宏观税负在这两个阶段是朝着有利于经济增长的方向不断变化的,它与经济增长之间关系的变动符合俄罗斯经济发展阶段的需要。

以直接税和间接税为主线,从总体上评价了税制改革与经济周期、对宏观经济影响及缩小收入分配差距方面的作用。税收制度的改革也颇有成效。如取消销售税、降低增值税税率、降低个人所得税和统一社会税税率,这些都起到了降低了企业税收负担,推动了商业活动的增长和税收收入的合法化,并且在一定程度上增加了居民的可支配收入,促进了经济投资及外国资本的流入。

税制改革的动力除了在简化税制增进效率的同时还要增进横向公平。可是,通过个人所得税比例税率的评价,我们发现俄罗斯的个税改革及税收优惠是一种不公平的税种,并且是一种导致社会收入水平分化的再分配机制。因此,使个人所得税税制的改革势在必行。

是关于俄罗斯贫困和经济不平等问题的探讨。当前,俄罗斯缺乏有效的调节居民收入水平的法律和经济机制。税收制度具有强财政收入功能和弱社会收入分配功能。因此,税制改革的重点是,降低保险缴费率,即降低社会保险税的累退性;增加个人所得税税前扣除标准;从长期来看要协调养老保险制度与个人所得税;实施个人不动产税。从公共支出角度,需要实施扩大社会保障支出与提高社会福利方面的社会政策。从长远来看,需促进人力资本的投资,支持人类潜能的发展。从地区层面来看,加强联邦预算的管理与完善,通过收入均等计划,增加重点贫困地区财政援助;形成统一的国内市场,激励要素在地区间的流动。

第 9 章重点考察政府间财政关系相关问题。俄罗斯政府间财政关系具有了一定的竞争性,但是要使这种竞争是高效率的,必须规范和调整增加退出和意愿表达机制。如建设成熟的政党体制和政府官员的问责制等,以及其他财政制度选择。

预算在实施公共政策、提供公共产品和公共服务方面起着重要的作用。如何使政府预算和财政制度能更有效率地运行?为此,加强"公共财政管理"构成了第 10 章研究的主题,旨在于探讨影响俄罗斯预算、财政管理有效性的因素,以及如何加强预算管理的机制。

从以上内容可以看出,本书研究仍然缺少以下研究视角:一是缺少对开放经济条件下财政运行效果及财政政策的国际协调问题的研究。二是缺少财政作用于经济结构特别是产业结构的合理化和优化,以及促进人力资本形成等方面的研究。

当前各国的公共财政建设有两个共同点,其一,紧密结合世界经济发展的实际,尽量采用国际上通行的规则,使本国的财政制度和财政政策与日益扩大的国际经济交流相适应;其二,充分体现公平和效率的原则,财政支出和税收机制既鼓励市场经济主体在国际、国内市场上开展平等竞争,又贯彻国家的产业政策,促进高新技术的发展。事实上,俄罗斯的公共财政体制改革方面的这两个趋同点是由于世界经济的发展使各国之间经济的相互依存度日益增强而形成的,因此公共财政的职能不仅要解决国内现实问题,更要考虑参与国际竞争,加强世界各国在财政领域的合作。

这两个视角并没有得到本书研究的重点关注，这导致上述研究还缺乏全面性，也使研究得出的结论只能反映俄罗斯财政领域中的部分问题，这也构成了进一步研究的方向。

2 公共支出的总量分析

所谓公共支出，就是公共财政的支出，是政府为市场提供公共产品和服务所安排的支出，是市场经济条件下国家各级政府的一种经济行为，是为了确保国家职能的履行，对集中起来的财力进行再分配的活动。公共支出要解决的是由国家支配的那部分社会财富的价值如何安排和使用的问题。在市场经济社会中，政府经济作用的发挥可以支持市场经济的形成和壮大。因此，公共支出又反映了政府政策的选择，体现了政府政策的意图，代表着政府经济活动的方向和范围，也反映政府介入经济和社会生活的规模和深度。

公共支出是俄罗斯预算制度的一个重要方面。根据瓦格纳法则，俄罗斯的政府财政支出规模有不断增长的趋势。那么，在市场经济中，俄罗斯财政（预算）支出的增长对经济增长和收入分配到底有什么影响？本章的主要内容在于考察俄罗斯财政支出增长的动态变化，并且在经验分析中，探讨其对经济增长的促进作用及其在居民收入分配方面的效果。

2.1 问题的提出与文献综述

俄罗斯联邦市场经济体制的建立了政府职能的公共化和财政职能的重新定位，凸显了公共支出对经济增长与收入分配的作用。经历了苏联的崩溃和以市场为基础经济改革的深刻危机之后，俄罗斯步入了恢复性增长期。尽管1998年、2008年经历了二次金融危机的阵痛，但是，按世界银行购买力平价法估算，2010年俄罗斯联邦国内生产总值达到28123.83百万美元，在世界主要经济体中排名第6位，人均国内生产总值在主要经济体中由 2007 年的第 47 位提高到 2010 年的第 36 位[①]。但是,随着增长的显著变化,鲜明对照的是贫富差距大幅度增加。近年来收入分配差距已略有下降,但不平等形势依然严峻[②]。如何解释经济改革过程中俄罗斯经济出现的增长与不平等相并存,是客观地评估政府财政支出政策的有效性,将具有重要的理论意义与学术价值。

一、公共支出增长理论

19 世纪 80 年代,德国最著名的财税学家阿道夫·瓦格纳(Adolf Wagner,1835~1937)考察了英国产业革命和当时的美、法、德、日等国的工业化状况之后,发现现代工业的发展会引起社会进步的要求,社会进步必然导致政府活动的增加。由此发现了“政府职能不断扩大以及政府活动持续增加的规律”。他认为一国政府的支出与其经济增长之间,即政府职能的扩大与国家所得的增加之间存在着一种函数关系。这表明随着人均国民生产总值(GNP)的提高,财政支出占 GNP 的比率相应提高,后人称之为“瓦格纳法则”。

他把导致政府支出增长的因素分为政治因素和经济因素,前者强调了市场失灵的存在需要增加政府活动;后者初步判断了政府对经济活动的干预以及从事的生产性活动也会随着经济的工业化而不断扩大。他初步提出了工业化、城市化、居住高密度外部性和拥挤现象所带来的对法律、教育、娱乐、文化、保健以及福利服务方面需求的增加,并且随着人均收入的增加,公民对上述服务的需求增加得更快,要求政府为此增加支出。

瓦格纳法则的基本原理是:政府社会管理活动增强→政府经济活动增强→政府提供的公共产品和劳务的范围扩大→公共支出上升。该理论的特点是从整个政府活动范围的扩大来解释公共支出增长的。该理论虽然没能从根本上回答财政支出的增长速度为何会快于 GNP 的增长速度,但确实正确地预测了财政支出不断增

---

① World Development lndicators database, World Band, July 1, 2011, http://seteresources.worldbank.org/Datastatisitics/ Resources/GDP - PPP.pdf.

② Цирель С. Влияние государственного вмешательства в экономику и социального неравенства на экономический рост. Вопросы экономики, 2007. N 5. P. 100 - 117.

长的百年趋势①,而且为后人研究财政支出增长问题奠定了理论基础。后来许多经济学家的研究都验证了瓦格纳原则。

英国经济学家皮考克和魏斯曼考察了英国1890年以后的资料验证了瓦格纳原则,发现英国公共部门的膨胀过程呈现出一种阶梯式,而非连续性的增长。皮考克和魏斯曼(1961)在《英国公共支出的增长》一书中,对英国1890年公共部门成长情况进行了研究,论证了公共支出增长超过GDP增长速度的主要原因②。他们认为,在正常年份财政支出呈现一种渐进的上升趋势,但当社会经历激变时(如战争、经济大萧条或其他严重灾害),财政支出会急剧上升;当这种激变时期过后,财政支出水平将下降,但不会低于原来的趋势水平。因此,财政支出的增长并不是均衡、同一速度向前发展的,而是在不断稳定增长的过程中不时出现跳跃式的发展过程。

鲍莫尔经过研究之后则从另一个角度给予了验证:工业化的结果之所以导致公共支出的增加,是因为先进技术在公共部门并不能像私人部门那样随着技术革新的进步立即提高劳动生产率,从而减少劳动人员。也就是说,公共部门与私人部门存在劳动生产率方面的差异。于是,鲍莫尔认为,如果公共部门的生产率增长比其他经济部门的生产率低,而公共部门的工资水平又要和其他经济部门的工资水平保持同步增长,在其他条件不变的情况下,财政支出将会增加。在主要的工业化经济中,实际上劳动力资源从私人部门转移到公共部门就可以观察到,公共部门的大部分支出集中在工资和薪水上,消费性支出增长的速度比私人部门的支出更快③。

萨缪尔逊对战后美国公共部门膨胀的历史转移研究之后预言,在将来的岁月里,不管哪一个政府执政,政府支出上升的趋向多半会继续下去,并将至少占GNP的25%。

美国财政学专家马斯格雷夫运用实证分析的方法,考察了英、美、德公共支出结构的变化,其结果总的来说西方公共部门发展的趋势与瓦格纳的预测是相吻合

---

① 一种内在的扩大趋势,公共支出将不断膨胀,这一规律在50~100年以后仍将发生作用。

② Allen Peacock and Jack Wiseman. The Growth of Public. Expenditure in the United Kingdom , NBER. Princeton,1961.

③ [英]C·V·布朗, P·M·杰克逊. 公共部门经济学. 第四版. 中国人民大学出版社, 2000。

的。英国公共支出占GNP的比率从1890年的8.9%上升到1955年的36.6%，美国从1890年的7.1%上升到1962年的44.1%①。

马斯格雷夫和罗斯托利用经济发展阶段论解释了财政支出增长的原因。马斯格雷夫在《经济发展的支出政策》《拉丁美洲工业化与发展所需的财政政策》和《财政体制》，罗斯托在《增长的政策与阶段》著作中，把经济发展划分为三个阶段：经济发展的早期阶段，即起飞阶段；经济发展的中期阶段；经济发展的成熟阶段。他们认为，在一国经济从较低人均收入向较高人均收入水平的发展过程中，财政几乎总是要出现支出规模的扩大，但是，在经济发展的各个不同阶段，财政支出的构成会有所不同。后来，马斯格雷夫于1984年又对6个国家公共支出的规模进行了比较研究表明，美国1980年度公共支出占GDP比率最小，为36%，瑞典最高，竟达61.5%。

比较经济学家普莱尔将战后东西方社会福利支出做了比较，发现不但西方市场经济国家的福利支出呈现出膨胀的趋势，社会主义国家的公共支出也同样遵循着这个规律，有所不同的是它的增长速度稍低于西方国家。

经济学所出现的意见分歧主要是因为假设的前提条件不同。这样一来，在异质的经济制度下和不同的社会发展时期，研究财政支出这一共同问题就产生了不同的理论性结论。瓦格纳"政府活动不断扩大的法则"、皮考克和魏斯曼"梯度渐进增长理论"，描述了财政支出的长期变动趋势；马斯格雷夫的"经济增长的财政支出理论"，研究了经济增长各阶段的财政支出特征；福利经济学的"财政支出不断增长的微观机制理论"，把效用最大化的推理和方法应用到政治行为研究之中；公共选择学派则引进制度因素分析财政支出的增长。

二、公共支出对经济影响

上述理论，都是从财政支出增长的角度来描述政府活动和财政现象的。经济发展不仅决定财政支出的规模，而且，财政支出也会反过来对经济产生影响。前述，我们已经介绍了财政政策对经济增长影响的理论文献，这里我们重点综述公共支出对收入分配的影响及俄罗斯学者的研究。

---

① R. A. Mllsgtw , W. W. Rosto WRA Musgrave . Fiscal Systems：New Haven and London. Yale University Press，1969.

总体上来看,对公共支出分配效应理论的研究一直是滞后的。库兹涅茨虽然在1955年指出在经济发展初级阶段增长与分配不公平会同步进行,但达到一定程度之后,二者的差距会逐渐缩小。直到20世纪80年代之后,随着经济发达国家的转移性支出快速增长,一定程度上实现了收入分配的平等程度,有关政府政策的再分配效果的讨论才引起关注。Garcia – PEnalosa 和 Turnovsky(2006)尝试构建了内生增长模型,探讨了不平等和增长速度的相互影响①。Т. В. Меркулова 对43个国家的实证研究表明,收入不平等程度与经济发展水平相关,并且这种相关性反映了国家社会政策的取向②。

无论是新古典增长理论还是新增长理论都认为,政府支出的合理限度旨在于保证市场的正常运行,纠正外部性等市场失灵。政府支出不足或对经济的过多干预都会导致资源配置的效率损失,阻碍经济增长。不过,在经验研究中财政支出对经济增长和社会公平产生何种影响问题上是存在明显分歧的。

俄罗斯的经济增长与不平等已经引起了广泛的关注。А. Трабтина(2000)认为,国家预算体系通过向企业和个别经济部门拨款、社会目的支出拨款等财政支出,会影响再生产、生产效率和居民生活水平的提高,以及平衡区域间的经济和社会发展水平③。帕维奇、巴夫洛瓦(2000)认为,经济关系的转型目标是要过渡到以低通货膨胀、低失业率、对外经济平衡、良好生态环境和高生活水平为基础的稳定的经济增长,国家和企业的投资积极性直接影响经济增长,财政在解决社会经济问题方面起重要作用。财政必须保障社会经济领域的拨款来源,保持经济效率和社会公平之间的平衡④。А. Илларионов 和 Н. Пивоварова(2002)认为,国家预算支出和经济增长速度之间存在逆相关性。随着人口增加,经济发展水平提高,逆相关性会表现得更为稳定和明显。支出规模过大会对私人投资产生挤出效应,影响俄

① Garcia – Penalosa C. Turnovsky S. Growth and Income Inequality: A Canonical Model. Economic Theory,2006. Vol. 28.

② МеркуловаТ. В. Экономическийростинеравенство: институциональныйаспектиэмпирическийанализ. Э – кономическаятеория, 2009. № 1. С. 81 – 90.

③ Л. А. Трабтина. Бюджетно – финансовой, денежно – кредитной. Unitika изда – тельской компании в Москве,2000. 33 – 73.

④ Т. В. Порайчева. Российские государственные финансы. Пресса Питера в Санкт – Петербурге,2002. 24 – 4.

罗斯经济增长速度的快慢,如果到 2015 年俄罗斯国家支出提高到 40%,则 GDP 年增长速度仅为 0.2%,如果能把财政支出在 2015 年降低到 25%,则年经济增长速度可达 8% ~9%,而 GDP 的绝对数在这些年中可以增加两倍,财政支出增加 1.2 倍;对于俄罗斯来说,财政支出为 GDP 的 36% ~38%,最优国家支出为 GDP 的 18% - 21%①。

傅志华、贾康(2002)主要从转轨经济中公共收入制度与政策的角度,说明俄罗斯财政支出的变化比收入的变化要小,从而使财政赤字情况得到好转,导致财政支出效率有所提高②。李中海(2001)认为,俄罗斯的财政支出的过度扩张带来的外债负担过重,从而对其经济发展没有起到相应的促进作用反而阻碍了经济发展,对实体经济的投资不足延缓了经济复苏进程,也加深了俄罗斯对外依赖程度③。贾利军(2006)通过建立俄罗斯经济增长多元回归模型,经过样本数据的回归、拟合得出:政府支出对俄罗斯经济有重要影响④。

Гершман Б. А 认为,政府干预是影响经济增长和不平等的最重要的公共政策。人均国内生产总值增长率与公共支出占 GDP 的比例之间的相关性经历了复杂的波动性变化。20 世纪 70 年代弱的正相关性被 80 年代的较强的正相关性所代替。90 年代初按俄罗斯经济发展水平来看,相关性减弱,体现了国家对研究与开发的积极支持及高负税与对低效生产支持的结合。与经济增长相关的收入不平等也经历了振荡变化,目前在俄罗斯还没有出现发达国家的增长与平等正相关变化⑤。目前,俄罗斯和其它国家经济发展的不平等越来越受到广泛关注。按照 Рукавишников. В 研究指出,1991 年俄罗斯的收入分配不均不断增加,但是 1996 年开始降低⑥,而

---

① А. Илларионов, Н. Пивоварова. Размер государства и экономический рост. Вопросы. экономики, 2002. (9):52 57.

② 傅志华,贾康. 俄罗斯公共收入制度与政策考察. 现代财经, 2002 (3):3 - 9。

③ 李中海. 俄罗斯外债问题研究. 对外经济贸易大学硕士学位论文, 2001:9 - 14。

④ 贾利军. 俄罗斯经济增长因素实证分析. 东北亚论坛, 2006(3):66 - 70。

⑤ Гершман Б. А. Неравенство доходов и экономический рост: обзор эконометрических исследований // Экон. наука соврем, 2009. N 2. P104 - 116.

⑥ Рукавишников В., Халман Л., Эстер П. Политические культуры и социальные изменения. Международные сравнения. М.: СОВПАДЕНИЕ, 1998. С63 - 64.

在 1996 年至 2001 年,这种收入的不平等明显地具有区域特征①。

综上所述,关于财政支出的经济增长和收入分配效应,国际上实证分析的结果出现三种分歧:一是政府规模与经济增长、收入分配负相关;二是政府规模与经济增长和收入分配没有显著关系;三是财政支出对经济的影响正相关。本书将通过对过去和当前条件下财政支出减少不平等和提高经济增长率状况的考察,评估财政政策在提高公共支出效率与效益的基础上保障经济可持续发展中的作用。

2.2 公共支出规模的变动情况

在经济发展水平和财政收入制度既定的条件下,财政支出总量是研究一国财政支出结构的外在约束条件。财政支出的总量分析主要着眼于俄罗斯统一预算支出的总体规模及其变动情况。统一预算支出总体规模反映的是政府参与市场活动的范围和对经济的干预程度。测度财政支出总量规模的方法有两种:财政支出总量的绝对规模和财政支出总量的相对规模。这两个指标各有所长,在分析时根据具体的需要分别采用不同的指标。考察俄罗斯的预算支出规模可以从三个方面来进行:绝对规模、相对规模及国际比较。

一、公共支出的绝对规模

公共支出的绝对规模通常用当年财政支出的绝对额表示,它能够比较直观地反映财政支出的现状和变化情况。财政支出的绝对规模越大,表明政府活动范围越大,政府介入经济生活和社会生活的范围越广。俄罗斯联邦统一预算支出和收入的变化如表 2.1 所示。

① Клоцвог Ф. Н., Магомедов Г. М. Пути активизации российской региональной политики/ Научные труды: Институт народнохозяйственного прогнозирования РАН. Гл. ред. А. Г. Коровкин. М.: МАКС Пресс, 2005. С85; Осадчая И. Экономический рост, распределение доходов и политика государства // Наука и жизнь, 2005. N 2. P. 24 –29.

表 2.1 俄罗斯联邦国家财政状况

单位:10 亿卢布(1998 年前万亿卢布)

年份	统一预算收入	统一预算支出	年份	统一预算收入	统一预算支出
1991	0.31	0.35	2002	3 519.2	3 422.3
1992	5.3	6.0	2003	4 138.7	3 964.9
1993	49.7	57.7	2004	5 429.9	4 669.7
1994	172.4	230.4	2005	8 579.6	6 820.6
1995	437.0	486.1	2006	10 625.8	8 375.2
1996	558.5	652.7	2007	13 368.3	11 378.6
1997	711.6	839.5	2008	16 003.9	13 991.8
1998	686.8	842.1	2009	13 599.7	16 048.3
1999	1 213.6	1 258.0	2010	16 031.9	17 616.7
2000	2 097.7	1 960.1	2011	20 855.4	19 994.6
2001	2 683.7	2 419.4	2012	23 435.1	23 174.7

资料来源:http://yandex.ru/;从 2005 年开始综合预算包括国家预算外资金。

由表 2.1 可以看出:俄罗斯自向市场经济转轨以来,统一预算支出绝对额持续上升。随着经济的日益发展、政府活动范围及其职能也相对扩大,特别是政府干预经济功能的出现,都要求财政支出绝对额增加。从 1991 年的 3 100 亿卢布,到 1994 年 23 040 亿卢布,统一预算支出增长超过七倍,到 2010 年达到 113 786 亿卢布,是 1991 年的 568 倍。

从统一预算收入上看,俄罗斯的预算规模也不断增加。表 2.1 也显示了俄罗斯统一预算收入的变化趋势[①]。预算规模相似的变化趋势可以用图 2.1 表示。

从表 2.1,图 2.1 可以看到,俄罗斯统一预算支出的变化表现为三个阶段:1992 - 2007 年缓慢增长阶段;1997 - 1999 快速下降阶段;1999 年开始由缓慢增长到快速上升阶段。

在 1992 - 2001 年这段时期内,预算支出的增长比较缓慢,这主要是受国内生产总值的限制。而在 2001 年后,财政支出快速增长,主要得益于俄罗斯经济快速且稳定的增长。另外,税收制度的改革和税收立法的加强,为预算支出提供了资金保证。预算收入和预算支出的增长表明俄罗斯政府活动范围不断扩大,介入经济生

① Российский статистический ежегодник, 2011. Стат. сб. / Росстат. М., 2011; Российский статистический ежегодник, 1994. Стат. сб. / Госкомстат России. М., 1995; Российский статистический ежегодник, 2010. Стат. сб. / Росстат. М, 2010.

活和社会生活的程度也越来越深。但预算支出绝对规模这一指标不能反映政府支配的社会资源在社会资源总量中所占的比重,因而不能反映政府在整个社会经济发展中的地位。此外,这一指标仅是以现价反映政府支出的数额,没有考虑通货膨胀因素对支出总量的影响,因而所反映的只是名义上的财政支出规模,缺少与以前年度的可比性。

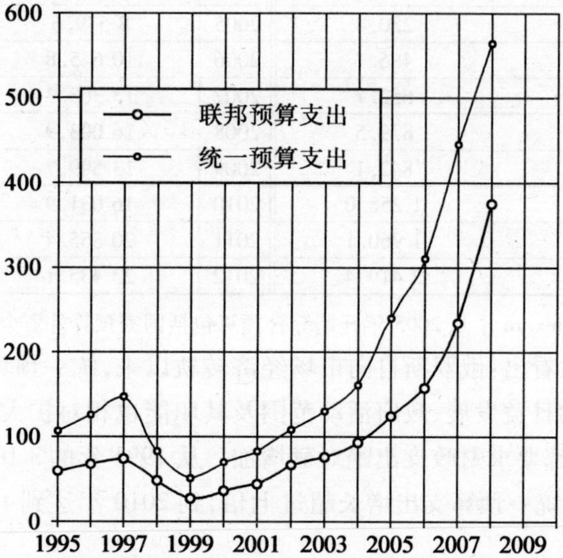

图 2.1 俄罗斯联邦预算支出和统一预算支出(单位:10 美元)

二、公共支出的相对规模

从相对指标上来看,俄罗斯统一预算支出或收入总量的相对规模,是指统一预算支出或收入与其他相关经济指标的比值,通常用当年统一预算支出或收入总额与当年国内生产总值(GDP)的比表示,该指标能够反映出政府在国民经济中的地位和作用。由于剔除了货币单位不同和通货膨胀因素的影响,相对于绝对支出规模来说,该指标具有横向和纵向的可比性,见表 2.2 所示。

1992 年俄罗斯经济转轨以来,统一预算、联邦统一预算收入占国内生产总值的比重较不稳定,1998、1999、2001、2009 年这一比重出现了下降的现象,主要原因是由于对应时期的宏观经济发展状况导致了经济增长的迟缓,从而引起了预算收入的下降。但是,统一预算和联邦预算支出的相对规模并没有随着财政收入的下降而下降,而是呈现上升趋势,俄罗斯 1990 - 1995 年期间统一预算支出占国内总产值的百分比达到34.65%,1996~2002年期间达到30.15%,1996~2010年期间统一预算支出的相对规模一直保持在26.1%~40.5%之间。

表2.2 统一预算、联邦预算收入和支出占国内生产总值的比重(%)

	统一预算收入占GDP的比重	统一预算支出占GDP的比重	联邦预算收入占GDP的比重	联邦预算支出占GDP的比重
1995	24.7	23.4	n/a	n/a
1996	30.6	34.0	n/a	n/a
1997	30.4	35.8	n/a	n/a
1998	26.1	32.0	n/a	n/a
1999	25.2	26.1	n/a	n/a
2000	28.7	26.8	15.5	14.1
2001	30.0	27.1	17.6	14.6
2002	32.5	31.6	20.3	18.9
2003	31.3	29.8	19.5	17.8
2004	31.9	27.4	20.1	15.8
2005	39.7	31.6	23.7	16.3
2006	39.5	31.1	23.3	15.9
2007	40.5	34.5	23.4	18
2008	38.8	33.9	22.5	18.3
2009	35.1	41.4	18.9	24.7
2010	35.7	39.2	18.5	22.5
2011	38.2	36.6	20.9	20.9
2012	n/a	n/a	20.1	21.6
2013	n/a	n/a	19.6	21.2
2014	n/a	n/a	19.4	20.1

数据来源:2000-2008年俄罗斯统计年鉴。

由表2.2可以看出:2005~2007年财政支出的相对规模保持在30%~35%之间略有所回升。与此同时,俄罗斯GDP由负增长到正增长,短期内财政支出并没有出现诸如随着经济发展预算支出占国内生产总值的相对比例越来越高的"瓦格纳法则"的现象,而是出现了平稳波动的现象。出现这种情况的主要原因是:经济转型以来,俄罗斯官方积极主张降低支出规模,对支出总量的调整基本遵循量力而行、量入为出的原则,其趋势表现为逐渐降低。现阶段为了追求经济增长速度的需要，俄罗斯仍然保持这一趋势[①]。

三、公共支出规模的国际比较

公共支出绝对规模是以本国货币为单位绝对数额，不便于进行国际比较。此外，这一指标仅是以现价反映政府支出的数额，没有考虑通货膨胀因素对支出总量的影响，因而所反映的只是名义上的财政支出规模，缺少可比性。财政支出的相对规模相对于绝对支出规模而言，由于剔除了货币单位不同和通货膨胀因素的影响，该指标更具有横向和纵向的可比性。故在财政支出总量国际比较中采用财政支出总量的相对规模这一指标。

由于各国所处的经济发展阶段、所选择的经济体制以及政府所追求的主要经济政策目标的差异等因素的影响，各国的财政支出也存在一定的差异，具有明显的国情特征和时代特征。尽管如此，各国财政支出总量在许多方面也有相同的发展趋势。图 2.2、2.3 显示了发达国家和发展中国家财政支出的变化趋势。图 2.4 显示了俄罗斯与其它发达与发展中国家的财政支出的变化趋势。

1. 俄罗斯与中国公共支出的增长趋势

图 2.2 描述了俄罗斯联邦政府预算支出、统一预算支出和中国的财政支出，这些支出也具有共同的增长趋势特征[②]。俄罗斯和中国在向市场经济转轨过程中，政府的职能转变对财政支出产生了很大的影响。财政支出从经济建设财政转变为公共财政，政府逐渐退出对市场经济的干预。与此同时，转轨初期由于宏观经济不稳定、经济增长率下降，财政调整导致了财政支出绝对规模和相对规模的变化。随着经济的稳定、财政运行环境的改善，俄罗斯和中国无论是统一预算还是联邦（中央）政府的预算规模都呈现上升的趋势。

2. 金砖五国公共支出规模的变动情况

从金砖五国的财政支出规模的变动情况看，俄罗斯的财政支出规模是比较高

① С. Цирель. Влияние государственноговмешательства в экономику и социального неравенства на экономический рост. Вопросы экономики，2007（5）：20 – 29.

② 中国国家统计局的统计数据；Российский статистический ежегодник. 2011：Стат. сб. / Росстат. М.，2011. Российский статистический ежегодник. 1994：Стат. сб. / Госкомстат России. М.，1995. Российский статистический ежегодник. 2010：Стат. сб. / Росстат. М.，2010.

的，仅次于印度的支出水平，比同一时期中国、巴西和南非三国的支出规模高很多。

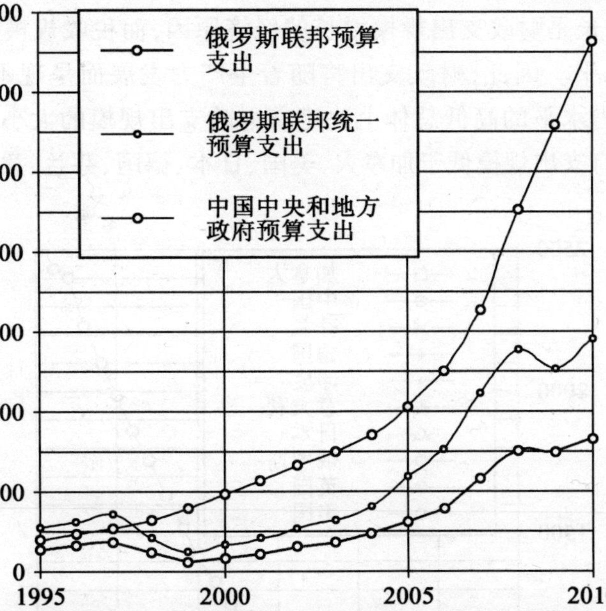

图 2.2 俄罗斯联邦预算、统一预算支出和中国统一预算支出（单位：10 亿美元）

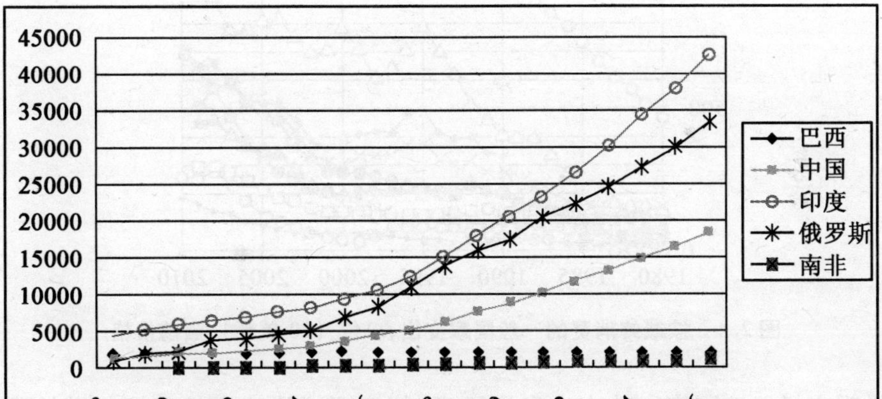

图 2.3 1998～2016 年金砖五国政府支出的比较

资料来源：www. imf. org.

3. **发展中国家与发达国家公共支出规模**

税收收入增长是财政支出规模增长的经济原因，而税收规模又取决于一个国家的经济发展水平。因此，财政支出将随着生产力发展而呈现不断扩大的趋势。也就是说，生产力水平的高低总体上决定着财政支出规模的大小。发展中国家俄罗斯、印度的政府支出规模低于加拿大、美国、日本、德国、芬兰、意大利等发达经济国家①。

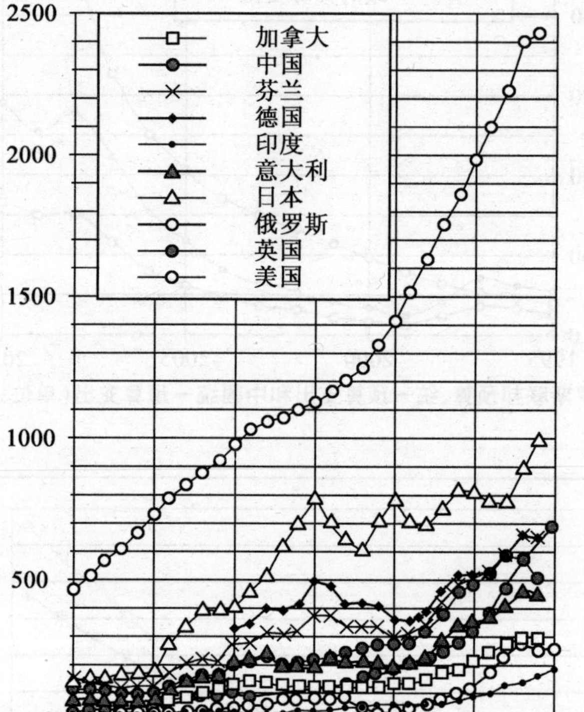

图 2.4　按最终消费的一般国家支出，单位：(10 美元)，当前价格

纵观市场经济国家财政支出发展历程，都经历了快速增长和控制增长两个阶段，俄罗斯现在正处于控制增长的阶段。

表 2.3 列出了 1990～1995 年和 1996～2002 年期间按国内价格计算的各组国

① Источник：World Bank，WDI.

家的支出占国内生产总值的比例,这两个期间的规模和组成有所不同。

俄罗斯在 1990－1995 年期间联邦财政支出占国内总产值的百分比中值达到 34.65%,1996－2002 年期间达到 30.15%。俄罗斯作为转型国家的一员,在两个期间内,都低于转轨期经济体中两个年份段的中值①。1990～1995 年期间只比中值低 0.35 个百分点,1996－2002 年期间低 2.15 个百分点,较前一年份有所增长。在两年份段中也都比发达国家中央政府支出占国内总产值的总额中值小一些,但比发展中国家、非洲、拉丁美洲和加勒比、亚洲和大洋洲的中值大很多。

表 2.3 中央政府支出占国内总产值的百分比(每个年份段的中值)

(1990～1995 年和 1996～2002 年不同国家组按国内价格计算的) %

	1990～1995 年		1996～2002 年	
	国家数目	中值	国家数目	中值
全部抽样	123	28.7	111	29.2
发达国家	23	39.6	22	36.8
转型期经济体	16	34.9	19	32.3
发展中国家	84	25.2	70	24.1
非洲	30	29.8	23	28.6
拉丁美洲和加勒比	25	21.8	19	21.0
亚洲和大洋洲	29	26.0	28	23.6

纵观俄罗斯与发达国家、金砖五国的财政支出的变化,我们可以发现以下特点:(1) 在市场经济国家中财政支出的发展大体上都经历了快速增长和控制增长两个阶段;(2)发达国家财政支出规模总体上要比发展中国家(金砖国家) 增长得更快;(3)俄罗斯财政支出的增长与其他国家相比还处于较低的水平。其实无论哪个国家均需要一定比例以上的财政支出规模以维持经济社会发展,财政支出规模随着人均 GDP 的增长而增长,发达国家比重最高。说明在市场经济发展过程中,财政规模逐步放大不仅是历史趋势,同时也是世界各国必然的选择。

从上述总量分析中可以看到,俄罗斯财政支出绝对规模呈不断上升趋势,但相对规模比较稳定,变化不大;俄罗斯近年来在财政支出总量上主张控制并降低财政支出,但却并未取得较好的效果。

① 联合国 2004 年振兴公共行政会议报告 E/C. 16/2004/7。

从国际比较中可以看出，财政支出总量并不是一个可以任人左右的随意量，而有其自身发展规律。

第一，财政总规模发展变化总是同生产力发展水平相适应，其规模是随生产力发展而呈现不断扩大的趋势。瓦格纳法则表明：随着人均收入的提高，公共支出占GDP比例也会提高。主要原因是随着经济发展，政府的活动规模将扩大，政府对教育、卫生和社会保障等支出的增长将超过GDP上升的幅度。马斯格雷夫与罗斯托关于公共支出增长的发展模型，还从经济发展阶段论的角度阐述了公共支出增长的原因。市场经济国家发展的历史也表明，随着经济的发展，政府财政职能逐步得到拓展和完善，财政用于教育、科学、卫生等方面的支出，特别是用于收入再分配和社会保障方面的支出大大增加，因此，随着经济发展，财政收入占GDP的比重是逐步提高的。现阶段俄罗斯财政支出规模较高，短时期内违反了这个发展规律，这与俄罗斯进行的激进式改革关系非常密切。从长期来看，俄罗斯财政支出规模也必然会遵循这个规律。

第二，生产力水平的高低总体上决定着财政规模的大小。发展中国家的财政规模低于发达国家是合乎情理的，因为国民生产总值高的国家具备了比较高的税收的经济基础。发展中国家因其经济发展水平低于发达国家，人均国民生产总值较低，赖以课税的基础较薄弱，总体税负水平自然低于发达国家。

第三，在生产力水平一定的条件下，财政规模又是有弹性的，特定年代或时期形成的财政具体规模，总是为政府特定行为及实施的体制政策所制约。比如，政府财政收入占GDP比重较高者多为推行社会化福利制度的国家，其中又以北欧诸国最为突出，丹麦、瑞典、芬兰、比利时、荷兰、卢森堡等国的GDP中有大约50%左右是通过税收形式集中到政府手中，然后由政府将其财政收入的大部分进行收入再分配，而其他相同人均收入水平的发达国家的财政规模就相对较小[①]。

① А. Л. Кудрин. Трёхлетний бюджет диверсификации экономики. Финансы，2007(4)：41.

2.3 公共支出影响的实证分析

俄罗斯预算支出规模可以反映政府介入经济生活和社会生活的规模和深度，在宏观调控政策中占有很重要的地位。俄罗斯近年来为了实现经济增长和社会公平，对支出总量的调整基本遵循量力而行、量入为出的原则，越来越重视预算支出的合理性和有效性。

一、模型及变量选取

1. 模型的选取

鉴于研究的需要，本书主要采用协整检验模型及误差修正模型分别从长期和短期两个角度对俄罗斯财政支出的经济效应进行实证分析。此外，为了进一步验证二者间的关系，文中又引用了格兰杰关系检验法。下面对这些模型及方法进行简要的介绍。

为了判明经济变量之间是否存在长期稳定的关系，本书采用 Kao(1999)提出的 ADF 检验来判断变量间的协整性。首先要对所分析的数据进行单位根检验，此种检验是基于时间序列数据的一阶自回归(AR(1))过程，即

$$y_t = \rho_i y_{t-1} + u_t (t = 1, 2, ... t) \tag{1}$$

式中，t 表示观测期；ρ_i 是自回归系数，随机误差项 μ_t 为白噪声。如果 $|\rho_i| < 1$，则称序列 y_t 是(弱)平稳过程，如果 $|\rho_i| = 1$，则序列 y_t 包括单位根过程是不平稳序列。如果非平稳序列的 d 阶差分是平稳序列，则称此序列为 d 阶单整，记为 $I(d)$。

只有在所有时间序列的单整阶数相同的情况下，才能对它们的关系进行协整检验。协整检验的零假设是变量间不存在协整关系，并利用回归残差来构建统计量为

$$u_t = \rho u_{t-1} + \sum_{j=1}^{p} u_{t-j} + \upsilon_t \tag{2}$$

其检验的方法与单整检验基本相同。

误差修正模型。如果变量 x 与 y 是协整的，则他们之间存在长期均衡关系，它们间的短期非均衡关系总能由一个误差修正模型表述，即

$$\Delta y_t = lagged(\Delta y, \Delta x) - \lambda ECM_{t-1} + \mu_t \tag{3}$$

(3)式中，ECM_{t-1} 是非均衡误差项，λ 是短期调整参数。式(3)说明，本期解释

变量 y 的变化取决于本期解释变量 x 的变化、前期 x 与 y 的变化以及前期误差正项。

本书采用 E－G 两步法来构建俄罗斯财政支出经济效应误差修正模型。第一步,建立长期关系模型,即建立协整方程并求出均衡误差项为

$$e_t = y_t - \hat{y}_t = y_t - \hat{b}_0 - \hat{b}_1 x_t \tag{4}$$

第二步,用 OLS 法估计下面的方程为

$$\Delta y_t = \alpha + \sum_{i=0}^{t} \beta_i \Delta x_{t-i} + \sum_{i=0}^{l} \gamma_i \Delta y_{t-i-1} + \lambda e_{t-i} + v_i \tag{5}$$

格兰杰因果关系检验。对于变量 X 与 Y,格兰杰因果关系检验要求估计以下回归为

$$Y_t = \beta_0 + \sum_{i=1}^{m} \beta_i Y_{t-i} + \sum_{i=1}^{m} \alpha_i X_{t-i} \tag{6}$$

$$X_t = \delta_0 + \sum_{i=1}^{m} \delta_i X_{t-1} + \sum_{i=1}^{m} \lambda_i Y_{t-1} \tag{7}$$

格兰杰检验是通过受约束的 F 检验完成的。如针对 X 不是 Y 的格兰杰假设,即针对(3)式中 X 滞后项前的参数整体为零的假设,分别做包含与不包含 X 滞后项的回归,记前者的残差平方和为 RSS_U,后者的残差平方和为 RSS_R;再计算 F 统计量,即

$$F = \frac{(RSS_R - RSS_U)/m}{RSS_U/(n-k)} \tag{8}$$

式中,m 为 X 的滞后项的个数,n 为样本容量,k 为包含可能存在的常数项及其变量在内的无约束回归模型的待估参数的个数。如果计算的 F 值大于给定显著性水平 F 分布的相应的临界值 $F_\alpha(m, n-k)$,则拒绝原假设,认为 X 是 Y 的格兰杰原因。

2. 变量的选取

我们从经济增长和社会公平两个方面分析财政支出对俄罗斯经济的影响。因此,在实证分析时引入了以下 5 个代表性变量:实际产出(Y)、实际资本存量(K)、真实就业数量(N)、实际财政支出总量(G)和社会公平指数(GN)。其中,产出用 GDP 代表;由于不存在资本存量数据,因此,用固定资本形成总额近似代表社会总资本(K)的变动;就业数量(N)用城镇登记就业数量表示;财政支出(G)是指国民经济核算中的财政预算外和预算内支出;社会公平指数(GN)采用基尼系数。

实证分析中选取1992-2008年为数据样本区间，所用数据中的GDP平减指数来源于联合国世界经济展望数据库，其余数据则由相关各年的《俄罗斯统计年鉴》整理得出。此外，为了消除可能出现的异方差，对 Y、K、N、G、GN 等5个变量取自然对数，得到新的变量分别为 $\ln Y$、$\ln K$、$\ln N$、$\ln G$ 和 $\ln GN$。

二、实证分析

1. 平稳性检验

为了判断时间序列的平稳性，应用Eviews6.0软件分别对 $\ln Y$、$\ln K$、$\ln N$、$\ln G$ 和 $\ln GN$ 这5个变量做单位根检验。得到如表2.4所示的结果。

表2.4 单位根检验结果

变量	水平序列			一阶差分序列			单整阶数
	T统计量（t-Statistic）	P值（Prob. *）	检验模型	T统计量（t-Statistic）	P值（Prob. *）	检验模型	
lnY	-2.992 896	0.170 3	Ⅱ	-6.745 374 * *	0.000 0	Ⅲ	I(1)
lnK	-2.775 330	0.228 9	Ⅱ	-6.018 85 *	0.002 0	Ⅱ	I(1)
lnN	-2.570 632	0.295 5	Ⅱ	-2.737 366 * *	0.008 9	Ⅲ	I(1)
lnG	2.007 293	0.984 7	Ⅲ	-5.342 462 * * *	0.000 0	Ⅲ	I(1)
lnGN	0.149 611	0.957 7	Ⅰ	-11.732 98 * * *	0.000 0	Ⅱ	I(1)

注：(1)分析软件为Eviews6.0；(2) Ⅰ表示只含截距项，Ⅱ表示含截距项和趋势项，Ⅲ表示不含截距项和趋势项。

由表2.4可知，$\ln Y$、$\ln K$、$\ln N$、$\ln G$ 和 $\ln GN$ 的水平序列都是非平稳序列，而它们的一阶差分序列都是平稳的，即 $\ln Y$、$\ln K$、$\ln N$、$\ln G$ 和 $\ln GN$ 均为一阶单整序列，满足协整分析的前提。

建立协整方程。根据研究目的，建立协整方程（如式(9)、式(10)所示）为

$$\ln Y_t = C_1 + \alpha_1 \ln K_t + \alpha_2 \ln N_t + \alpha_3 \ln G_t + u_t \tag{9}$$

$$\ln GN_t = C_2 + \beta_1 \ln K_t + \beta_2 \ln N_t + \beta_3 \ln G_t + e_t \tag{10}$$

对方程(9)、(10)进行OLS估计，得到如下回归方程为

$$\ln Y_t = 2.660\,7 + 0.188\,3 \ln K_t - 0.302\,2 \ln N_t + 0.206\,2 \ln G_t \tag{11}$$

$$(2.397\,460)(2.024\,805)(1.486\,503)(2.598\,88)$$

$$R^2 = 0.997\,324 \quad \overline{R}^2 = 0.996\,706 \quad DW = 1.566\,253$$

$$\ln GN_t = -1.4073 - 0.1446\ln K_t + 0.1755\ln N_t + 0.2218\ln G_t \quad (12)$$

$$(2.889214)(3.675039)(1.799402)(2.19510)$$

$$R^2 = 0.960756 \quad \bar{R}^2 = 0.951699 \quad DW = 2.314609$$

回归模型的拟合优度都较高。式(11)表明:ln K、ln G 与 ln Y 存在正相关关系。具体地说,实际资本存量和实际财政支出总量每增长 1%,就会分别带来实际产出 0.188 3% 和 0.206 2% 的增长;ln N 与 ln Y 存在负相关关系,即真实就业数量每增长 1%,就会带来实际产出 0.302 2% 的减少。式(12)表明:ln N,ln G 与 ln GN 存在正相关关系,即实际就业数量和实际财政支出总量每增长 1%,就会分别带来社会公平指数 0.175 5% 和 0.221 8% 的提高;ln K 与 ln GN 存在负相关关系,即实际资本存量每增长 1%,就会带来社会公平指数 0.144 6% 的降低。

残差序列平稳性检验。设式(11)和(12)的残差分别为 res1 和 res2,得到残差表达式如下:

$$res1 = \ln Y_t - 2.6607 - 0.1883\ln K_t + 0.3022\ln N_t - 0.2062\ln G_t \quad (13)$$

$$res2 = \ln GN_t + 1.4073 + 0.1446\ln K_t - 0.1755\ln N_t - 0.2218\ln G_t \quad (14)$$

对残差序列 res1 和 res2 分别进行单位根检验,检验结果如表 2.5 所示。

表 2.5 残差的 ADF 检验结果

Null Hypothesis: RES1 has a unit root				
Exogenous: Constant				
Lag Length: 0 (Automatic based on SIC, MAXLAG = 3)				
			t – Statistic	Prob. *
Augmented Dickey – Fuller test statistic			–3.031 754	0.053 2
Test critical values:	1% level		–4.004 425	
	5% level		–3.065 585	
	10% level		–2.673 459	
Null Hypothesis: RES2 has a unit root				
Exogenous: Constant				
Lag Length: 0 (Automatic based on SIC, MAXLAG = 3)				
			t – Statistic	Prob. *
Augmented Dickey – Fuller test statistic			–4.555 222	0.003 3
Test critical values:	1% level		–3.959 148	
	5% level		–3.081 002	
	10% level		–2.681 330	

由表2.5可知,残差序列res1在10%的显著水平上是平稳的,而残差序列res 2在显著水平为1%、5%和10%时都是平稳的。因此,ln Y、ln K、ln N和ln G在10%的显著水平上具有协整关系,而ln K、ln N、ln G和ln GN在显著水平为1%、5%和10%时均具有协整关系,亦即变量之间保持着长期稳定的均衡关系。

2. 误差修正模型

为了考察财政支出对俄罗斯经济的短期影响,根据回归方程的残差序列(13)、(14)建立误差修正模型:

令误差修正项

$$ecm1 = \ln Y_t - 2.660\,7 - 0.188\,3\ln K_t + 0.302\,2\ln N_t - 0.206\,2\ln G_t \quad (15)$$

$$ecm2 = \ln GN_t + 1.407\,3 + 0.144\,6\ln K_t - 0.175\,5\ln N_t - 0.221\,8\ln G_t \quad (16)$$

建立下面的误差修正模型:

$$\Delta\ln Y_t = a_0 + a_1\Delta\ln K_t + a_2\Delta\ln N_t + a_3\Delta\ln G_t + \sigma_1 ecm1_{t-1} + \varepsilon_t \quad (17)$$

$$\Delta\ln GN_t = b_0 + b_1\Delta\ln K_t + b_2\Delta\ln N_t + b_3\Delta\ln G_t + \theta_1 ecm2_{t-1} + \vartheta_t \quad (18)$$

对式(17)、(18)进行OLS估计得到结果如下:

$$\ln\Delta\ Y_t = 0.000\,9 + 0.169\,4\Delta\ln K_t - 0.897\,3\Delta\ln N_t + 0.851\,4\Delta\ln G_t + 0.837\,1\ ecml_{t-1}$$

(2.170 4) (1.630 4) (2.371 7) (2.651 5) (2.585 4)

$$R^2 = 0.966\,452 \quad \bar{R}^2 = 0.954\,252 \quad DW = 2.034\,322 \quad (19)$$

$$\Delta\ln GN_t = 0.004\,6 - 0.146\,1\Delta\ln K_t + 0.172\,0\Delta\ln N_t + 0.151\,4\Delta\ln G_t + 1.187\,3ecm2_{t-1}$$

(1.971 5)(2.182 2) (1.760 3) (2.650 4) (2.979 2)

$$R^2 = 0.962\,150 \quad \bar{R}^2 = 0.948\,387 \quad DW = 2.200\,555 \quad (20)$$

在这个误差修正模型中,差分项反映了短期波动的影响,误差修正项的系数的大小反映了对偏离长期均衡的调整力度。在回归方程(19)中,真实产出的短期变动可以分为两部分:一部分是短期的资本存量K,就业数量N和财政支出总量G的影响;一部分是偏离长期均衡的影响。从系数估计值(0.873 1)来看,当短期波动偏离长期均衡时,将以(0.873 1)的调整力度将非均衡状态拉回到均衡状态。短期动态方程的判定系数为0.966 452,表明短期内真实产出的变化可以用模型中各个变量的短期波动以及他们之间的长期均衡关系解释96.64%。在回归方程(20)中,社会公平指数基尼系数的短期变动可以分为两部分:一部分是短期的资本存量K,就业数量N和财政支出总量G的影响;一部分是偏离长期均衡的影响。从系数估计值(1.187 3)来看,当短期波动偏离长期均衡时,将以(1.187 3)的调整力度将非均衡状态拉回到均衡状态。短期动态方程的判定系数为0.962 150,表明短期内社会公平的变化可以用模型中各个变量的短期波动以及他们之间的长期均衡关系解释96.21%。说明两个回归方程中都还存在一些因素没有被包括进来。

3. 格兰杰因果关系检验

为了进一步说明实际产出(Y)、社会公平指数(GN)与实际资本存量(K)、真实就业数量(N)以及实际财政支出总量(G)之间的关系,需做 Granger 因果关系检验。由 AIC 准则确定滞后期为2,变量间的 Granger 因果关系检验结果如表2.6所示。

表2.6 格兰杰因果关系检验结果

Pairwise Granger Causality Tests			
Lags: 2			
Null Hypothesis:	Obs	F – Statistic	Probability
lnGN does not Granger Cause ln N	15	3.403 29	0.074 58
ln N does not Granger Cause ln GN		1.549 07	0.259 39
ln Y does not Granger Cause ln N	15	8.624 56	0.006 66
ln N does not Granger Cause ln Y		1.018 30	0.395 80
ln GN does not Granger Cause ln K	15	9.995 45	0.004 12
ln K does not Granger Cause ln GN		15.750 4	0.000 81
ln Y does not Granger Cause ln K	15	12.934 6	0.001 68
ln K does not Granger Cause ln Y		3.329 44	0.077 94
ln G does not Granger Cause ln GN	15	16.269 5	0.000 72
ln GN does not Granger Cause ln G		2.326 89	0.148 00
ln G does not Granger Cause ln Y	15	9.834 75	0.004 97
ln Y does not Granger Cause ln G		3.691 96	0.062 99

从表2.6中可以看出,在10%的显著水平上,ln G、ln K 分别与 ln Y 存在着双向的因果关系,即财政支出和实际资本存量的增加促进了俄罗斯经济的增长,反过来,俄罗斯经济的增长也对前两者的增长起推动作用,同时俄罗斯经济的发展可直接导致其就业数量的增加;财政支出(ln G)的变化促进了俄罗斯社会公平(ln GN)的变化(从前面的分析我们知道二者存在反向关系),而俄罗斯社会公平变化并不必然引起其财政支出的变化。此外,实际资本存量与社会公平存在着双向的因果关系,就业数量(ln N)不是社会公平(ln GN)的 Granger 原因,而 ln GN 是 ln N 的

Granger 原因。

以上通过建立协整检验模型和误差修正模型分别从长期和短期两个角度对俄罗斯财政支出的运行效果进行了分析。结果表明:无论在长期还是在短期,俄罗斯的财政支出对其经济增长都起着促进作用。具体地讲,在长期上,俄罗斯财政支出每增加 1 个百分点,其经济增长 0.21 个百分点;在短期内,俄罗斯财政支出每增加 1 个百分点,其经济增长 0.85 个百分点。与之相反,俄罗斯的财政支出却不利于其社会公平:从长期看,财政支出每增加 1 个百分点,其基尼系数上涨 0.22 个百分点;在短期内,财政支出每增加 1 个百分点,其基尼系数上涨 0.15 个百分点。此外,无论在长期上还是在短期上,资本存量的增加对俄罗斯经济增长和社会公平都是有利的,而就业数量的增加却起着相反的作用。

2.4 结论

财政政策是一国重要的宏观调控手段,而财政支出在财政政策的运用中占有更加重要的地位。通过对俄罗斯财政支出效果的研究可以得到很多有意义的启示。

财政支出的总量大小反映着政府介入经济生活和社会生活的规模与深度,体现了政府的经济职能。俄罗斯财政支出总量下降和上升的交替有其一定的原因。当前俄罗斯正处于计划经济体制向市场经济体制转型的过程之中,随着市场经济秩序的逐步建立、市场机制配置资源的能力加强,政府公共支出逐渐从竞争性的领域退出,引起公共支出比重下降,这具有其合理性。根据马斯格雷夫与罗斯托的经济发展阶段论,俄罗斯当前仍处于市场经济发展的初级阶段,并没有建立起完善的市场体系,而这一活动的进行需要政府的积极参与,如基础设施的建立、法律体系的完善、公共秩序的形成等等。即一方面政府通过增加投资、改善投资环境和基础设施可以为私人投资的跟进创造条件,推动经济的增长;而另一方面,由于财政支出在某些公共服务领域的产出将大大高于私人投资产出,需要增加政府在公共服务方面的投入。由此可见,虽然经济增长主要不是依靠政策推动而是市场力量,然而政策的推动也是必不可少的。财政支出的目标是满足社会共同需要,对于促进经济增长,实现社会公平而言是相当必要的。

计量模型的结果显示,在财政支出结构既定前提下,俄罗斯的财政支出与经济增长在总体上呈正相关,俄罗斯财政支出与社会公平在总体上呈负相关。1992 年以来,俄罗斯财政支出规模基本保持在 30% 以上,远远超过了促进经济增长和社会公平的最优财政支出规模(根据 Barro(1990)法则,财政支出 G 为最优时要求 MPG =1,这也称为财政支出最优规模的自然效率条件。并不是财政支出的相对规模(绝对规模)越大越好。为了促进经济增长和社会公平俄罗斯官方积极主张降低支出规模,财政部部长库德林在 2002 年就曾表示,在 2004 ~2005 年争取政府支出占 GDP 比重每年降低 1%①。在政府制定的长期经济发展纲要中,预计把政府支出占 GDP 比重长期降至 30%。转型以来,俄罗斯对支出总量的调整基本遵循量力而行、量入为出的原则,其趋势表现为逐渐降低;俄罗斯现阶段为了追求经济增长速度和社会公平仍将保持这一趋势。

① С. Цирель. Влияние государственного вмешательства в экономику и социального неравенства на экономический рост. Вопросы экономики. 2007,(5):100 -115.

3　公共支出的结构分析

一个国家的公共支出体系可以从不同的角度进行评估,但是有一点不容置疑:增长与分配是至关重要的。俄罗斯作为一个最为典型的转轨经济国家,其改革经历了漫长而曲折的过程。政府往往通过财政支出规模与结构优化来影响社会需求的总量和类别,进而从量和质上影响社会供给,从而实现经济增长和社会公平目标。如何运用财政支出处理好经济增长和社会公平之间的关系,成为官方和学者们关注和讨论的热点。俄罗斯在近年来经济高速发展的同时,存在着较为严重的社会不公平问题。1993～2004 年基尼系数都在 0.4 左右,其中有 4 年超过了 0.4 国际警戒线。社会公平已成为促进俄罗斯财政稳定和经济增长的必要条件。如何解释俄罗斯经济中出现的不可争的事实:增长与不平等相并存?客观地评估政府财政支出政策的有效性,将具有重要的理论意义与学术价值。

3.1　文献综述

政府公共支出行为对效率与公平的诉求是经济理论既传统而又崭新的研究议题。在促进经济增长方面,给出最明确的政府政策含义的增长理论是索洛模型。在索洛(Solowt)和斯旺(Swanr)的新古典增长模型中,政府政策是经济体系的外生因素,对长期经济增长没有实际影响,增长率是由劳动供给增长和技术进步决定的自然增长率决定的[①]。因此,这种政策趋向于政府干预水平越低越好。而在哈罗德－多马模型(Harrod－Domar model)中,实际增长率有可能低于有保证的增长率,政府需要通过预算赤字降低有保证的增长率。这一思想体现在凯恩斯理论中,就是

① Solow, R. M. A Contribution to the Theory of Economic Growth. Quarterly Journal of Economics, Vol. 70, 1956:65.

利用扩张性财政支出政策刺激有效需求，产生短期增长效应。而新增长理论的基本前提是：一国的长期增长是由内生变量决定的，这些内生变量对财政政策是敏感的。在政府干预下，公共支出政策的实施会使经济均衡实现长期社会最优增长率。

巴罗（Barro）第一次尝试在内生增长模型中研究公共支出的经济增长效应，回答了不同国家增长率为什么不同。同时，他发现在1960～1985年期间，98个国家的人均实际增长率与初始人力资本（1960年学校入学率）呈正相关，与初始（1960年）的实际人均水平呈负相关。政府消费对经济造成了扭曲，如高税率，但同时却没有对投资和经济增长提供抵消性的激励。在平衡预算的前提下，若以税收融资的政府支出规模适度，将对长期经济增长起促进作用①。此后，西方主流学派的许多学者按照巴罗的思路，将政府支出作为影响经济的内生变量，通过建立各种经济计量模型来分析其对现实经济的影响。

公共支出政策如何影响收入分配？该问题是近年来国内和国际经济发展政策的主要关注方向。并且，经济发展政策的讨论又与增长和收入问题交织在一起，其核心在于追求多元发展目标而不仅仅局限于总产出最大化，强调收入分配对一个国家的宏观经济起到的重要作用。

在经验研究中不同类型的财政支出可能对经济增长和收入分配产生不同的影响。在支出对经济增长影响方面来看，阿肖尔（Aschauer）的实证研究表明，政府消费支出与GDP实际增长率呈显著负相关，而政府投资支出，如街道、公路、机场、公共交通、污水渠、供水系统等基础设施的投资能够促进GDP的增长②。Ghosh和Gregoriou（2006）计算最优财政支出规模以及财政支出结构变化对经济增长的影响，使用GMM和OLS两种方法，分析了15个国家1972～1999年财政支出结构与经济增长之间的关系，两种方法得到的结论均是：生产性支出对经济有负的影响，

① Barro, Robert J. Economic. Growth in a Cross Section of Countries. Quarterly Journal of Economics, 1991(106):407.

② D. Aschauer . Is Government Spending Productive. Journal of Monetary Economics, 1989(23): 177.

非生产性支出对经济增长则有正的影响[①]。

Ю. Иванов(2003)将贫困程度与GDP、国家管理支出等联系起来,建立了多元回归模型。得出结论:国家管理机关最终消费支出指标不直接影响居民的福利,国家管理机关公共事业最终消费支出(教育、卫生事业等)能够改善居民福利,而不能用GDP来评价福利程度[②]。

但是,与此相反的研究则认为,某些生产性支出(如公共设施以及公共保健和教育等支出)与经济增长呈负相关关系或者相关性很不显著,与经济增长呈显著正相关关系的财政支出,属于传统意义上的政府消费支出[③]。

即使是依据基本假设条件和经济结构的性质而形成的最优公共支出政策,也可能产生不同的福利影响。20世纪后半期为了摆脱财政失衡导致的严重的债务负担、扩张性财政政策导致的宏观经济不稳定,以及财政脆弱性,很多国家实施了强化财政纪律、调整公共支出结构的财政改革。经济政策的着眼点在于增加生产性支出,如卫生、教育和体育基础设施等人力资本投资、改革福利制度以确保公共财政的可持续性。但是,财政改革有效性非常有限。迪亚格.罗默罗－阿维拉(Diego Romero－ávila)研究了欧盟15国在1960～2000年期间的公共财政改革对经济增长和财政质量持续趋势的影响,政府消费对人均国内生产总值的增长产生了负面影响,而公共投资却具有积极的影响[④]。桑吉夫(Sanjeev,2005)评估了39个低收入国家在20世纪90年代的财政调整和支出构成对经济增长的影响,最初的财政状况也

---

① Ghosh Sugata and Andros Gregoriou. On the Composition of Government Spending Optimal Fiscal Policy and Endogenous Growth: Theory and Evidence Economics and Finance Section Brunel Business School Brunel Universtiy,2006:15－22.

② Ю. Иванов. О показателях экономического благосостояния. Вопросы экономики. 2003,(2):33－39.

③ S. Devarajan, V. Swaroop&H. Zou. The Composiotion of Public Expenditure and Economic Growth. Journal of Monetary Economics, 1996(37):314－344.

④ Diego Romero－ávila, Rolf Strauch. Public finances and long－term growth in Europe: Evidence from a panel data analysis Original Research Article European Journal of Political Economy, Volume 24, Issue 1, March 2008:172－191.

关系到财政赤字和增长之间的联系[①]。Ghazi A. Joharji and Martha Starr(2011)运用时间序列方法和数据,对沙特阿拉伯在1969~2005年期间政府支出和非石油经济增长的关系的一项研究中,发现政府支出的增加对长期增长率有一个积极和显著的影响,经常性支出对经济增长的影响估计超过资本性支出[②]。在对44个发展中国家的政府支出模式的巨大变化对经济增长的影响差异的一项研究中,在非洲和亚洲(包括中国),政府在农业和教育方面的开支促进了经济增长;在拉丁美洲,农业支出、基础设施和社会保障支出等都具有正的增长效应[③]。

马拴友考察了中国1979年~1999年的财政支出结构的增长效应,发现基本建设支出、抚恤和社会福利救济、行政管理费与经济增长呈现负相关;文教科学卫生事业费、国防支出等具有正的经济增长效应[④]。郭庆旺的研究也支持了这一结论,公共支出总量或公共投资具有正的增长效应[⑤]。李中海(2001)认为俄罗斯的财政支出的过度扩张带来的外债对其经济发展没有起到应有的促进作用,反而成为经济发展的桎梏,对实体经济的投资没有得到增加,延缓了经济复苏进程,也导致对外依赖程度的加深[⑥]。刘文革(2003)从俄罗斯在经济转轨期间实施通货紧缩的经济背景入手,分析了俄罗斯激进经济改革采用货币主义政策的根源和实质,以及正是由于政策选择的失误,导致的经济衰退后果[⑦]。刘微(2005)认为就政府目前为促进经济发展和社会稳定的选择而言,表现出的是"中间"色彩的做法:降低财政支出,但幅度不会太大,不会像"激进派"所设想的那样大幅降低财政支出,也不会走

---

① Sanjeev Gupta, Benedict Clements, Emanuele Baldacci, Carlos Mulas - Granados. Fiscal policy expenditure composition and growth in low - income countries Original Research Article Journal of International Money and Finance. Volume 24, Issue 3, April 2005:441 - 463.

② Ghazi A. Joharji and Martha Starr. Fiscal Policy and Growth in Saudi Arabia. Review of Middle East Economics and Finance. Issue 3, vol. 6,2011:2.

③ Shenggen Fan and Anuja Saurkar. Public expenditures, growth, and poverty : lessons from developing countries. Johns Hopkins University Press, 2008:91 - 124.

④ 马拴友.财政政策与经济增长[C].北京:经济科学出版社,2004.167 - 179。

⑤ 郭庆旺,贾俊雪.政府公共资本投资的长期经济增长效应[J].经济研究,2006(7)。

⑥ 李中海.俄罗斯外债问题研究.对外经济贸易大学硕士学位论文,2001:9 - 14。

⑦ 刘文革.俄罗斯经济转轨进程中的通货紧缩—兼与中国的比较,2003(3):41 - 49。

提高国家对经济参与度的道路[①]。吴勇、沈娟娟(2006)认为俄罗斯的财政监督范围涵盖预算自荐的投资和使用。可以说,俄罗斯的财政支出的方方面面都在接受财政监督,财政支出的效率有待提高[②]。

由于考察的背景、使用的方法和分析角度的差异,财政支出对收入分配影响的经验研究也存在不同的结论。在大多数文献中,转移支付能有效降低收入分配不平等程度已经取得共识。其他文献认为有些政府支出项目能够减少收入差距,但某些支出却有相反效果。C. Никитин(2007)认为俄罗斯居民个人收入存在着过大的不平等,这已成为国家社会经济状态不稳定的指标之一。通过对居民个人收入的国际比较中得出:财政资金转向各种社会救济方面的增长,如残废抚恤金、养老金及其他抚恤金、退休金、医疗保险等,都有助于提高居民的个人收入。

综观现有的研究成果,由于研究的深度和角度所限,只是把俄罗斯作为诸多样本之一进行研究,极少对俄罗斯财政支出作单独和深入的考察。在研究方法上大多存在着某种相同的缺陷。即首先将某项财政支出归类为生产性支出或消费性支出,再分别研究它们对经济增长或社会公平的影响(主要侧重研究财政支出与经济增长)。因研究方法差异(财政支出项目归类标准未达成共识),在不同财政支出项目对经济增长和社会公平具体产生何种影响问题上还存在明显分歧。事实上,一项财政支出对经济增长和社会公平的影响是相当复杂的,很多情况下,它会同时对两者发挥作用。而且,将两者结合起来分析得更少,因而在这个方面还有很大的研究空间。中国国内专门研究俄罗斯财政支出的文献较少,几乎没有专门研究该国家财政支出经济效应的。目前几乎都是对俄罗斯财政支出现状的概述和评价,对财政的功能性研究比较少,可以说都是一般性的规范叙述,运用实证分析方法的非常少。综合来看,在对于财政支出的研究的方法上我们还很单一,而目前对俄罗斯公共支出的经济效应的实证研究在中国国内几乎属空白。

---

① 刘微.俄罗斯财政政策探析.俄罗斯中亚东欧研究,2005(3):28－34。

② 吴勇,沈娟娟.俄罗斯财政监督的做法借鉴.财政监督,2006(9):59－60。

3.2 公共支出结构的描述性分析

预算支出结构是财政支出研究的核心内容，它的合理与否不仅对保障社会资源总体配置的优化，推动国民经济持续、健康、协调发展，提升国民福利水平是至关重要的，而且在一定程度上反映着社会经济所处的发展阶段，反映一个国家的基本政治制度状况。预算支出结构是指财政自身各种支出量在财政总支出中的比重，体现着俄罗斯联邦配置社会资源的重点和方向，支出结构的变化也体现了该国政府职能重点的变化。财政支出结构就其现象看，表现为各类支出的集合，表现为一定的数量关系；从内容和实质上看，它是财政职能和政府政策的体现。因此，通过财政支出结构的动态考察，从财政支出结构的发展判断公共部门配置资源的合理性和有效性是有必要的。

一、公共支出的公共财政化趋势

公共财政是与市场经济体制相适应的一种财政管理体制，是为社会提供公共产品与公共服务的政府分配行为。公共财政实施的目标是纠正市场失灵、实现资源的有效配置、收入分配公平及宏观经济稳定。在国家预算支出结构方面，俄罗斯经济改革以后发生了很大变化，其公共财政化趋势包括以下几个方面。

1. 预算支出管理的公共化

良好的公共财政管理在于以适当的方式集中并有效使用公共资源，这是提高财政质量的制度保证。资源取得、资源分配和支出管理（资源利用）是一个公共财政管理制度的重要组成部分。

国际社会对俄罗斯公共财政管理改革给予很大的关注和支持。英国国际发展部以5.2万英镑资助俄罗斯联邦－区域技术援助项目。该项目涉及整个俄罗斯联邦在公共财政管理改革的各个方面，PKF设计、研发监测和评估等48个项目，涵盖了中期预算和财务规划、改善公共支出的效率、社会福利、公职人员的财务管理培训、预算编制，预算和财政国库管理、政府采购制度改革、债务及或然负债预算管理和政府间的财政关系等。

财政透明度是优良政府管理的关键。俄罗斯联邦以《财政透明度示范章程——原则宣言》和《财政透明度》手册为参照系，指导其公共财政预算、报告、执行,在此基础上进行政府财政管理体系的改革。财政透明度包含5项指标:法律透明度、经费支出责任、预算和会计信息、预算执行审查情况、预算过程中公众参与度。图3.1反映了5个联邦主体财政透明度分项指标。

以调查评级打分的方式就可以判断财政透明度的高低。每一个指标数值范围为0~1,如果完全符合或接近国际标准,则数值为1;完全不符合,则数值为0;部分符合,则按照结合程度在1~0之间选值衡量,越接近则数值更靠近1;反之,则数值越接近0。数值越高表示与财政管理体系全面、科学和透明的国际化标准越接近。最后,再将各指标值加权得到政府财政管理的效应中。

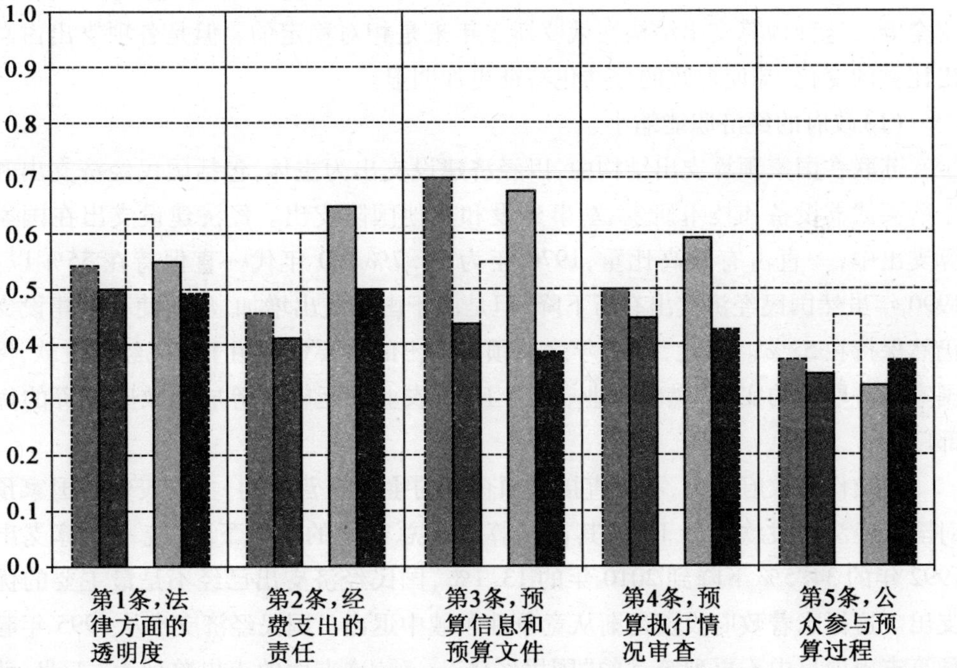

图3.1 俄罗斯预算过程透明度(地区)

在对5个联邦主体财政透明度的评估中,圣彼得堡市的整体得分最高,为0.559 8,而普斯科夫州,与其他地区相比财政透明度最低为0.427。在5个地区的财政透明度指标中,地区预算过程中的公众参与指标,整体得分最低,为0.374 8,预算和会计信息的透明度最高为0.551 2,法律透明度和支出问责透明度(0.542 4)次之。公民参与预算过程的透明度低说明了公民社会和公众参与预算的过程十分薄弱,5个地区的分值都低于0.5,由低到高的排序为圣彼得堡市0.33,新西伯利亚州

0.344，普斯科夫州0.375，萨马拉州0.375，萨哈林州0.45。

2. 支出结构公共化

通过观察苏联时期和俄罗斯的预算支出结构变化可以透视这种公共化的特征，这种变化表现为财政参与经济建设支出在预算支出中的比重下降，社会性支出上升。

1992年以来，俄罗斯的经济体制发生巨大的变化，在这个过程中政府职能也在不断完善，财政支出结构也发生了很大的变化。俄罗斯将所有预算支出分为：国民经济、社会文化措施、国防、住宅公用事业、国家和市政债务服务、保障法制和国家安全等。这种预算支出结构在俄罗斯多年来是相对稳定的。但是各项支出占总支出比重的变化，却使财政的公共化特征更加明显。

（1）政府的经济职能缩小

苏联在国家预算支出结构中，以经济建设支出为主体，包括国民经济支出和用于购买武器设备和技术研发、军事建设和其他国防支出。经济建设支出在国家预算支出中，一直占有较高比重，1970年为59.7%，80年代一直保持在55%以上。1990年虽然国民经济支出有所下降，但是由于国防支出增加，从而使基本建设支出仍然保持在52%。总之，1992年之前预算支出的主要资金用于国民经济拨款，保证国家经济职能的实现，燃料工业、动力工业、农业和运输业等成为政府投资的优先部门。

财政作为政府行为，不再直接干预企业的生产经营活动，主要表现为国家预算对国民经济的拨款不断下降，其占预算支出总额中的比重下降，统一预算支出从1992年的34.5%下降到2010年的13.1%，国民经济支出已经不是最主要的优先支出。这标志着政府投资逐渐从竞争性领域中退出。国民经济支出从1995年起在预算支出项目中不再列统一的“国民经济”一项，这方面的支出单列为“工业、动力和建筑”及“农业和渔业”等项，而从2005年起又重新列出国民经济项。

（2）政府提供公共产品或服务职能成为公共财政的核心

苏联时期，社会文化教育和福利事业的支出规模不稳定，但是在预算支出中所占的比重也比较高，1970年为35%，1986年为31.8%，1990年则为33.5%。行政管理费用所占的比重比较低并不断下降，1970年为1.1%，1980年为国家预算支出的0.9%，1986年为0.7%，1990年虽然上升1%，但所占的比例仍然很低。在预算支出结构中，对外贸易拨款的比重由1970年的4.2%上升到1990年的8.4%。对外贸易拨款包括进出口融资、无偿拨款和非商业运营支出。对于国家来说,这些数十亿美元的支出有利于偿还外债是毫无疑问的,但是对于90年代外债的偿还却是杯水车薪。

从图3.2可以看到,从1992年开始这项支出的比重在不断地加大,尤其以2005~2007年最为显著,高达51%~55%。1992年到2007年上升了28.5个百分点,平均每年提升1.9个百分点。2003年俄罗斯社会文化措施支出比重为39.6%,远高于转轨经济国家、发达国家与发展中国家的平均水平①。

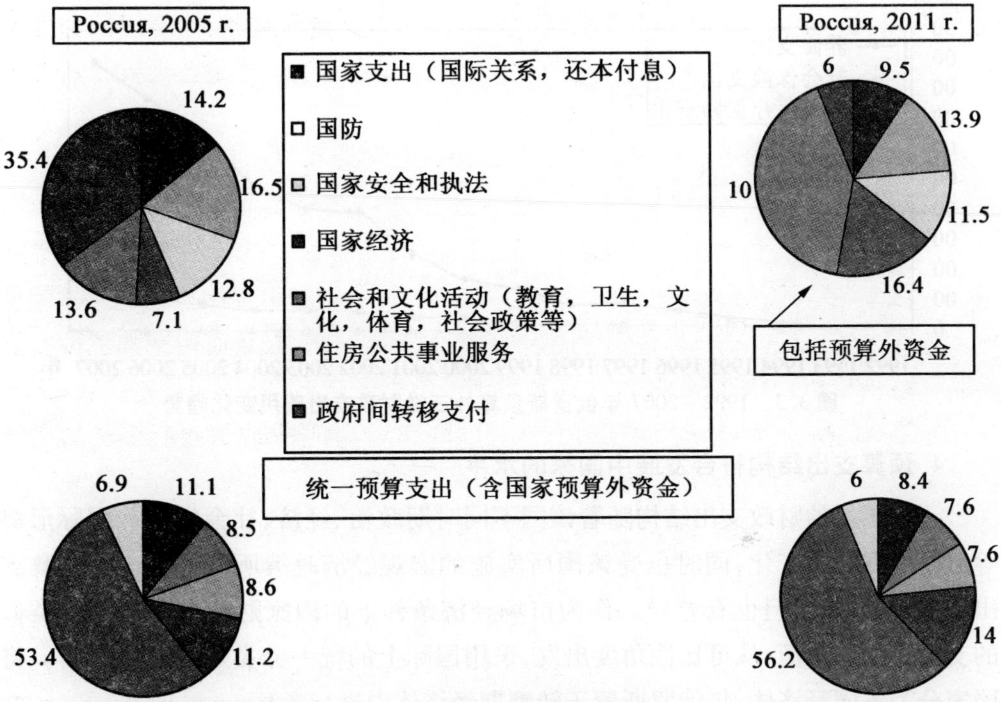

图3.2 俄罗斯预算支出结构

3. 预算外支出规范化

预算外基金是俄联邦国家财政的重要组成部分,也是国家集中使用财政资金的主要方式。预算外资金的广泛使用违反了预算政策的核心原则——公共预算的

① В. Сенчагов. Бюджетная политика и ее роль в обеспечении экономического роста. Вопросы экономики,2007 (5):65-80.

完整性和广泛性。但是,俄罗斯预算外支出种类很多,经过几次调整,有些基金已经纳入预算内,列为单独项目,如养老基金、社会保险基金和强制医疗保险基金等一些与社会政策有关的重要基金仍然留在预算外。这些基金构成社会保障体系的完整系统,用于保证国家社会政策的顺利实施及对居民的基本生活保障。图3.3反映了1992~2007年预算外财政支出呈不断上升趋势,其中,养恤支出上升得最快,社会保险支出和医疗支出增长得比较缓慢。社会保险和医疗支出虽然增长缓慢,但却是俄罗斯不断进行财政支出结构改革的成果。

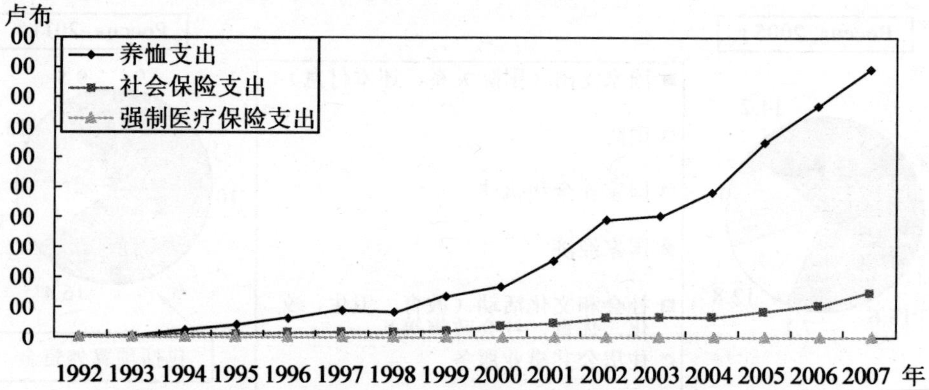

图3.3　1992~2007年俄罗斯预算外三类财政支出费用变化趋势

4. 预算支出结构符合发展中国家的水平

一个国家的财政支出结构随着该国不同时期政治、经济、社会发展和国际形势等方面的变化而变化,同时也受该国所实施的宏观经济政策所制约。各国财政支出结构有共同点,但也有差异。作为市场经济条件下的国家财政也有共同或类似的支出范围。下面,从可比性角度出发,采用国际上的统一分类对其进行分析。将国家分为不同经济体,将俄罗斯置于转型期经济体中进行考察。

表3.1是源自1990~2002年期间数据的简单平均数,分别列在以下4个主要项目之下:传统国家职能、现代国家职能、利息支付额和其他支出。传统支出是指一般的行政、司法、警务和国防,主要是在集体消费货物方面的支出。现代国家职能包含实物转移,大部分是教育和保健,以及现金转移和补贴。因此,现代支出是用于单个住户和生产性企业的,它们构成现代福利国家的基础。对通货膨胀率高的国家来说,假如债务是以本国货币计值的,则若把支付利息额大部分归类为债务偿还,也许比归为支付利息额更确切。

表 3.1 1990～2002 年各不同国家组按国内价格计算的中央政府支出按职能统计

（在国内生产总值中所占的百分比，简单平均数）

	全部抽样	发达	转型期	发展中	非洲	亚洲	拉美
国家的传统职能	5.3	3.9	3.8	6.1	6.2	7.7	3.9
一般行政和公共秩序	2.9	2.1	1.9	3.4	3.9	3.5	2.8
国防	2.4	1.8	1.9	2.7	2.4	4.3	1.1
国家的现代职能	17.8	25.0	22.1	14.5	14.3	15.1	13.9
教育	3.6	2.9	2.5	4.1	4.6	4.1	3.6
健康	2.5	3.8	3.1	2.0	1.8	1.8	2.3
其他社会服务	7.4	14.9	12.4	3.9	3.2	3.8	4.7
经济服务	4.3	3.5	4.1	4.5	4.8	5.3	3.3
支付利息额	3.0	3.4	2.4	3.0	3.7	2.4	3.0
其他支出	2.1	2.6	3.0	1.7	2.5	1.9	0.7
国家数目	111	21	19	71	21	28	22

数据来源：联合国 2004 年振兴公共行政会议报告 E/C.16/2004/7。

在转型经济体的传统职能中，中央政府支出平均约占 3.8%，低于其他所有经济体。其中国防支出仅高于发达国家（1.8%）和拉美国家（1.1%），低于发展中国家（2.7%）、非洲（2.4%）和亚洲（4.3%）。但近年来俄罗斯非常重视国防支出，在该时间段内达到 3.26%，仅低于亚洲，高于其他所有经济体。其中，高于转型期经济体的平均值达 1.63 个百分点。

在转型期经济体的现代职能中，中央政府预算支出平均占 22.1%，低于发达国家的 25.0%，高于其余发展中国家以及亚洲、非洲、拉丁美洲国家，这反映了这些国家悠久的社会支出传统。不同经济体国家财政各项支出的深度或地位是不相同的，但教育是各国政府的重要职能。其中，特别是发展中小学义务教育和适当的高等教育，是财政最为基本和重要的职责。与发达国家财政支出相比，发展中国家把很大一部分预算分配给教育，不过这可能部分反映出发达国家往往更多地把教育的责任转移至下级政府。而俄罗斯的教育支出平均值达到 3.3%，高于同为转型体国家 0.8 和发达国家 0.6 个百分点，低于其他经济体。俄罗斯的教育多由中央政府支持，这说明俄罗斯对教育的重视。在健康支出上看，俄罗斯此项开支还是处于较低水平仅达到 2.2%，低于同为转型国家 0.9 个百分点，也低于发达国家（3.8%）和拉美国家（2.3%），高于发展中国家（2.0%）、非洲国家（1.8%）和亚洲国家

(1.8%)。在经济服务支出上来看,俄罗斯达到5.5%,高于所有经济体均值,高于同为转型体国家1.4个百分点,高于发达国家(3.5%)和拉美国家(3.3%),低于发展中国家(4.5%)、非洲国家(4.8%)和亚洲国家(5.3%)。这对处于发展中国家的俄罗斯而言,为促进经济发展,此项开支还是比较合理的。

二、预算支出结构变化的形成机制

从形成机制来说,俄罗斯财政支出结构变化的路径,是这一时期政治经济环境发生变迁的集中体现。俄罗斯经济转型之后,财政支出规模及结构发生了巨大的变化,既有公共产品的内生约束,也有经济转轨效应。

1. 公共产品:推动公共支出不断膨胀的原始动力

公共产品需求的收入弹性大于1是公共产品的内在特性。恩格尔定律指出,随着家庭收入的增加,收入中用于食品等“生理需要”的支出比例将越来越大。随着社会的进步和生活水平的提高,社会对公共产品的数量和质量的需求越来越高;而公共产品的收入弹性一般来说大于市场私人产品,即公共产品需求的收入弹性大于1,其中最主要的原因是公共品不属于生活必需品。而越是非必需品,它的收入弹性就越大,当个人收入超过一定水平时,公共产品就变得越来越重要,人们就需要更多的公共服务。此时,在消费结构中,医疗保健、教育文化、交通运输、社会保险、公共安全、社会福利等优效型公共产品就会挤出私人产品的相对份额。对公共产品的社会需求的不断提高,成为推动公共支出不断膨胀的原动力。因此,政府的教育、娱乐、文化、卫生和福利等支出的增加是由其需求的收入弹性决定的。所以当经济发展过程中人均收入水平提高时,公共支出中用于该方面的支出也会大幅度的增加。

俄罗斯经历转轨初期的经济不景气,公共投资开始投向与人民生活质量提高有联系的生产部门和生活部门。住宅投资和生活环境设施投资增长明显,社会保障方面的支出也呈上升趋势,不仅推动了预算支出的增长,也改变了各项预算支出在预算总支出中的比例。

社会文化教育和福利事业支出在俄罗斯联邦的预算支出中统称为“社会文化措施支出”,包括养老、医疗、社会保险之外的社会支出,主要用于教育、卫生、体育、社会政策、文化艺术和大众信息手段。这项支出具有十分明显的正外部效应。它一方面是为了加强人力资本投资,提高国民的教育、健康水平,提升民族的整体素质;另一方面要促进社会公平。社会政策的重点就是要保护贫困阶层,提高最低工资水平,扩大失业补助,加强对学生、儿童的补助,调整预算机关工作人员的工资等。纠正市场失灵是市场经济体制下财政的重要责任。这主要体现在社会性支出在预算支出结构中的变化,导致社会文化措施支出比重上升幅度很大。

财政支出是政府把集中起来的社会资源按照一定的政治经济原则,分配、运用于满足社会公共需要的各种用途的过程。由于各国所处的社会经济条件不同,并且每个国家在不同的发展阶段上,所要实现的社会经济战略目标不同,相应的财政支出结构或重点也就不同。

2. 经济转轨效应

在苏联时期,财政体制是建立在生产资料公有制基础上的,预算支出显著的特征是高度集权,突出财政的分配和再分配职能。也就是说,由于政府职能主要体现在资源配置方面,政府控制了绝大部分的社会资源,由联邦政府决定和计划整个经济的生产、分配和消费,从而导致国民经济的拨款占统一预算支出的比重较高。相对而言,社会文化措施拨款则小得多。

统一预算支出减少有很大成分是由于削减了对企业的补贴。近年来俄罗斯的市场经济国家的地位已被大多数市场经济国家所承认。一般来说经济发展程度越高,市场体系、基础设施等越完善,政府对经济的干预就会越少,从而经济建设支出占财政支出的比重也就越低。俄罗斯国民经济支出比重的下降不仅与经济改革分不开,而且也是合理的。

3. 预算分权效应

俄罗斯联邦的制度转型与财政调整是同步展开的,并且改变了联邦政府预算支出结构。制度转型初期联邦政府面临严重的财政压力,持续的财政压力需要寻找释放的出口和通道。一般来说,释放财政压力可以通过调整财政政策和财政制度来实现。

就财政制度的调整而言,既可以通过加强税收征管,也可以通过重新调整联邦与地方财政关系,使联邦政府的财政收支状况得以根本性的改变①。将财政支出责任转移给地方政府,即大幅度地削减政府支出,便成了向市场经济转轨过程中转移

① 刘云龙. 民主机制与民主财政 ~ 政府间财政分工及分工方式. 中国城市出版社,2001:234。

赤字的理性选择。因此,转型之初的预算分权是大幅度降低联邦财政赤字的财政调整机制。

但是,这种转移支出的办法具有一定的不合理性。例如,俄罗斯资本支出职能的划分是伴随着大规模的投资性支出移交给联邦以下政府的过程。特别是私有化初期,许多资本项目的筹资责任也移交给下级政府。联邦中央政府将具有全国意义的投资项目以及其他对地方具有重要意义的建设支出,如农业、交通以及多种基础设施的投资,其中包括机场、州际高速公路和军事人员住房等移交给州以及州以下政府负责。这种支出责任的转移和重新分配实际上是为了平衡联邦预算,削减州以及州以下各级政府的财政盈余,其结果是给一些联邦以下政府造成了极大的财政压力。

再如,地方政府承担大量的社会保障和社会责任。在俄罗斯,大部分物价补贴、住房、保育院、社会服务中心、符合联邦法律的公共支付和优惠。如一些对弱势群体的现金补贴,对养老金领取者的福利计划、家庭津贴、儿童补助以及对无家可归者的救济等社会福利的筹资责任、管理责任以及社会安全网的责任由联邦政府转移给了地区政府和地方政府。联邦以下政府,特别是地方政府承担了大部分社会福利及社会治安支出,这是与理论原则及其国家的实践相背离的。

国际上良好的支出划分表明,将社会保障和福利责任划分给市级或县级地方政府是不妥当的,特别是将联邦预算提供资金的职责完全推卸给地方或地区政府。如果由中央政府出资,地方政府负责提供服务尚可接受。按照国际惯例,在许多国家的支出划分中,社会福利和失业保险通常由联邦政府或州政府负责,而不是地方政府负责。如果从纯粹宏观经济管理的角度看,中央政府应负责对需求有特别大影响的支出或对经济周期变化尤其敏感的支出,如失业救济等。

地方政府由于承担了大量的具有较高边际消费倾向的支出项目,必然促成总需求的增长,进而违背联邦政府对稳定目标的追求。

总的来看,作为转型期国家的俄罗斯对国家传统职能的支出较少,而将其大部分财政资金用于国家的现代职能上,发展本国经济、提供更好的社会服务、促进社会公平成为财政支出的主要目标。

3.3 公共支出结构效果的实证分析

现实中一项财政支出无论对经济增长还是社会公平方面都会产生不同程度的影响,这里将忽略按项目进行的财政支出分类,把《俄罗斯统计年鉴》中的统计分类,引入文中直接采用。基于财政支出的政策目标分别锁定在经济增长和社会公平两个方面,因此我们主要对财政支出各项在这两个方面的贡献度进行实证分析,从而总结俄罗斯财政支出结构的经济效应。

一、模型变量选取及模型构建

考虑到某项财政支出对经济增长和社会公平的双重影响,我们直接采用《俄罗斯统计年鉴》中的统计分类,以巴罗(1990)和萨拉伊马丁(1992)理论模型为基础,采用目前国内外学者大多采用的线性回归模型,形成俄罗斯财政支出结构的经济效应的统一分析框架。

本书选取实际 *GDP*(*Y*)、实际资本存量 *K*(由于不存在资本存量数据,用固定资本形成总额近似代表社会总资本的变动,即代理变量)、真实就业数量 *N*(城镇就业数量)、国民经济支出 *ECO*、社会文化措施支出 EDU、国防支出 DS、住宅公用事业支出 *RU*、养恤支出 *PF*、社会保险支出 *SIF*、强制医疗保险支出 *HIFC* 和基尼系数 *GN* 加一个指标。实证研究需获取的 9 个指标可以从相应各年俄罗斯统计年鉴的统计数据中直接或经简单运算获取。样本期为 1992 ~ 2008 年,*GDP* 平减指数来自于联合国世界经济展望数据库,其余数据都来自有关年份的《俄罗斯统计年鉴》(俄文版)计算所得,GDP、固定资本形成总额和财政各项支出为去除价格因素后的实际值。

对财政支出结构的经济效应进行实证分析主要包括模型的估计、误差修正模型估计两部分。分析中要求模型中的变量序列都是平稳的,因此,在使用模型进行实证分析时,必须先对变量进行平稳性检验。另外,必须检验各变量之间的因果关系,否则得到的结论可能无实际意义。还要对变量进行协整性检验,来判断模型设定是否是有效的、稳定的。为了消除可能的异方差,故对样本期间几个经济变量均取自然对数。

分别建立财政支出结构与经济增长和社会公平的模型为

$$\ln GDP = a_0 + a_1 \ln CS_t + a_2 \ln EQ_t + a_3 \ln NE_t + a_4 \ln CD_t + a_5 \ln DS_t + a_6 \ln PD_t + a_7 \ln RP_t + a_8 \ln SS_t + a_9 \ln MI_t + \mu_t \quad (1)$$

$$\ln GN = b_0 + b_1 \ln CS_t + b_2 \ln EQ_t + b_3 \ln NE_t + b_4 \ln CD_t + b_5 \ln DS_t + b_6 \ln PD_t + b_7 \ln RP_t + b_8 \ln SS_t + b_9 \ln MI_t + \eta_t \quad (2)$$

二、实证分析

由于宏观数据存在非平稳性，为了避免模型中出现伪回归的现象，本模型采用1981年由Dickey & Fuller提出的将残差项序列相关考虑在内的ADF单位根检验法对$\ln GDP$、$\ln CS_t$、$\ln EQ$、$\ln NE$、$\ln CD$、$\ln DS$、$\ln PD$、$\ln RP$、$\ln SS$、$\ln MI$和$\ln GN$这11个序列分别进行单位根检验，见表3.2。

表3.2　单位根检验结果

变量	水平量			一阶差分			单整阶数
	T统计量 (t－Statistic)	P值 (Prob. *)	检验模型	T统计量 (t－Statistic)	P值 (Prob. *)	检验模型	
$\ln GDP$	－2.992 896	0.170 3	Ⅱ	－6.745 374	0.000 0	Ⅲ	Ⅰ(1)
$\ln CS$	－2.775 330	0.228 9	Ⅱ	－6.018 85	0.002 0	Ⅱ	Ⅰ(1)
$\ln EQ$	－2.570 632	0.295 5	Ⅱ	－2.737 366	0.008 9	Ⅲ	Ⅰ(1)
$\ln GN$	0.149 611	0.957 7	Ⅰ	－11.732 98	0.000 0	Ⅱ	Ⅰ(1)
$\ln NE$	－1.790 137	0.661 4	Ⅱ	－3.477 927	0.001 9	Ⅲ	Ⅰ(1)
$\ln CD$	－3.121 491	0.134 6	Ⅱ	－4.589 358	0.000 2	Ⅲ	Ⅰ(1)
$\ln PD$	－1.706 786	0.689 1	Ⅱ	－4.460 296	0.000 3	Ⅲ	Ⅰ(1)
$\ln DS$	－2.909 337	0.185 2	Ⅱ	－5.578 584	0.000 0	Ⅲ	Ⅰ(1)
$\ln RP$	－2.812 975	0.216 1	Ⅱ	－3.660 036	0.001 4	Ⅲ	Ⅰ(1)
$\ln SS$	－3.265 548	0.115 6	Ⅱ	－7.620 698	0.000 0	Ⅲ	Ⅰ(1)
$\ln MI$	－3.130 204	0.134 9	Ⅱ	－3.585 129	0.001 6	Ⅲ	Ⅰ(1)

注：(1)分析软件为Eviews5.1；(2) Ⅰ表示只含截距项，Ⅱ表示含截据项和趋势项，Ⅲ表示不含截据项和趋势项；(3)最优滞后期的选择根据SIC准则来确定。

根据表3.2可以得出，$\ln GDP$、$\ln CS$、$\ln EQ$、$\ln NE$、$\ln CD$、$\ln DS$、$\ln PD$、$\ln RP$、$\ln SS$、$\ln MI$和$\ln GN$这11个序列在水平量时是非平稳序列，而在一阶差分时平稳，因此这11个序列为一阶单整序列，即Ⅰ～Ⅰ(1)。也就是说，建立模型所需要的11个序列均为一阶单整序列。

运用OLS对模型(1)、(2)进行估计，得到回归方程为

$$\ln GDP_t = -0.7306 + 0.4536\ln CS_t + 0.1014\ln EQ_t - 0.1972\ln NE_t - 0.2655\ln CD_t$$
$$(2.0748)\quad(2.6721)\quad(1.8477)\quad(3.0266)\quad(1.6432)$$
$$-0.0976\ln PD_t + 0.3087\ln DS_t + 0.4236\ln RP_t + 0.0998\ln SS_t + 0.0603\ln MI_t$$
$$(1.6722)\quad(2.3907)\quad(1.7422)\quad(1.8408)\quad(2.0748)\quad(3)$$

$R^2=0.999\,661$　调整后的 $\bar{R}^2=0.998\,899$　$DW=2.353\,417$

$$\ln GN_t = -1.2449 + 0.0325\ln CS_t - 0.2417\ln EQ_t + 0.0035\ln NE_t - 0.0401\ln CD_t$$
$$(2.0565)\quad(2.0899)\quad(1.8930)\quad(1.9518)\quad(1.7950)$$
$$+0.1025\ln PD_t - 0.0395\ln DS_t + 0.1463\ln RP_t - 0.1169\ln SS_t - 0.0058\ln MI_t$$
$$(1.8157)\quad(1.9281)\quad(3.2953)\quad(2.1110)\quad(1.8157)\quad(4)$$

$R^2=0.996\,183$　调整后的 $\bar{R}^2=0.987\,596$　$DW=2.422\,077$

通过结果可以得出，回归方程具有较高的拟合优度，回归方程中的变量及方程本身均通过了 t 检验和 F 检验，方程中自变量系数的统计量也通过了显著性水平的检验。

真实产出 *GDP* 与资本存量 *CS*、就业数量 *EQ*、国防支出 *DS*、养恤支出 *RP*、社会保险支出 *SS*、强制医疗保险支出 *MI* 这 6 项呈正相关关系。即每增加 1 单位 ln *CS* 的投入量将会对 ln *GDP* 做出 0.453 6 的贡献，每增加 1 单位在 ln *EQ* 方面的投入量将会对 ln *GDP* 做出 0.101 4 的贡献，每增加 1 单位在 ln *DS* 方面的投入量将会对 ln *GDP* 做出 0.308 7 的贡献，每增加 1 单位在 ln *RP* 方面的投入量将会对 ln *GDP* 做出 0.423 6 的贡献，每增加 1 单位在 ln *SS* 方面的投入量将会对 ln *GDP* 做出 0.098 的贡献，每增加 1 单位在 ln *MI* 方面的投入量将会对 ln *GDP* 做出 0.060 3 的贡献。而真实产出 *GDP* 与国民经济支出 *NE*、社会文化措施支出 *CD*、住宅公用事业支出 *PD* 呈现出显著的负相关关系。即每增加一单位 ln *NE* 将会带来 ln *GDP*0.197 2 个单位的减少，ln *CD* 每增加一单位将会带来 ln *GDP*0.265 5 个单位的减少，ln *PD* 每增加一单位将会带来 ln *GDP*0.097 6 个单位的减少。

综上，资本存量、就业数量、国防支出、养恤支出、社会保险支出、强制医疗保险支出的扩大与增加能够促进产出，而国民经济支出、社会文化措施支出、住宅公用事业支出的增加将会阻碍产出。

在社会公平方面，就业数量 *EQ*、社会文化措施支出 *CD*、国防支出 *DS*、社会保险支出 *SS* 和强制医疗保险支出 *MI* 与社会公平指标基尼系数 *GN* 呈显著负相关关系。每增加 1 单位 ln *EQ* 将会带来 ln *GN*0.241 7 个单位的减少，每增加 1 单位 ln *CD* 将会带来 ln *GN*0.040 1 个单位的减少，每增加 1 单位 ln *DS* 将会带来 ln *GN*0.039 5 个单位的减少，每增加 1 单位 ln *SS* 将会带来 ln *GN*0.116 9 个单位的减少，每增加 1 单位 ln *MI* 将会带来 ln *GN*0.005 8 个单位的减少。而资本存量 *CS*、国民经济支出 *NE*、住宅公用事业支出 *PD* 和养恤支出 *RP* 与社会公平指标基尼系数 *GN* 呈正相关关系。ln *CS* 每增加 1 单位将会带来 ln *GN*0.032 5 个单位的增加，ln *NE* 每增加 1 个单位将带来 ln *GN*0.003 5 个单位的增加，ln *PD* 每增加 1 个单位将带来 ln *GN*0.102 5 个单位的增加，ln *RP* 每增加 1 个单位将带来 ln *GN*0.146 3 个单位的增加。基尼系数越大表示社会越不公平，所以减少资本存量、国民经济支出、住宅公用事业支出和养恤支出有利于社会公平，而增加就业数量、社会文化措施支出、国防支出、社会保险支出和强制医疗保险支出也能够促使社会公平的实现。

三、协整检验和格兰杰因果关系检验

由于回归方程(3)、(4)中的结果是根据 11 个一阶单整的非平稳序列直接回归得到的，可能存在伪回归问题，因此需要进行协整检验来检验序列之间是否存在协整关系、模型设定是否有效。这里采用 1987 年由 Engle and Granger 提出的协整检验方法，得出协整检验的结果。

设定(3)、(4)方程的残差分别为 res1 与 res2，得到残差表达式为

$$res\ 1 = \ln GDP_t + 0.730\,6 - 0.453\,6\ln CS_t - 0.101\,4\ln EQ_t + 0.197\,2\ln NE_t + 0.265\,5\ln CD_t + 0.097\,6\ln PD_t - 0.308\,7\ln DS_t - 0.423\,6RP_t - 0.099\,8\ln SS_t - 0.060\,3\ln MI_t \tag{5}$$

$$res\ 2 = \ln GN_t + 1.244\,9 - 0.032\,5\ln CS_t + 0.241\,7\ln EQ_t - 0.003\,5\ln NE_t - 0.040\,1\ln CD_t - 0.102\,5\ln PD_t + 0.039\,5\ln DS_t - 0.14\,63RP_t + 0.116\,9\ln SS_t + 0.005\,8\ln MI_t \tag{6}$$

由表 3.3 可知残差序列 res1、res2 通过了单位根检验，该序列具有平稳性，即 ln *GDP*、ln *CS*、ln *EQ*、ln *NE*、ln *CD*、ln *DS*、ln *PD*、ln *RP*、ln *SS*、ln *MI* 这 10 个序列之间存在协整关系，ln *GN*、ln *CS*、ln *EQ*、ln *NE*、ln *CD*、ln *DS*、ln *PD*、ln *RP*、ln *SS*、ln *MI* 这 10 个序列之间也存在协整关系，模型的设定是合理有效的，变量之间存在着长期静态稳定的均衡关系。为了说明经济增长和基尼系数与各项财政支出、资本存量、就业数量变量之间相关性，则需对 11 个变量序列做格兰杰因果关系检验。前面已经得出经济增长、基尼系数、资本存量、就业数量变量之间的相关性，这里只进行财政结

构(支出部分)与经济增长和基尼系数之间的格兰杰因果关系检验。

表 3.3 残差的 *ADF* 检验结果

对 res1 的 *ADF* 单位根检验			
ADF 检验值	-6.748 32	1%临界值	-4.200 056
		5%临界值	-3.175 352
		10%临界值	-2.728 985
对 res2 的 ADF 单位根检验			
ADF 检验值	-6.008 381	1%临界值	-4.121 990
		5%临界值	-3.144 920
		10%临界值	-2.713 751

根据 *AIC* 准则确定滞后期为 2,变量间的格兰杰因果关系检验结果见表 3.4。

表 3.4 变量间的格兰杰因果检验

滞后项:2

无效假设	观测样本	*F* 统计量值	实际显著性水平
ln *GDP* 非 ln *SS* 的格兰杰原因	15	5.972 36	0.019 65
ln *SS* 非 ln *GDP* 的格兰杰原因		0.704 88	0.517 15
ln *GDP* 非 ln *RP* 的格兰杰原因	15	3.644 09	0.064 75
ln *RP* 非 ln *GDP* 的格兰杰原因		0.893 40	0.439 56
ln *GDP* 非 ln *PD* 的格兰杰原因	12	0.021 77	0.978 53
ln *PD* 非 ln *GDP* 的格兰杰原因		0.078 13	0.925 64
ln *GDP* 非 ln *MI* 的格兰杰原因	14	1.346 26	0.307 97
ln *MI* 非 ln *GDP* 的格兰杰原因		0.305 46	0.744 13
ln *GDP* 非 ln *CD* 的格兰杰原因	15	2.576 06	0.125 21
ln *CD* 非 ln *GDP* 的格兰杰原因		1.044 63	0.387 26
ln *GDP* 非 ln *NE* 的格兰杰原因	15	2.798 81	0.108 32
ln *NE* 非 ln *GDP* 的格兰杰原因		0.004 98	0.995 04
ln *GDP* 非 ln *DS* 的格兰杰原因	15	0.813 28	0.470 70
ln *DS* 非 ln *GDP* 的格兰杰原因		0.378 35	0.694 40
ln *GN* 非 ln *DS* 的格兰杰原因	15	2.325 28	0.148 16

续表 3.4

无效假设	观测样本	F 统计量值	实际显著性水平
ln *DS* 非 ln *GN* 的格兰杰原因		3.349 62	0.077 00
ln *GN* 非 ln *NE* 的格兰杰原因	15	0.961 08	0.415 17
ln *NE* 非 ln *GN* 的格兰杰原因		0.936 89	0.423 70
ln *GN* 非 ln *CD* 的格兰杰原因	15	0.359 86	0.706 45
ln *CD* 非 ln *GN* 的格兰杰原因		40.733 2	1.6*E*-05
ln *GN* 非 ln *MI* 的格兰杰原因	14	0.423 84	0.666 94
ln *MI* 非 ln *GN* 的格兰杰原因		32.707 9	7.4*E*-05
ln *GN* 非 ln *RP* 的格兰杰原因	15	0.981 81	0.408 02
ln *RP* 非 ln *GN* 的格兰杰原因		13.088 6	0.001 61
ln *GN* 非 ln *PD* 的格兰杰原因	12	0.157 79	0.856 99
ln *PD* 非 ln *GN* 的格兰杰原因		2.634 22	0.140 31
ln *GN* 非 ln *SS* 的格兰杰原因	15	2.933 21	0.099 45
ln *SS* 非 ln *GN* 的格兰杰原因		11.732 4	0.002 38

由表3.4可知，ln *GDP* 分别是 ln *SS*、ln *RP*、ln *PD*、ln *MI*、ln *CD*、ln *NE*、ln *DS* 的格兰杰原因。ln *GN* 分别是 ln *SS*、ln *RP*、ln *PD*、ln *MI*、ln *CD*、ln *NE*、ln *DS* 的格兰杰原因。由此可见，变量序列间都存在着因果关系，体现了政府对经济活动影响的广泛性。

四、误差修正模型及检验

已知序列间存在协整关系，故可以建立误差修正模型。根据回归方程(5)、(6)建立模型，经过估计后得到误差修正方程为

$$D(\ln GDP_t)=0.056\,3+0.076\,2D(\ln CS_t)+0.518\,4D(\ln EQ_t)-0.163\,6D(\ln NE_t)$$

(1.667 9)　(3.080 6)　(2.688 1)　(1.730 4)

$$-0.395\,5\mathrm{D}(ln\ \mathrm{CD}_t)-0.134\,2D(\ln PD_t)+0.387\,5D(\ln DS_t)+0.327\,3D(\ln RP_t)$$

(1.782 7)　(1.987 8)　(1.866 2)　(2.721 4)

$$+0.309\,7D(\ln SS_t)+0.100\,0D(\ln MI_t)+0.690\,7$$

(2.169 9)　(1.632 4)　(1.983 1)　(7)

$R^2=0.999\,629$　调整后的 $\overline{R}^2=0.998\,899$　$DW=2.353\,417$

$$D(\ln GN_t)=-0.001\,1+0.034\,1D(\ln\ )CS_t)-0.302\,7D(\ln EQ_t)0.003\,5D(\ln NE_t)$$

(2.087 2)　(2.117 7)　(1.767 9)　(1.787 5)

$$-0.0318D(\ln CD_t)+0.0900D(\ln PD_t)-0.0291D(\ln DS_t)+0.1389D(\ln RP_t)$$
$$(2.7545) \quad (1.7443) \quad (2.1257) \quad (1.9736)$$
$$-0.1104D(\ln SS_t)-0.0041D(\ln MI_t)+2.0972$$
$$(1.7210) \quad (1.8010) \quad (3.6311) \qquad (8)$$

$R^2=0.997573$ 调整后的 $\bar{R}^2=00.985437$ $DW=2.592335$

在回归方程中,符号"D"代表差分。从回归方程可以看出,具有较高的拟合度,且均通过了 t 检验和 F 检验,方程中自变量的系数也均通过了显著性水平检验。

在这个误差修正模型中,差分项反映了短期波动的影响。误差修正项的系数的大小反映了对偏离长期均衡的调整力度。在回归方程(7)中,真实产出的短期变动可以分为两部分:一部分是受短期的资本存量 CS,就业数量 EQ、国民经济支出 NE、社会文化措施支出 CD、国防支出 DS、住宅公用事业支出 PD、养恤支出 RP、社会保险支出 SS、强制医疗保险支出 MI 的影响;一部分是偏离长期均衡的影响。从系数估计值(0.6907)来看,当短期波动偏离长期均衡时,将以(0.6907)的调整力度将非均衡状态拉回到均衡状态。短期动态方程的判定系数为 0.999629,表明短期内真实产出的变化可以用模型中各个变量的短期波动以及他们之间的长期均衡关系解释 99.96%。在回归方程(8)中,社会公平指数基尼系数的短期变动可以分为两部分:一部分是短期的资本存量 CS,就业数量 EQ 和国民经济支出 NE、社会文化措施支出 CD、国防支出 DS、住宅公用事业支出 PD、养恤支出 RP、社会保险支出 SS、强制医疗保险支出 MI 的影响;一部分是偏离长期均衡的影响。从系数估计值(2.0972)来看,当短期波动偏离长期均衡时,将以(2.0972)的调整力度将非均衡状态拉回到均衡状态。短期动态方程的判定系数为 0.997573,表明短期内社会公平的变化可以用模型中各个变量的短期波动以及它们之间的长期均衡关系解释 99.75%。说明两个回归方程中都仅包括了大部分因素,还存在一些因素没有被包括进来。

为了检验误差修正模型的设定是否有效,序列之间是否存在协整关系,要进行协整检验。沿用前面所采用的协整检验方法,设定回归方程(7)、(8)的残差分别为 res 3 与 res 4,对其进行 ADF 单位根检验,见表 3.5。

表 3.5 误差修正残差的 *ADF* 检验结果

对 res 3 的 *ADF* 单位根检验			
ADF 检验值	-3.388 792	1% 临界值	-4.121 990
		5% 临界值	-3.144 920
		10% 临界值	-2.713 751
对 res 4 的 *ADF* 单位根检验			
ADF 检验值	-6.974 698	1% 临界值	-4.121 990
		5% 临界值	-3.144 920
		10% 临界值	-2.713 751

根据表 3.5 可得到，残差序列 res3、res4 通过了单位根检验，是平稳序列，即模型的设定是有效的，ln *GDP*、ln *CS*、ln *EQ*、ln *NE*、ln *CD*、ln *DS*、ln *PD*、ln *RP*、ln *SS*、ln *MI* 这 10 个序列之间存在着短期动态稳定关系，ln *GN*、ln *CS*、ln *EQ*、ln *NE*、ln *CD*、ln *DS*、ln *PD*、ln *RP*、ln *SS*、ln *MI* 这 10 个序列之间也存在着短期动态稳定关系。即经济增长、社会公平与财政支出结构、资本存量、实际就业数量之间存在着稳定的相互影响的关系。

从以上实证结果可以看出，模型的设定都是有效且稳定的，说明 ln *Y*、ln *GN* 与 ln *K*、ln *N*、ln *ECO*、ln *EDU*、ln *RU*、ln *DS*、ln *PF*、ln *SIF* 和 ln *HIFC* 这 9 个序列之间存在着长期静态的、短期动态的稳定关系。

从长期静态的稳定关系来看，资本存量 *K*，就业数量 *N*，国民经济支出 *ECO*、社会文化措施支出 *EDU*、国防支出 *DS*、与真实产出 *Y* 呈正相关关系。住宅公用事业支出 *RU*、养恤支出 *PF*、社会保险支出 *SIF*、强制医疗保险支出 *HIFC* 与真实产出 *Y* 呈负相关关系。扩大资本存量、增加就业数量和扩大国民经济支出、社会文化措施支出、国防支出能够促进产出。就业数量 *N*、社会文化措施支出 *EDU*、住宅公用事业支出 *RU*、国防支出 *DS*、养恤支出 *PF*、社会保险支出 *SIF* 和强制医疗保险支出 *HIFC* 与社会公平指标基尼系数 *GN* 呈负相关关系，而资本存量 *K*、国民经济支出 *ECO* 和与社会公平指标基尼系数 *GN* 呈正相关关系。基尼系数越大表示社会越不公平，减少资本存量、增加就业数量、社会文化措施支出、国防支出、住宅公用事业支出、养恤支出、社会保险支出和强制医疗保险支出能够促使社会公平。

3.4 公共支出结构优化

财政支出结构的状况会直接影响公共支出效率的高低,会直接影响公共支出对经济增长、社会公平作用的方向,以致影响一个国家的经济结构变动的方向以及社会稳定。

通过实证分析,可以发现:很多财政支出项目既影响经济增长,也影响社会公平。具体来说,国民经济支出和国防支出在促进经济增长的同时,住宅公用事业支出、养恤支出、社会保险支出和强制医疗保险支出在对经济增长带来一定的负面影响的同时,也会加剧社会不公平程度。

俄罗斯财政支出向社会文化措施倾斜,该方向支出的比重比较高。这一方面有利于促进人力资本的形成,提高居民的预期收入和消费弹性系数,促进社会公平以及经济增长,以投资拉动型向以消费为主的形态转变;另一方面,社会抚恤和社会福利支出的增加以及社会保障制度的完善,有利于维护社会稳定,提高居民的劳动生产率,减少消费的代际转移效应对经济增长的负面影响。在公共支出总额既定的前提下,国防支出中某些生产性活动会直接拉动经济增长且会产生许多有利于经济增长的外部性。武器装备的生产技术可以用于民用产品的生产,军事上的研究与开发活动会推动整个国家技术水平的发展,从而提高社会生产率。但是,由于国防支出对经济增长与社会公平具有正的外部性,所以俄罗斯应确保增加该项支出比重的政策能够在促进经济增长与社会公平上发挥很好的作用。近年来国民经济支出的比重较低,满足了经济发展的需要和促进了经济更快的增长,对社会公平的负面影响也较小。

基于以上分析可以看到,财政支出对经济增长和社会公平的影响取决于财政支出总量,以及其各类财政支出的弹性和它们在财政支出总额中所占比例,所以对于财政支出既要从总量控制,又要向优化支出结构方向发展。

世界银行的研究认为,处在由计划经济体制向市场经济体制转轨时期的国家,由于政府职能的转变使得政府公共支出的重点发生了变化,即政府开支是为了纠正确凿无误的市场失效,并真正弥补私营部门经济活动的不足。如进行一些基础设施投资、预防性卫生保健、社会保障和基础教育等。因此,财政支出结构中应重点用于政府应当而且有能力做好的公共产品的供给上,财政支出应优先保证纯公共产品的供给，对准公共产品（或混合公共产品）应尽可能采取民间融资方式来提供，从而使资源得到优化配置。

对俄罗斯财政支出结构经济效应的计量结果，可为不同社会经济政策目标下的财政政策选择提供现实的依据，政府可以根据不同时期既定政策目标调整财政支出结构。

第一，在政府财政支出以促进经济增长为重要目标的前提下，可以考虑加大国民经济支出、国防支出和社会文化措施支出等。但是，在具体的项目选择、管理等方面，则要注意这些项目可能给社会公平带来的负面影响。

第二，在政府以缓解社会不公平程度为重要目标的前提下，可以适当增加住宅公用事业支出、养恤支出、社会保险支出、强制医疗保险支出和社会文化措施支出等。加强联邦政府对国民收入再分配的调控力度，不仅能够缓解社会压力，促进社会公平，推动社会进步，同时也是保证经济健康、持续发展的重要条件。不过，应该特别注意的是，人们既不能简单指望通过调整这类开支比重就能够自动地实现改善社会公平的目标，同时也要尽量避免此类支出调整可能给经济增长带来的一些不利影响。在这方面，要加强预算管理工作。例如，改变原来单纯的社会救济措施，将社会救济与经济发展联系起来，通过扶贫项目、再就业项目等在救济过程中提高被救助者的生产能力，为他们创造良好的就业机会，真正实现经济增长和社会进步的良好结合。

第三，从理论上讲，无论政策偏重于经济增长还是社会公平，社会文化措施支出都能够发挥积极作用。从这个意义上讲，优化社会文化措施支出包括的4项（教育、文化、艺术和大众信息手段，保健及体育，社会政策）财政支出，并采取切实措施，吸引社会投资，促进文教、科学、卫生事业发展。这不仅可以推动经济发展，还可以促进社会公平，对于经济和社会的可持续发展也具有重要意义。

4 社会保障制度改革

社会保障制度改革目的在于提高政府在社会保障支出方面的给付能力，在确保不使受益人福利降低的条件下，促进该制度的可持续发展。俄罗斯的社会保障制度改革以养老金制度改革为重点，推行强制性的医疗保险制度、完善社会福利和社会救济制度，建立由国家、企业和个人共同负担保险费的多层次社会保险体系。本章在社会保障理论的基础上，以俄罗斯养老保险制度为核心探讨社会保障制度的可持续发展。

4.1 养老保险的政府干预

在评估养老保险制度方面，存在必要支持和反对政府干预经济的观点。政府干预是基于标准的公共经济的效率与公平之争，而相反的意见是基于政府失灵。有关政府干预的争论同样适用于对养老保险金制度的分析。社会保障制度在减缓贫困和经济稳定方面发挥着关键作用，通过收入转移对减少国家的收入不平等和贫困将产生显著的效果。我们将政府介入社会保障及养老保险领域的原因和形式区分为三个：再分配、保险市场的失灵、增加储蓄率。

一、再分配

19 世纪前，对绝大部分由于各种原因丧失劳动能力的社会成员的再分配都不是通过政府的强制权力进行，而是通过家庭、社会、宗教组织、慈善机构、社会抚养机构、互助协会和其他组织机构来完成的。这种状况在 19 世纪末有了根本的改变。

这种市场机制框架下的再分配机制成本较低且能够取得一定的效果。然而，在市场机制的框架内，有效的再分配很难完成。原因在于：在市场中通常不存在以公平为目标的再分配机制，即使某种机制有这一功能，其功能也极为微弱；私人慈善机构能进行某些方面的再分配活动，但不能从根本上解决问题；在缺乏一种相互配合的政策情况下，一种慈善行为之间也可能发生冲突。由于收入分配不公又是一种公共产品，即使这些组织都是自愿的，也会产生"搭便车"问题，这就意味着再分配的水平是无效率的。政府担负给付养老保险金的责任，在某种程度上也会挤出这种自发的再分配活动。但是，政府应该对福利水平较低的社会成员进行再分配的思想已经被广泛接受，并且成为当下各国社会政策的主要内容。

1. 对老年人的转移支付可以纠正代内不平等

通过转移支付的方式帮助贫穷的老年人有很多原因。(1)老年人是弱势群体。老年人中贫困的概率比其他年龄组的人群高；老年人缺乏或没有收入能力维持晚年生活；工作期间的储蓄不足以维持退休后的晚年生活，特别是对那些低工资收入者。(2)老年人与年轻人相比在某些方面的需求会很高。老年人退休之后的医疗支出或护理支出会增加，相应的支出需求也会增加，并且这些需求会随着环境等因素的变化而变化；贫穷的老年人在身体健康状况和获得的资助程度上也存在差异。(3)贫穷的老年人的转移支付体制和正在工作的穷人是不同的，这就意味着对这部分人来说工作回报的激励是不存在的。(4)获得转移支付的老年人缺乏储蓄激励。由于退休后的养老金收益是可以预期的，也就是说，社会保险税在一定程度上可能阻碍了他们在工作时储蓄的积极性。正因为如此，针对退休老人的转移支付项目在很多国家都是普遍存在的。

养老保险资金来源于一般性税收和社会保险税，涉及公平和效率问题。在一般情况下，如果保险金给付的资金来源社会保险税，因为这无疑会增加效率成本，导致效率损失，效率损失的程度会伴随着社会保险税的增加而减少；如果一般性税收的筹集与在职工作人员不成比例地降低，这意味着存在代际转移。避免代际转移的有效方法是代内转移，即通过对生活富裕的老年人征税来筹措资金。

2. 纠正代际不平等

在现收现付制情况下，代际转移的发生是必然的。通过建立完全基金或部分基金模式的养老保险金体制或实施其他财政政策，在一定程度上是可以减少代际转移。

在考虑代际转移的情况下，必须区分暂时的和永久的代际转移。其中，暂时的代际转移是针对特定群体遭受不利的经济冲击的一种社会保障形式，这类特定群体是指由于战争、自然灾害(洪水、地震、疾病、不利气候等)、经济衰退等因素而导致的工作期间获取收入的能力受到限制,或者处于人口出生率高峰期导致他们难以找到工作或工资较低的群体。由于他们的劳动力供给减少,从而降低了储蓄回报,并导致纳税人减少,因此,代际转移是针对特殊群体面对的困难。

二、保险市场的失灵

退休后的老年人面临着许多风险,有些风险是难以承受的。这些风险包括:有关疾病方面的健康风险,因为在老年人中健康问题的发生率高于其他群体;残疾风险,由于在工作期间或非工作期间受伤或因事故而导致其在退休后的支出增加;寿命风险,由于人的寿命具有不确定性,对于寿命长的群体来说用于未来消费的预防性财富的积累是十分必要的;投资风险,退休后不可预见的经济环境可能会导致其储蓄的回报率很低;通货膨胀风险等。

但是,市场可能不能提供合适、有效的保险,从而导致政府干预的必要性。由于风险和不确定性至少使市场体系产生两个问题:

一是,保险市场的不充足(某些风险类型的不可保性),即许多产品是市场无法提供或无法充分提供(市场无法供给的产品和服务)的。此时则存在着市场不完全和不完善,必须通过政府介入进行干预来解决或弥补。由于私人和市场不能为个人所面临的许多风险提供保险。政府所制定的大量社会保险计划,就是为了克服社会保险方面所存在的市场失灵现象。

虽然保险业发展很迅速,但私人市场并不能为个人所面临的许多风险提供保险。其原因在于,一方面私人保险市场的范围太窄,典型的例子是失业保险、养老保险和医疗保险等具有社会意义的保险;另一方面,被保险人可能已经处于生活贫困状态,他们虽然有得到上述保险的需求,但又无力向保险公司支付保险费。因此,这些最需要得到生活保障的人,却可能是被市场遗忘的人。

二是,由于投保人、家庭、保险服务提供者缺乏足够的信息,从而导致保险市场的信息不完全和信息不对称,这将引起保险市场上的败德行为和逆向选择,以及欺诈等机会主义,由此导致竞争也将是不充分的,从而市场运转也必然是不完善的,市场价格机制无法优化资源的配置。

此外,由于有很多风险本身就是政府行为引起的(如失业会受到政府宏观经济政策的影响),因而政府部门进入保险市场,完善保险市场就非常必要。迄今为止,各国政府都在完善社会保险制度,其目的至少部分是为了克服市场失灵。

三、储蓄不足

政府提供某些社会福利产品的另一个引起市场失灵的原因是私人储蓄太低。而私人储蓄不足的原因在于退休后由于收入降低导致储蓄不足及退休后的总储蓄率是低效率的。

由于个人和家庭的短视行为,个人或家庭在某些方面的无知,例如缺乏资本市场投资的知识,缺乏积蓄及缺乏合适的资产投资形式,使传统养老模式瓦解,导致收入低下而无储蓄能力。

后者是指私人储蓄和公共储蓄不足。目光短浅、不发达的资本市场和传统保险形式的存在;较高的资本利得税和资本税可能抑制储蓄和投资率;政府以债务融资来支持社会保障体制的趋势和维持无资金来源的债务意味着对国民储蓄的巨大透支;在增加储蓄有利于刺激投资的假设下,导致储蓄不足;遗产赠予效应导致的储蓄数额不足。

总之,政府的养老保险责任问题一直是经济学争论的核心问题。上述微观与宏观的市场失灵现象不可避免地反映在俄罗斯的社会经济现象中。因此,构建社会保险的制度框架,实现养老保险问题的可持续性,维护社会的公平与稳定,就成为俄罗斯自经济转型以来政府的一项不可推卸的责任。

4.2 人口老龄化对社会保障制度的挑战

俄罗斯面临的主要挑战是如何确保充足的收入,退休金的合理分配,同时使养老保险制度保持长期可持续发展和足够的灵活性,以适应不断变化的经济和人口环境。

与发达经济体和新兴经济体相比,俄罗斯面临严重的人口老龄化挑战,老年人口在总人口中所占比例日益上升。2012 年 65 岁以上的人口占俄罗斯联邦人口总数的 19%[①]。在未来,俄罗斯将出现更大规模的老龄化现象。根据官方的人口预测,到 2030 年 65 岁以上老年人占总人口的比例将超过 28%。自 2010 年以来,俄罗

① 按照国际上通用的标准,一个国家或地区,65 岁及以上老年人口占总人口的 7% 或 60 岁以上的老年人口占总人口的 10%,即意味着开始跨入老龄化社会。

斯有劳动能力的公民数量出现长期下降趋势。根据联合国预测，2050 年俄罗斯经济中劳动人口(20～60 岁)将难以超过总人口的一半。

俄罗斯平均预期寿命在60 岁，如女性、男性平均预期寿命分别低于表现最好的新兴欧洲国家如波兰的3.3 和2.2 岁。然而，预计2010～2050 年期间预期寿命将增加4 年，快于其他国家。此外，还有可能在未来几十年里经济增长预期更快速收敛(根据联合国的预测，在未来的几十年里，随着时间的推移，俄罗斯与东欧或发达经济体的平均预期寿命之间的差距基本保持不变)。

预计在未来的几十年里，俄罗斯将保持较低的生育率(每名妇女生育的孩子)。俄罗斯在2005 至2010 年期间的生育率基本维持在1.4 左右，与大多数其他东欧国家一样。

以预期寿命增长与较低的生育率解释俄罗斯人口老龄化，预计俄罗斯在未来几十年的老年抚养比将增长近一倍，从2010 年的18% 提高到2050 年的36%。

人口老龄化加重了养老保险制度的公共财政负担。一方面，人口平均寿命越长，退休人员数量越多，养老金领取者增多，且退休人员领取养老金的时间也越来越长，这必然使养老金支出规模越来越庞大，加重了公共财政对养老保险供款的负担；另一方面，人口老龄化使老年人口抚养比例加大。老年抚养系数越来越高，表明从整个社会来看，每100 个劳动人口负担的老年人的比例也在上升[①]。很明显，每100 个劳动人口负担的老年人数增加，意味着老年抚养系数上升，社会用于老年人的费用将增加。Giannakouris(2008)等发现，欧洲地区的人口老龄化导致各国老年抚养比上升，预计到2060 年，大多数国家的老年抚养比都会超过25%，甚至较多的国家还会超过30%。这表明，老龄化进程必然会逐步加重劳动人口在这些国家的养老负担，预计到2060 年，平均每3～4 个劳动人口就要养活1 个退休人员[②]。

Whiteford(2001)等测算了部分欧洲国家状况，发现随着欧洲老龄化在2005 年后的进一步加剧，老年抚养系数还会进一步往上攀升。可见，人口老龄化进程加重了欧洲地区的养老负担[③]。总之，人口老龄化导致老年人口总量增加，进而加重了

① 老年抚养比是指 =65 岁及以上人口与劳动年龄(16 岁至65 岁)人口之比。

② Giannakouris. K. "Ageing Characterises the Demographic Perspectives of the European Societies, Luxembourg: Eurostat Statistics in focus. Working Paper, 2008. No. 72.

③ Whiteford. based on China Social Insurance Year Book 2000 and China Statistical Year Book 2000,2001.

公共财政负担最低养老金的可能性,加重了养老保险的业务量及运营负担,公共财政用于养老保险支出的增加有可能导致财政赤字的增加,这会引起一系列不良后果。

目前,俄罗斯与欧洲新兴市场和发达经济体的养老金支出都接近 GDP 9% 的水平。这些地区支出大大超过欧洲以外的新兴经济体的支出。在亚洲新兴国家和地区,养老保险覆盖面比较低,只覆盖了大约四分之一的老年人,而欧洲新兴市场和发达经济体与拉丁美洲的养老金覆盖面相比,几乎是全民覆盖,包括年轻人口。

然而,俄罗斯虽然投入了较大份额的预算用于公共养老金给付,退休金占俄罗斯联邦政府主要支出的 23% 左右,却只达到新兴欧洲国家的平均水平,是发达经济体的 20%,是欧洲以外的新兴经济体的 13%。这可能使俄罗斯公共财政比其他国家更容易遭受到人口压力。

根据这一假设,基于这种支出水平,养老金支出预计从 2010 年占 GDP 的 9%,上升到 2030 年的 12%,2050 年的 16%①。新兴欧洲国家的支出成本在 2030 年之前还会改变,将维持在国内生产总值的 9%,到 2050 年将上升到 GDP 的 11%。即 2010 ~2050 年新兴欧洲市场预期累计增加的养老金成本的现值占国内生产总值的比例比俄罗斯 2010 年增加二个百分点。

在其他欧洲新兴市场,人均公共养老金支出预计将保持稳定的增长趋势,2010 年该支出增加至占国内生产总值的 8%,预期 2030 年增加至国内生产总值的 9%,到 2050 年提高到国内生产总值的 11%。预计增幅也较温和。这些支出的增加在很大程度上反映了国家实施改革政策的影响。

影响公共养老金支出占国内生产总值(PE/ GDP)比例有 4 个主要驱动因素:老年抚养比、合格率(领取养老金的 65 岁及以上人口的比例)、替代率(平均养老金占平均工资的比例),以及劳动力参与率。

养老金改革开始之前公共养老金支出基本上是可以控制的。所有国家的社会保险和社会保障机构,致力于改革养老金制度。这是对预期寿命延长和相对于劳动人口而言老年人口的数量迅速增加和社会标准和生活质量的持续改进的回应。

---

① 假定工资替代率恒定为 40%, FrankEich&MauricioSoto&CharleenGust, 2012. "ReformingthePublicPensionSystemintheRussianFederation," IMF Working Papers 12/201, International MonetaryFund.

在1970～1980年,许多发达和新兴经济体开始实施养老金分配制度改革并过渡到新的模式,这些改革旨在于大幅减少老龄化对公共养老金支出的不利影响。公共养老金以往的改革计划,一般都集中在降低替代率,控制养老金领取资格和鼓励老年人继续留在劳动力市场:1)降低养老保险制度成本,通过提高退休年龄和取消某些退休金福利;2)通过提高养老保险缴费率增加收入,拓宽养老金支出的基础(例如,取消奖金和休假津贴,最高工资限额,寻找新的收入来源等);3)通过更换或修改计算公式的途径优化收入及养老金支出(向基金制模式过渡,提高有资格获得全额退休金的工龄);4)改善退休金的筹集方法(较多地使用行政手段等激励机制,以增加直接付款的兴趣)。

随着人口老龄化和劳动人口与退休人员的比例变化,以较低的风险提供更有效的分配制度是有利于养老保险制度有效运作的重要选择。

4.3 俄罗斯养老金制度改革的过程

1993年俄罗斯联邦新宪法第7条规定,国家创造保障公民的正常生活和自由发展的条件,保护妇女、儿童、老年人、残疾人和家庭。第39条规定,国家提供养老金和社会福利津贴,鼓励自愿的社会保险,鼓励创造社会保险的辅助形式和慈善活动。至此,俄罗斯的养老保险实践已经历了三个阶段(1990～1995;1995～2000;2000～2012)。由于改革的背景、社会经济环境,以及制度性因素的限制,使养老保险制度的改革呈现了不同的特点。

一、养老保险制度改革的基本描述

俄罗斯养老保险制度形成于20世纪60年代中期,最初始于国家养老金制度。该制度的一个重要的优势是对所有公民提供所需要的绝对的最低限度的生活水准。国家保险预算积累的国家养老基金以及国家社会保障基金,是国家预算的组成部分。这样,养老金完全依赖国家的预算。当时,养老保险制度存在的主要问题是预算收入和支出的不平衡。80年代中期,财政资源能够保障的养老金支付程度相当低。尽管提高了养老保险的社会缴款,也无法消除对养老金预算的依赖。

20世纪90年代俄罗斯开始进行了激进的政治和经济转型。同样,向市场经济过渡也需要和运用养老保障领域的创新型的经济和法律。如果养老金制度是无效率的,必然会产生很多社会经济问题。因此,在养老保险制度中引入保险原则并将养老保险基金的预算列入财政体制预算中也是重要的改革内容。

从俄罗斯联邦养老保险的发展历史来看,改革包括三个阶段。表4.1就反映了养老保险制度改革的法律基础及特点。

表4.1 俄罗斯养老保险制度改革的阶段

第一阶段 (1990~1995)	1990年11月20日,通过《俄罗斯联邦国家养老金法》(№340-1) 建立俄罗斯联邦预算外养老基金 社会保障预算中养老金的分配
第二阶段 (1995~2000)	养老保险制度改革的概念 在俄罗斯联邦养老基金中试行个性化和养老金纳税人的首次登记 创建统一的区域养老服务机构 完成被保险人的个性化 向养老金个人记录的过渡 引入个别系数计算养老金(联邦法律№113-ФZ) 养老基金政策的形成 地方预算外养老基金的财政危机 制定一个养老金改革方案
第三阶段 (2001~2012)	2001年12月15日的第166号联邦法《俄罗斯联邦国家养老保障》;第167号联邦法《俄罗斯联邦强制养老保险》;12月17日的第173号联邦法《俄罗斯联邦劳动保险》以及12月31日的第198号联邦法《俄罗斯联邦税法及关于税收和保险缴纳金规定的增补与修正》 俄罗斯联邦养老金改革方案 形成一个综合的养老保险制度的过渡期 养老金计算公式中个别系数的修改 三支柱养老保险体系

二、制度缺陷和改革环境不稳定

2000年之前养老保险制度改革的主要特点是制度上存在缺陷和改革环境不稳定。苏联解体后的初期,旧的养老金制度在很大程度上被继承下来,但其存在的基础在经济体制转轨剧烈的震荡中受到了极大的破坏,俄罗斯政府也逐渐采取了一些改革措施,如预算外养老基金、多方共同分担、养老金指数化等。但是由于国内经济动荡,特别是存在剧烈的通货膨胀,以及改革后的制度没有消除现收现付制的缺点,因此改革的成效不甚明显。归纳起来,这一阶段俄罗斯的养老金制度改革受到制度上的缺陷和改革环境不稳定的双重阻碍,步履维艰。

20 世纪 90 年代初的社会保障制度的升级换代并不成功。它主要是通过削减福利、增加税收以及对一些收支进行小幅度的调整进行改革。这种改革的结果带来了负面的影响。一是更加恶化了经济形势,使原来福利水平虽然较低但还较稳定的社会保障遭到了破坏;二是增加了政府财政收入,从而加重了企业部门的负担;三是导致养老金入账与给付之间的不透明关系、资格标准不严格及退休年龄较低。这种制度的局限性致使养老金拖欠严重以及课征较高的收入税。

上述改革构思出台后,俄罗斯未将其细化为可操作的方案就遭遇了 1998 年的金融危机,危机中卢布大幅贬值,银行在储户疯狂的挤兑浪潮中倒闭,俄罗斯的经济出现了严重衰退,直至 2001 年俄罗斯的经济才基本恢复到 1998 年金融危机前的水平。

在这样的背景下,1997 ~ 2001 年这一阶段的养老金制度改革并没有取得明显成效。但是,值得一提的是 1997 年 7 月 21 日俄罗斯通过了第 113 号联邦法《国家养老金的精算及提高养老金给付额度的方法》,规定从 1998 年 2 月 1 日起采用修改后的"新精算公式"①。其优点在于养老金的给付中增加了动态工资调整指数,使养老金可以随工资的变动作动态调整,保护养老金领取者不受损失。当然,这一措施仍然是在现收现付制的基础上进行的政策性修正。

概括起来,这一阶段的改革并没有显著的突破,而且处在国内政治经济局势大动荡的环境中,这是使现收现付制迟迟无法进行根本性变革的症结所在。基于以下原因,俄罗斯的社会保障体系的危机在不断增加,它并不是根植于以前的旧制度,而是伴随着转轨而产生的。

(1)长期持续的经济衰退使社会保障制度筹集的税收的收入不足而导致支出成本增加。

(2)缺乏正确有效的制度安排,而政府又无力采取其他的替代措施,这是导致

① 具体公式参看边恕,孙雅娜. 双重危机下的俄罗斯养老保险改革. 社会保障制度,2004(6)。

这种无效的制度得以继续存在的重要原因。

(3)由于政府对现存制度的调整缺乏政策时间的一致性承诺，于是难以应对通货膨胀压力。

(4)税收制度不完善和不合理使税收收入缺乏保障。

三、落实“三支柱”养老保险新制度

普京上台后便开始推行一系列改革，首先进行的是养老金制度改革和税制改革。2001 年初国际石油价格大涨，普京政府借此机会用石油出口换取巨额收入用于清理长期积欠的工资和养老金，并大幅提高了工资和养老金水平，居民的实际收入有了很大的增长。同时普京政府还出台了一系列刺激内需的政策，使增加了的工资和养老金可以通过更通畅的渠道流入物质生产部门，促进经济增长。2001 年，俄罗斯国内需求对经济增长的贡献率达到 70%，而这里面国民工资和养老金的大幅增加成为拉动内需的主要动力。

2001 年底，俄罗斯开始落实“三支柱”养老保障新制度①，这标志着俄罗斯对现收现付制的根本性改革，并且政府连续出台了 4 个改革养老保险制度的联邦法案。

养老保险体系有 3 个组成部分：基本养老金、养老保险金和养老储蓄金。除此之外，还包括伤残等退休金。表 4.2 中描述了每根支柱的关键参数。

基本养老金是一笔以固定金额提供给那些达到退休年龄的老人，每月给付 450 卢布。大多数老年人都集中在这一组，几乎覆盖所有的老年人。指数化规则很复杂，截至 2010 年，基本养老金作为保险的一部分，即按月平均工资年涨幅的方式领取养老金，但仅限于每年收入的增长超过养老保险基金的部分。

基本养老金通过指数化方式不断增加退休金。按指数化标准依据物价上涨幅度，每季度(超过 6%)或者每半年(超过 6%)调整一次，如果半年时间内物价上涨幅度低于 6% 时，每一年调整一次。

① 这里的“三支柱”制度与 1997 年的构想有所区别，比如放弃建立在现收现付制上的养老保险金。

表4.2 俄罗斯养老保险制度的关键参数

养老金参数	基本养老金	养老保险金的现收现付部分	养老储蓄金
退休年龄	60男/55女 男性60岁或女性55岁并且有至少5年贡献,但是也有对提前退休的规定	许多条款规定,即使提前退休,也要在工作期间有5年的缴款。	
受益率	3170卢布/月,对于年龄在80岁或以上残疾人,照顾残疾人的或在北极地区工作超过15年的人	基于实际贡献的名义账户制度,假定从2013年开始的正常年龄退休后19年的收益,假定从2002年开始分12个阶段	基于个人缴款及利息
贡献的利率	每个领取养老金的人收入增长率的贡献		基金投资收益率
退休后指数	与月平均工资挂钩,但是受限于可支配收入	与月平均工资挂钩,但是受限于可支配收入	工资返还的规定
贡献率	6%	1967年出生前的人16%,最多512 000卢布;1967年后出生的人10%,最多512 000卢布(这10%的贡献用于投资基金部分)	1967年出生的人口,为6%;之后出生的人口高达512 000卢布

养老保险金部分是一个广义角度的养老退休金,执行现收现付制度,包括养老、残疾和遗属津贴。个人账户的缴款投资于金融资产,相反这些缴款都记入养老保险基金的个人账户。但是,这仅限于每个领取养老金的人的养老金缴款,在特殊情况下也允许保险部分的退休金采用工资调整指数。

养老保险的缴费形式按统一社会税形式缴纳。统一社会税的开征标志着社会保障系统非常大的转变。统一社会税属于俄罗斯联邦税种之一,类同于通常意义的社会保障税,其把原来的三种国家预算外基金,即社会保险基金、退休基金、强制性医疗保险基金的保险费合并到一起。统一社会税按工资总额的35.6%用于强制医疗保险基金,28%用于养老基金。由于退休保险分成三部分,应缴纳税款也分三部分。相当于退休基金的28%的统一社会税中的一半(即14%的部分)作为基本退休金的保险费,缴入联邦财政部门并通过联邦财政预算的方式予以发放,另外一半则作为保险与储蓄部分支付退休金的保险费。

四、基于保险原则的养老保险制度

俄罗斯从2010年1月1日起,对养老保障制度进行新的改革,其实质是向保险原则过渡,即公民所享受的养老金权利和养老金额度直接取决于每个人向国家养老基金的保险缴费,目的是使养老金收入由依靠税收收入向依靠保险收入转变。同时,把养老基金的保险缴费率,从2010年前的20%提高到26%,以便使养老金保持收支平衡。

另外,从2010年起取消统一社会税,重新开征包括养老保险在内的社会保险费。2011年12月,俄罗斯的社会保障体系的法律通过了审批。2012年1月1日生效的新法规,扩大了被保险人的范围,将影响国家养老、社会保障基金的领取申请及保险费的缴款,可能会增加税收负担。新的法律没有涉及对职业事故和职业病的保险的强制性缴款。新修订的法规最大的变化是社会保障税的限额支付,雇主支付保险费缴款,以及大部分在俄罗斯工作的外国公民缴税义务。

4.4 养老保险制度改革的评价

在养老保险制度改革的过程中,应该解决的重大社会政策问题是使养老金获得者的物质状况稳定且上升,以及急剧地缩减贫困人口的数量。与此同时,还要有助于实现代际平衡,保持养老保险制度的可持续性。

养老保险制度改革的核心问题是使养老金支出与国内生产总值保持适当的比例。根据影响养老金支出占国内生产总值(EP/GDP)比例的各种因素,可以评价俄罗斯的养老保险制度的改革。就目前来看,俄罗斯养老保险改革的方向是降低替代率、严格养老金的领取资格及增加养老金收入。接下来,我们围绕这三个问题对俄罗斯养老保险制度的改革进行评析。

一、降低替代率以增加养老金的福利

养老金替代率反映了养老金领取水平与退休前工资收入之间的关系,二者之间的比率是衡量劳动者退休前后生活保障水平差异的基本指标之一,是养老保险

制度中的一个关键的要素。它不仅关系到养老金的领取水平,更关系到每个养老金领取者的基本生活的保障水平。而且从宏观层面看,在领取养老金人数既定的情况下,它也是全社会养老金发放总体规模的决定性因素。

防止养老金财政赤字持续扩大,一个重要途径是降低养老金替代率,从而降低养老金财政支出。在2008年修订后的《2020年前俄罗斯联邦长期经济社会发展构想》中,确定了俄罗斯养老保障制度的改革目标:使2009年平均养老金达到最低生活保障线水平,2010年为最低生活保障线的1.47倍,2011年达2倍,2016年为2.6倍,2020年达到3倍;2030年,使工龄不低于30年的退休人员的养老金替代率(平均养老金与平均工资的比率)达到40%[①]。最终使俄罗斯的养老保障水平达到欧洲标准。

1990~2010年期间,俄罗斯的平均替代率并不低。期间的最高值为40.2%(2010),最低值为24.5%(1993)。国际货币基金组织研究了2010年31个发达国家和新兴市场经济国家的养老金制度的平均替代率,发现最高值是巴西(65%),俄罗斯居第14位,高于31个国家的平均值[②]。

总体而言,退休金和津贴的总支出占国内生产总值的比例约增加了9%(表4.3),基本养老保险支出约30%,保险部分约60%,免税额为10%。

其中,津贴占国内生产总值的比例从2005年的0.3%扩大到2010年的1%,作为部分货币化的收益(即它们取代了部分非货币性补贴),过去两年养老金支出也出现了大幅度增加的趋势(占国内生产总值约3.5个百分点)。

养老金支出占国内生产总值的比例反映了退休金和津贴相对平均工资的比率的上升,如从2007年的27.5%上升到2010年的40%。考虑到最近的支出增加和减少的养老金缴款,俄罗斯沿着这两个维度(养老金支出占GDP的比例,替代率)符合国际平均水平。

---

① Концепции долгосрочного социально - экономического развития РФ на период до 2020 года, http://www.economy.gov.ru/wps/wcm/myconnect/economylib/mert/welcome/economy/strategyandinnovation/longtermstratdirectarea/.

② International Monetary Fund ,The Challenge of Public Pensio n Reform in Advanced and Emerging Economies," IMF Policy Paper. Available via the Internet at,2011.

表 4.3　俄罗斯养老金支出占 GDP 的比例(1993～2010)

	1996	2000	2001	2002	2003	2004	2005	2006	2007	2008	2009	2010
基本养老金				1.9	1.8	1.6	1.4	1.6	1.4	1.8	2.2	2.7
养老保险金				4.0	3.9	3.5	3.6	3.0	2.9	3.0	4.1	5.2
津贴(养老储蓄金)				0.2	0.2	0.3	0.8	0.9	0.9	0.8	1.1	1.0
总和	4.5	4.5	5.5	6.1	5.9	5.5	5.9	5.5	5.2	5.5	7.4	8.9

资料来源:http://www. pfrf. rv。

在 2012 年,工资税税率从工资的 26% 降低到 22%。据估计,由于税率降低的税收损失使 GDP 降低 0.5%。如果不改革养老保险制度,公共养老金的替代率将维持在目前的水平,这需要大幅增加支出。

养老金支出从 2010 年国内生产总值的 9%,增加到 2030 年的 12% 和 2050 年的 16%。相对于平均工资来说,支出的增长遏制了消费水平,意味着福利的下降;与此同时,养老金支出的收益是增加储蓄。如果养老金支出保持在目前的水平上,替代率将由 40% 下降至 2030 年的 28%,至 2050 年的 20%,见表 4.4。

如果不进行养老保险制度的改革,即使是进行临时的财政调整,这种大规模的削减也只存在理论的可能性,并且将对社会不利。

表 4.4　养老保险金的替代率

	1990	1993	1996	2000	2002	2003	2004	2005	2006	2007	2008	2009	2010
基本养老金					10.3	9.5	8.9	7.7	9.0	7.6	9.0	9.6	12.2
养老保险金					21.3	20.3	19.5	19.9	16.7	15.3	15.3	1.8.2	23.5
津贴					1.3	1.1	1.8	4.5	4.9	4.6	4.3	5.0	4.5
总和	38.0	24.5	28.4	32.3	32.9	30.8	30.2	32.2	30.5	27.5	28.6	32.9	40.2

资料来源:http://www. gks. rv

二、严格养老金的领取资格

严格领取养老金的领取条件,主要是通过提高法定退休年龄,这有助于减少数年养老金支付的财政负担。提高退休年龄除了财政的影响外,还有其他的优势。如促进经济增长并实现较高的就业水平,在短期内促进实际消费的增长,同时还有助于避免更大幅度地削减替代率①。

缓解人口老龄化压力所带来的公共支出负担的另一个有效手段在于增加劳动人口与退休人口的比率。因此,近20年来逐步提高退休年龄是很多国家养老金改革的实践。

一些国家已经正在讨论未来的退休年龄(丹麦、意大利和西班牙)的变化。法国最近提出将退休年龄延长两年;激励年纪较大的工人留在劳动力市场以达到严格领取养老金的资格;为节省财政支出设计更具有吸引力的退休金精算公式;大多数发达经济体或地区纷纷出台了反年龄歧视的立法(欧盟、澳大利亚、新西兰和美国),这更有利于使年纪较大的工人继续留在劳动力市场。

先进经济体早期涉及很多改革政策也出现在新兴欧洲经济体中,包括平衡男性和女性的退休年龄(爱沙尼亚于1998年),减少福利(波兰于1999年),提高退休年龄(1992年匈牙利和1995年立陶宛),并降低提前退休福利(爱沙尼亚于1998年)。此外,一些国家实行强制性私人储蓄养老金(包括爱沙尼亚、匈牙利、波兰、罗马尼亚)。在不同国家改革养老金的覆盖范围(私人养老金的强制性)。在匈牙利,养老基金资产的国有化的结果使强制性的私人养老金不再发挥作用。此外,其它新近推出的一些改革,其中包括进一步提高退休年龄(匈牙利),指数化(罗马尼亚)和消除特权(罗马尼亚)。

俄罗斯养老保险制度的一个重要特点是法定退休年龄比较早,男性为60岁女性为55岁。在发达经济体中平均退休年龄是男性为64岁和女性为63岁,新兴市场经济国家的平均退休年龄为男性61岁和女性58岁②。此外,许多人甚至提前退休,在俄罗斯的平均有效退休年龄估计范围约为女性52~54岁和男性54~58岁,这在很大程度上解释了大约30%的退休人员在到达法定退休年龄前而提前退休。

享受养老金的人数与劳动雇用人口的比率,称作抚养比率(dependency ratio)。抚养比率反映了一些因素,人口老龄化意味着伴随着年轻人相对老年人的数量减

① International Monetary Fund. The Challenge of Public Pensio n Reform in Advanced and Emerging Economies," IMF Policy Paper. Available via the Internet at: http://www.imf.org/external/np/pp/eng/2011/122811.pdf . 2011.

② International Monetary Fund, a, "Russian Federation: 2011 Article IV Consultation Staff Report," IMF Country Report No. 11/294,2011.

少,使年轻的纳税人为了一定量的抚养支持会加重税负;寿命的延长会增加退休时间的长度,寿命越长按标准领取养老金的时间就会延长。由于这两个方面的原因,高收入、低人口出生率、高预期寿命的国家具有较高的抚养比率。换句话说,抚养比率随着人均收入的增加而增加。

此外,失业也会对抚养比率产生影响:失业率较高的国家其抚养比率的增长幅度较大。然而,失业的财政含义与因领取养老金的人数剧增带来的财政压力间存在替代效应。这就是说,失业率越高,抚养比率越大。

俄罗斯在转轨的早期,由于采取激进的改革战略、加之管理失误和调整政策的失败,从而使抚养比率上升。在转轨阶段,俄罗斯的政策导致了失业率的高速增长,1993 年的失业率还是 5.7%,可是到了 1997 年已经达到了 11.3%。劳动人口减少的同时依靠养老金生活的人口和残疾人的人口也在骤增,从 1990 年的抚养比率为 44.9%,提高到 1996 年 12.1 个百分点,达到 57.0%。这种变化主要是政策失误的结果而不是人口结构变化所致。由于老龄化问题、过早的退休年龄及对残疾人福利的宽松规定使总人口中依靠政府的社会保障制度拨款而生活的人越来越多,见表 4.5。

表 4.5 1990~2010 年抚养比率

1990	1993	1996	2000	2001	2002	2003	2004	2005	2006	2007	2008	2009	2010
领取养老金的人数(百万)													
			38.4	38.6	38.4	38.2	38.2	38.3	38.3	38.5	38.6	39.1	39.7
根据退休年龄领取养老金的人数(百分比)													
44.9	52.4	57.0	28	30	30	30	31	31	31	30	29	29	28
65 岁及以上:人口占 15~64 岁的比例													
			18	18	18	19	19	19	19	19	18	18	18

资料来源:http://www.gks.rv.

在俄罗斯,提前退休的被保险人是有条件要求的,包括工作条件、环境因素和地区生活条件。早期的退休金是领取在北极地区有工作经历的公民;5 个孩子的母亲或更多儿童或残疾儿童,失业男性在 58~59 岁;失业女性在 53~54 岁;至少有 10 年的危险性职业的女性;从事危险性职业(包括矿工、地质学家和海员等)至少 7 年半。此外,有 25 年的教师工作经历,城市卫生工作者,拥有 30 年和 25 年的农村医疗机构,专业的芭蕾舞演员,以及其他一些没有最低退休年龄的艺术家。

在俄罗斯,提高退休年龄是有争议的。以俄罗斯男性的预期寿命低为由提高退休年龄或以及相对体弱多病的老年人也反对提高退休年龄。然而,俄罗斯联邦卫生和社会发展委员会(2010)指出,70%以上的养老金领取者还没有达到法定的退休年龄而提前领取退休养老金。这表明,大多数的个人提前退休并不是因健康的障碍而防止他们从事工作。因此,延迟有效的退休年龄,可能对很多俄罗斯居民是一个可行的选择。此外,预计每10年延长1年退休年龄,这意味着可以增加劳动收益。

另一个方案是以平衡性别的退休年龄,即以男性和女性的法定退休年龄为60岁。这是因为女性的法定退休年龄在国际上比较低,特别是考虑到女性相对于男性的寿命更长。当前,最先进的经济体中男性和女性具有相同的退休年龄,许多新兴经济体也处于这个改革过程中,这需要在未来的10年逐步完成。这种改革措施将使养老金支出占国内生产总值的比例从2030年到2050年减少近2个百分点。

一个更加大胆的改革目标是男性和女性退休年龄逐步延长到2030年的63岁。这项建议将足以使2030年养老金支出占GDP比例相对于2010年的水平基本保持不变,同时保持40%左右的替代率。但是,如果不采取措施进一步增加法定退休年龄,养老金支出将开始增加,即从2030年的9%提高到2050年11.5%。

相反,如果男女双方领取养老金的年龄进一步提高到65岁,2050年的支出将略高于2010年的水平(每10年延长退休年龄1年)。这表明,退休年龄的提高符合养老金支出的预期。

关于退休年龄问题的讨论,需要严格养老金领取的资格,禁止在法定退休之前提前退休;对在有效的退休年龄内无法继续工作的员工,给予足够的伤残抚恤金和社会援助方案,以保护那些无法继续工作但又需要保障一定生活水平的社会成员;除了严格养老金领取的资格标准外,同时还要延长残疾和遗属养老金的退休年龄。

三、增加收入

通过提高养老保险制度的税收收入也可以抵消公共养老金支出的增加。这一措施的实施有可能会产生一定的效果,例如提高工资税的税率,即从目前的工资水平的22%提高到2030年的30%,到2050年的40%以上。这些不同程度的社会保障缴费率将大大超过其它一些国家,因为几乎所有的发达经济体和新兴经济体的养老保险缴费率低于工资的30%,这将对劳动力市场产生不利的影响。此外,这种增加还会违背俄罗斯当局努力降低成本的设想。

此外,增加收入还可以利用其他选项,包括使用替代的收入来源,如消费税,尤其是提供再分配方面的津贴资助。同样,俄罗斯的目标是需要提高税收工作的征管效率。

从宏观上讲,社会保障支出导致政府财政超出预算,增加了财政负担,并产生了不断增长的赤字。政府力图提供能满足需要的养老金,却又与其他更加紧迫的支出相矛盾,如文教卫生、基础设施建设等。在这种情况下,资金缺口只能通过扩张的货币政策或在资本市场上借贷来解决。这样做的结果不是引起通货膨胀,就是会强化挤出效应,两者都与效率与增长的原则相违背,从而使靠领取养老金生活的人境况变得更坏。

4.5 结论

俄罗斯的经济环境、人口老龄化等因素加重了劳动人口的养老负担,会降低退休人员的养老福利及增加财政预算赤字。2008 ~ 2009 年的金融危机显示了社会保障制度对经济和社会稳定产生的强大短期和长期影响,强化了养老保险改革的必要性和紧迫性,以此获得财政预算的平衡、保障养老金领取者的福利及降低养老保险的代际负担。

社会保障基金的成本主要取决于领取保险金的人数和平均收益的大小。为了降低或抵消可预见的养老金支出的增加,在过去的20 多年中,俄罗斯养老保险制度的改革旨在预期大幅度降低老龄化对养老金支出的影响,并且都集中在降低替代率,严格养老金资格和鼓励老年人继续留在劳动力市场等方面。

但是,改革是一个复杂的过程,而且预期的改革措施所产生的影响也各有不同。提高退休年龄既可以产生很多优势,也可能带来消极的影响。一方面,它会提高劳动力市场的就业率和经济增长水平;另一方面,提高养老保险的缴费率,也会扭曲并减少劳动力的供给和阻碍潜在的经济增长。通过增量调节生命周期和收益,提高退休年龄,还可以产生消费效应。

来自各方面的建议说明,俄罗斯最直接的政策改革方案是提高法定退休年龄,例如,男性提高到65岁,女性提高到63岁,以维持国家的经济负担,同时保持约40%的替代率。

目前,俄罗斯已经制定了短期和长期的养老保险改革计划,以确保改革的有效性且又不提高贫困率,但是在这方面仍然面临很多挑战。

5 税制改革与税制优化

一个国家理想的税收制度既要保障国家对财政资源的需求,又要不降低对纳税人从事企业经营活动的积极性,同时还要不断激励采用提高效率的方法和途径。其核心在于纳税人的税收负担合理。该指标是衡量税收制度质量的非常重要的指标。

当前,降低纳税人税收负担是特别重要的话题。因为,无论是在发达经济体还是转型经济体,降低纳税人税收负担的税收制度的建设和完善都是具有非常重要的作用。俄罗斯现代意义上的税制改革始于 1998 年。以 1998 年通过、1999 年 1 月 1 日生效的俄罗斯联邦税收法典的第一部分,构成了俄罗斯经济改革发展的分水岭,也是增加税收制度的透明度及减少税收负担及优化途径的重要标志。

本章的主要内容涉及俄罗斯联邦税收制度及其形成的许多问题,如俄罗斯税费类型与结构、税收负担、税制结构优化等问题。在税收制度中与降低税收负担相联系的问题在于取消税收优惠、规范影子经济的税收行为,进一步加强税收和财政纪律。

5.1 税制改革的理论基础

在现代市场经济体制的实践中,税收制度改革的现代理论集中在最优课税理论。税收制度遵循的最优原则是帕累托最优效率原则,它是以资源配置的效率性和收入分配的公平性为准则,对构建合理的税制体系进行分析的理论与学说。任何最优税制改革都是以财政收入为目标,力求使显性社会福利函数最大化,改进纵向公平程度和税收造成的资源配置效率损失之间平衡。

一、最适课税理论

最优课税理论是假定政府掌握着纳税人的完全信息并拥有无限的征管能力。

但是最优原则在税制设计中是无法实现的。首先,从信息的角度看,在信息不对称的情况下,政府只能根据纳税人的收入、支出等可观测到的信息来征税,这就难免造成纳税人经济行为的扭曲。其次,从征管角度看,政府的征管能力从来都是有限的,无限的征管能力和无限的成本是配套的,过高的成本限制了政府的征管能力。再次,从税收本身的特点来看,绝大部分税收也是不符合最优原则的。因为税收的征收等于在市场有效配置资源的过程中,加进了一个“楔子”,即“税收楔子”(tax wedge),使消费者支付的价格与生产者获得的价格发生分离,产生了消费者剩余损失或生产者剩余损失,进而影响到消费者或生产者的行为,从而无法实现资源的最优配置。

有鉴于此,“次优课税”的税制设计便构成了最适课税的重要理论基础,其核心思想正如阿特金森、米尔利斯、斯特恩等许多著名经济学家所强调的,应在维持一定的政府税收收入的前提下,使课税行为所导致的效率损失即税收超额负担达到最小化。这就是最适课税框架中的税制中性思想,强调税收不应该给纳税人和社会造成其他额外损失。其实质是,国家征税不应扭曲市场的相对价格,课税时市场机制仍然是影响资源配置和纳税人决策的主要力量,税收不应成为影响资源配置和纳税人经济决策的主要因素,即保持税收的中性。

最适税制理论给出了税制改革方向。一方面更明确了提高课税的经济效率的重要性,根据税收效率原则的要求,税收的额外负担应尽可能少。这种税制改革的方向体现在一个国家的税制结构中。

税制实践中,税制结构是指国家为了实现特定的经济财政目标而由若干个不同性质和作用的税种组成的具有一定功能的税收体系。主体税种是税制结构的灵魂,也是区别不同税制结构的重要标志。简单说,税制结构也就是税收体系的布局问题。政府对什么征税,征多少税,如何征税,是通过税收制度加以规定的。税收制度是约束税收行为的一系列规则,它使纳税人的纳税行为和征税人的征税行为均按照一定的法律规范来进行,以减少税收征纳过程中的不确定性,保护征纳双方的权益。

一国的税制结构决定着该国税收负担的高低,当各种税种的税率保持在一个较合理的程度上,税种的设置将使得征税范围变宽,税基扩大,税收收入就会得以提高。同时,在税制设计中,主体税种和辅助税种的不同选择和搭配,对税收收入的影响也比较明显。以间接税(如商品税)作为主体税种,尽管税负可以转嫁,在一些方面或个别环节存在不公,但对宏观税负水平的影响相对来说要小一些;以所得税作为主体税种的税制结构中,由于所得税尤其是个人所得税具有累进性,对经济变化的反应比较敏感,因而对宏观税负水平的影响相对来说要大一些。

从税率和税基的角度考虑,税收体系中整体税率同宏观税负水平具有方向趋同的关系,整体税率提高将会引起宏观税负水平的提高;反之,宏观税负水平则下降。扩大税基,会使税收收入增加,引起宏观税负水平提高;缩小税基,则会造成税收收入的减少,使宏观税负水平降低。另外,一国税收征管机制的高效性对减少偷逃税现象、维护税收收入和宏观税负水平的稳定性,都发挥着非常重要的作用。

尽管,与税收中性相关的信息在俄罗斯是无法获得的,但是仍然可以用于识别较合理的税制改革。

二、税基选择

税基和税率是影响税收收入的主要因素,在税率不变的情况下,扩大税基,可以获得收入效应;反之则不能获得收入效应。从公平的角度,如果税率不变,税基宽窄直接影响纳税人负担水平。

税基是被征税的项目或经济活动,是税收的经济基础。选择税基是税制建设的一个重要问题。从效率角度,选择税基的原则应尽可能选择那些税源较为广泛、充裕的课税对象作为主导税基。同时,根据税源变化,适时调整税基结构。总之,税基的选择既要保证税收收入的稳定增长,同时又要不伤及资本。

导致窄税基的可能原因:税率的差异性、税制之间的非兼容性、税法的复杂性、繁多的税收减免。正如威尼·瑟斯克(2001)所说,假如对劳动所得的课税比资本所得重,小企业就会以资本所得形式获得补偿。再者,产生许多细微差别的、复杂的税法和对一定的税基适用多重税率会促使纳税人选择逃税和避税项目,这不可避免地会减少原有的税基。在这种情况下,为了维持原有的收入水平必然产生提高税率的压力①。

税制设计要尽可能防止狭窄的税基。因为狭窄税基会产生 3 个问题,一是税收收入减少;二是纳税人为了使税负最小化而产生逃税和避税的机会主义动机;三

① [乌克兰]威尼·瑟斯克,张文章,匡小平译.发展中国家的税制改革.中国人民大学出版社,2001:15。

是征税成本高。

在俄罗斯,最常见的税基是收入、消费和财富。随着税基的扩大,也就是征税对象的增多,在税率保持相对稳定的情况下,税收收入是随税基的扩大而扩大的。

在俄罗斯,早期的拓宽税基的主要目标是为了实现更大的累进性。在俄罗斯转轨初期,俄政府的税制改革都以提高税率和采纳新税种为主要措施。

1998 年之后拓宽税基的目标是为了实现较低的边际税率,并减少税收负担和效率损失。拓宽税基的另一个目标是减少非中性的税收优惠,因为这些税收待遇的存在鼓励了资源流向低税的经济活动,从而增加了税收的效率成本。

拓宽所得税的税基和取消各种歧视性的所得税优惠会使一个税制更加有效率。俄罗斯的税基设计伴随经济的发展具有阶段性的特征,并且由初始时期的窄税基而逐渐向拓宽税基的路径深化,并且越来越具有了现代税制的特点。

在增值税的改革方面,俄罗斯热情地对待许多源于最适税收理论方面的政策建议:

(1)尽量避免对中间产品的课税,而是倾向于对消费环节的课税。

(2)最适税制要求尽可能地使用与纳税人的行为无关的一次性总付税。因为,一次总付税有许多优点:一是这种税只产生收入效应,而不产生替代效应。替代效应是当税收影响商品(或经济活动)的相对价格时,导致纳税人以一种商品或经济行为替代另一种商品或经济行为而产生的效应。替代效应的结果是使纳税人的福利水平降低,这种福利损失是扣除政府税收后的净损失,是税收的超额负担。二是与上述结论一致的是,资本比劳动力更具有流动性,所以在对所得课税方面,要采取对资本所得比劳动所得更轻的税率,而且与使用消费税纠正负外部性的效应,确定一致的税率水平。

三、税率设计

税率是税额与征收对象的比例,是税收制度的基本要素和中心环节。税率的高低直接关系到政府收入的数量和纳税人的负担,是税收政策的具体体现。

税率设计是税制是否合理的重要标志。税率的多少,从宏观上说明了政府占有社会资源的能力;从微观上为生产者和消费者提供了行为激励机制;从分配上看,由于税制体系中的作用目标偏重于经济效率,因而反映现实的税率选择通常是次优的。

不同的税基设置差别税率有助于实现课税的公平目标,也有助于实现效率目标。对低收入所得及其购买的商品课以较低的税率是公平税制的标志。从公平角度讲,如果缺乏收入支持项目,且个人所得税的作用很小,就可使低收入者有较低的税收负担;而从效率角度来看,逆弹性法则指出,为了使总超额负担最小化,商品的税率应当与其需求弹性成反比。商品的需求弹性与人们的行为调整呈正比,即商品的需求弹性越大,扭曲的可能性也越大。因此有效课税要求对相对无弹性商品课征相对较高的税收,而对弹性相对较大的商品应当课以相对低的税率。显然,符合最优商品税条件的逆弹性法则并没有考虑税收应该具有的再分配功能。

一般来说,一个国家的发展往往都是根据以往实践经验得出的法则。实现经济效率的最好选择是,在一国经济中对不同部门和活动之间征收的所得税税率的差异越小越有效。在改革之前,俄罗斯大多数的税种都是非最优和高度扭曲的。提高税率的统一性将会有助于税制的横向公平。在某种情况下,边际有效税率是判断各种税制改革效率或改革前投资模式有效性的重要工具。税制改革的效率目标需要一个经济中部门之间和投资者之间边际有效税率的差异度,而较小的总边际有效税率可以降低税收对资源跨期配置的扭曲程度。

在某些情况下,税收优惠和债务融资的使用与通货膨胀结合到一起产生了很大的负边际有效税率,导致税后收益率大于税前收益率,并且事实上私人获利的同时也反映了社会损失,表明税收产生了无效的资源配置。

四、税收征管

最优税收理论包含了降低税收超额负担的制度设计,即体现在完善的税务管理方面,这与现实中简化税制的要求是一致的。Slenrod(1990)提出,税制改革的重心不是最优税种而是要增加管理能力并形成约束机会主义的最优税制①。Burgess Robin and Nicholas Stern 也有类似的结论,要求将税制改革规范模型中得出的理论见解和认识与逃税问题和存在于发展中国家的不规范经济和非规范性改革的结果结合在一起②。1992 年坦兹指出,最优税收理论对税制改革方向的指导意义在于,最优税收的设计往往忽略了税制实施所需要的信息、行政和政治条件的要求。由

① Slenrod, J. Winter. Optimal Taxation and optimal Tax Systems. Journal of Economic Perspectiwes, 1990(80):157 - 178.

② Burgess, Robin and Nicholas Stern. Taxation and Development. Journal of Economic Literature , 1993(31):762 - 826.

此，税制改革者也较少地从行政成本角度来规范最优税制。

税收体制中征管制度的设置，其主要目的就是为了减少偷逃漏税现象，维护税收收入和宏观税负水平的稳定。税收征管水平不同，税收流失程度也不同。当税收征管水平较低时，税收流失严重，政府实际取得的税收收入减少，宏观税负水平较低；反之，当税收征管水平较高时，税收流失减少，税收收入的课征数量更接近于制度的规定，宏观税负水平较高。影响征管水平高低的因素也很多，诸如征管模式的选择、税务人员素质的高低、征管手段的应用等。对于发达资本主义的典型国家如美国，它具有较完善的税收征管体系，因此税收流失程度极低，而俄罗斯的情况却十分不乐观。

5.2 税制优化的动态过程

俄罗斯在转轨过程中从未间断税制改革。从制度变迁的特征来看，税制改革大体可以划分为两个阶段：从 1991 年俄罗斯联邦政府颁布《俄罗斯税法纲要》等一系列税收法令开始，直至 1997 年出台《俄罗斯联邦税收法典草案》为第一阶段；2000 年《俄罗斯联邦税收法典》生效至今为第二阶段。

不同的宏观政策指导思想会反映到税制改革中，具体表现是叶利钦执政时期采取迅速西方化的激进式改革，普京时代则在税收中性思想指导下采取日趋温和的渐进式改革。俄罗斯税制改革从对苏联计划经济体制下的税收体系的修修补补，到对税种、税率、税则的大刀阔斧式删减增添，尤其是普京执政后，颁布了税收制度改革的总括性文件《税收法典》，将俄罗斯税制改革推向了一个新的时代，简化税制和降低税率成为这一轮税制改革中的重中之重。

一、税制改革第一阶段

1991 年叶利钦就任总统以来，按时任总理划分，共经历了盖达尔政府、切尔诺梅尔金政府、基里延科政府、普里马科夫政府、斯捷帕申政府以及叶利钦卸任前短暂的普京政府。叶利钦时代可以被称为俄罗斯转轨的时代，在这个曲折的历程中，依据经济政策的改变，大体可以分为三个阶段：盖达尔政府的“休克疗法”激进经济改革、切尔诺梅尔金政府经济政策的中性调整、普里马科夫政府政策方向的转变（短暂的普京政府被划入下一阶段）。随着各届政府经济政策指导思想的调整，税制改革的方向和目标、力度与广度都存在着差别。

1. 1991 ~ 1993 年

该时期被称为“休克疗法”时期。税制改革的主要特征是颁布一系列与市场经济体制相适应的税制法律基础。1991 年 12 月 27 日，俄罗斯政府便颁布了在国际货币基金组织参与下制定的一揽子有关税收法律、法令，包括《俄罗斯联邦税收制度原则法》《俄罗斯税法纲要》《俄罗斯增值税法》《俄罗斯企业和组织利润税法》《俄罗斯个人所得税法》等，后又制定了《俄罗斯关税法》。这些税收法典构成了税收体制的基本框架①。其与苏联的税收体制相比，从根本上变革了原有的税制设计理念、税收基本原则、管理体制和税收结构，税制改革发生了较大的变化。

(1) 主体税种的改革

第一，将周转税改为增值税和消费税。这个举措特别有利于扩大税基。因为增值税的课征范围比周转税更广。该税是对所有产品和劳务的增加值的课征，不仅在生产环节征收，而且扩大到商业批发或零售环节。1992 年开征增值税时，规定 3 种税率，绝大部分商品和劳务的增值税率为 28%，对实行调节零售价的消费品税率为 21.88%，对规定最高调节价的基本食品税率为 15%。1993 年 1 月 1 日起，除食品和一些规定的儿童食品外，应税商品的增值税率下调至 20%。消费税是苏联在 20 世纪 20 年代曾采用过的税种，该税后来并入周转税，1992 年又重新开征。消费税征收对象为部分高级消费品，税率为商品批发价的 10 ~ 90%。

第二，将利润上缴改为征收利润税。利润上缴是计划经济的产物，而向市场经济过渡，开征利润税是必然选择。利润税是对企业商品和劳务的经营所得以及营业外所得征税。利润税的基本税率是按企业所得的 32% 征收，后于 1993 年 1 月 1 日降为 30%，对交易所和中间商的利润税税率规定为 45%。

第三，把苏联实行的居民所得税改为自然人所得税。其征税特点是，税收起征点随公民年收入的增加而提高，采取超额累进税率征收。1992 年建立了个人收入申报制度，课税对象分为 6 级，最低税率为 12%，最高为 60%。后来，由于恶性通货膨胀、卢布贬值、公民年收入也在名义上大大提高。因此，自然人所得税的课税限

① Шаталов С. Д. Налоговый кодекс: Изменения в налоговой системе закладывают основу экономического роста: Беседа с первым зам. министра финансов РФ С. Д. Шаталовым. Финансы, 2000. № 8. с. 3 – 6.

额也不断调高，到1993年下半年已调到100万卢布，但最高税率由原来的60%降到30%。与此同时，还实行了新的自然人所得税税收优惠政策。

第四，调整进出口关税。关税具有严格的保护性和财政性。俄罗斯在这方面的变化是十分引人注目的。在实施上分为以下几个阶段：1992年上半年，鉴于当时国内商品匮乏的状况，俄罗斯曾一度对所有进口商品免征进口税，结果造成大量伪劣商品流入国内，国家财政收入减少。因此，俄罗斯于1992年6月后重新实行进口税制。从1992年7月1日起实行平均为申报价15%的统一关税税率，又将14种商品的进口税率由5%～25%调高到15%～50%。接着，从1993年2月起，对部分进口商品开征增值税和消费税。1993年4月，又对94类商品实行新的统一进口税率。1993年8月，根据新《海关税法》的规定，俄罗斯开始对进口商品采用国际上通行的从价税、从量税和综合税来课征。1994年之后，俄罗斯又多次提高进口关税。在出口征税方面，从1992年9月开始，俄罗斯实行战略原料出口税。从1993年11月起，鉴于俄罗斯能源及原材料的国内批发已经接近或超过国际市场价格，俄罗斯又开始下调战略原料的出口税；为鼓励制成品的出口，加强其对外竞争能力，对机电产品减征或免征基础税。

第五，新设立若干税种。1991年底通过的《俄罗斯联邦税收制度原则法》是俄罗斯税制的主要法制基础。在该法典中共规定了47种税，其中出现一些新税种，如财产税、不动产税、木材税、物价调节税等。财产税税率为财产价值的0.1%，不动产税税率为不动产价值的3%，物价调节税按25%的税率从石油、天然气的销售价中提取。

(2)初步的分税制改革

1991年的俄罗斯联邦税收法典规定全国开征的47个税种，分别由联邦、联邦主体(地区)和地方三级政府征收，其中增值税、消费税、企业所得税、个人所得税等税源集中、收入较大的16个税种由联邦征收；财产税、土地税等与地方经济关系密切、税源分散的30个税种由联邦主体和地方征收。虽然从数量上看，归地方征收的税种并不少，但由于税收总额不大，一度引起了地方政府的强烈不满。迫于地方政府的压力，俄联邦政府将增值税收入的20%～50%划给地方，将税率为32%的企业所得税的22%划给地方，而个人所得税全部归地方。地方政府不仅拥有税收征管权，还有权开征新的地方税税种、确定地方税税率和地方税优惠。

(3)税收征管的变化

不断强化征管机构，提高征管人员的业务水平和征管手段的现代化水平，是俄罗斯联邦政府在征税管理上的主要做法。主要措施如下：

第一，不断强化征管机构。一是从机构设置上给予保证。1993 年 7 月，俄罗斯《税务警察法》生效，成立了隶属于联邦税务总局的税务警察局；二是加强税务人员的培训，不断提高税务人员素质；三是在税法经常变化的条件下，建立培训和再培训系统，以提高税务监督检查工作的质量。

第二，提高税收征管的现代化水平。这是征税现代化管理的重要标志之一。从 1992 年起，俄罗斯已经逐步建立起三级税收信息自动化系统，这三级系统之间能够自动交换业务信息。

俄罗斯税收体制是参照美国、德国等联邦制国家的税收模式形成的。西方税收体制的效率原则、公平原则和稳定原则这三项最高原则对税制产生了一定影响。但是，由于俄罗斯国内经济危机的加深、生产下降和巨额财政赤字的困扰，税收作为国家宏观调控的主要手段之一，其作用发挥受到很大限制，税制也暴露出一系列问题。

第一，税收制度系统性、稳定性、可控性较差。各级政府间税收关系以及各税种税率经常不断调整，税制细则、补充文件时效短，应急性强，不断出台和频繁变更，可执行性差，甚至出现有些税法条款自相矛盾的情况。这使整个税制缺乏连贯性，使纳税人无所适从，其权威性受到挑战。同时，多变的税制又为偷税漏税创造了制度条件，导致税收收入不能足额征收，且增加征税成本。

第二，税法存在漏洞。税法的解释权集中在部分官员手中，权力的集中导致官僚腐败现象严重，税法执行不力、税法的严肃性缺乏保障；纳税人违反税法而受到硬性惩罚，这种惩罚的界限极其模糊，权责不一致。

第三，税种繁杂。由于税收管理分散，各地区可以自行决定征收某些税费，因而出现大量《俄联邦税收体制基本法》中没做规定的地方税，造成税收秩序混乱，一度曾使联邦税费达到 40 种，地区税费达到 70 种，地方税费达到 140 种，三级税费共达到 250 种。

第四，地方税失衡。在税收体系上，地方税由于缺乏骨干税种，税收总量过小，还形不成体系，加之预算收入分配得不合理，地方政府拥有的财力难以完成所承担的事权。

第五，税收征管地方化。在税收征管上，存在明显的地方化倾向，并伴随高税率、低征收和比较严重的经济无序和各种税务违章现象，税收流失严重。

2. 1993 ~ 1999 年

在这段时期政府为了整顿税收秩序，建立完善、稳定、统一的税收制度，加紧制定一系列新的税收法典，从法律上规范税收制度。从这一阶段俄罗斯通过的有关税收制度的新法规及政府的税收政策来看，此轮税制改革的举措主要表现在以下几个方面：

(1) 税种与税率的改革

第一，简化税制结构，减少税种。1996 年通过的《俄罗斯税收法典》把原来的 47 种税减少到 28 种，采取的措施是：合并税基相同的税费；取消资源付费和油料燃料销售税，废除奢侈品出口税；将专项税和收费降到最低点，废除公路使用税、住房基金费、社会文化领域税费、经营有价证券业务税等多种税费。

第二，降低主要税种的税率。从 1995 年起，增值税、利润税和劳动报酬基金的税率水平，降低幅度为 10% ~20%；作为共享税的利润税划分比例发生变化，联邦利润税税率由 13% 降至 12%，地区利润税的最高税率由 22% 降为 21%；拉平生产性活动和金融活动的征税程序和税率水平；规定对银行和其他贷款组织，或是按 12% 的税率征收利润税，或是按银行年平均资产价值的 0.04% 征税；而对保险公司或是按 12% 的税率，或是按保险缴款总额的 0.08% 课征利润税。

第三，适当提高对个人收入的纳税水平。将最高累进税税率提高到 35%，该税作为联邦和地区共享税，联邦税率为 2% ~6%，地区税率最高不得超过 29%。

第四，新增社会税，作为形成俄罗斯国家居民就业基金、联邦社会保险基金、联邦和地区强制医疗保险基金的来源。社会税税率规定为 10.5%，其中联邦社会保险基金税率为 5.4%；就业基金税率为 1.5%；联邦和地区强制医疗保险基金税率为 3.6%。政府对社会税实行统一的上缴额度、统一的核算与监督形式和统一的惩治违法措施。

第五，放弃关税补贴系数法和其他一系列关税优惠。转轨初期，由于在对外经济活动中的各种优惠，联邦预算每季度少收入 3.5 亿美元，为此，从 1994 年起，俄已经放弃关税补贴系数法和一系列关税优惠。按照国际货币基金组织贷款协议和世界贸易组织提出的入关要求，俄罗斯已从 1996 年起逐步减让关税、减少纳税商品范围。

(2) 税收征管的强化

为了提高税收征管水平，建立严密的征管体系。采取的新措施包括：建立普遍纳税申报制度，企业和组织必须定期向税务部门报告其银行账目，对不按期报告的进行经济处罚；建立严格的税收稽查制度。推行普遍纳税申报制度后，税务机关的主要力量将转向日常的、重点的税务稽查，对各类税务违章行为进行重罚。

总之，这一阶段的税制改革理念是简化税制，提高税率，提高政府的征管水平。尽管如此，转轨中期税收制度仍存在很多问题。

第一，过分注重税收的"国库收入"功能而忽略税收的经济调节功能。其主要表现是，确定税收体制以不减少预算收入为前提，在税收政策上则强调增加税负和提高税率，加重企业和其他纳税人的负担。

第二，试图效仿西方发达市场经济国家的税收体制模式，其结果造成税收体制脱离了俄罗斯的实际，没有充分考虑本国纳税人的特点和纳税动机的特殊性，导致纳税人隐瞒收入，资本从合法部门流向地下经济甚至流入国外。

在俄罗斯现行税收体制下，对收入的课税是根据纳税人自己的报表如个人收入申报单和企业会计报表进行的。这样，为了充分收税，国家就必须对无数的经济活动、交易和付款实行监督。这实际上是难以做到的，也是不可能的。因此，造成收入被大量隐瞒，税收收缴率降低，使俄罗斯不得不用高税率加以弥补。

第三，在税收体制上没有处理好中央与地方的关系。俄罗斯在联邦政府与地方政府的分税制改革上几有起伏。先是1994年在税收体制上进入了对联邦和地方关系进行实质性改革时期，在各级政府税收权限划分上取得了进展，但在1997年俄政府又宣布取消各地的200多种税费，并明确强调，今后这方面的立法权不再下放给地方①。

第四，税种繁杂，税收优惠过多。大量税收优惠和税收豁免的存在（仅地方政府对利润税的豁免就使得该税款占GDP的比重下降0.5%）使税制变得极不公正，合理的竞争条件被扭曲，进而出现普遍的逃税现象。俄罗斯已采取了许多措施减少税收优惠，但都是零散的和局部的，没有达到从根本上缩减税收优惠的目的。"享有税收优惠的权利不是决定于市场和消费者，而是由行政机制来决定。对于一些人的大量税收优惠意味着对另一些人的高税率。为了在市场上与享有税收优惠

① J. Boskin, Charles. World Tax Reform: Case Studies of Developed and Developing Countries. National Tax Journal, 2001 (6): 311.

的人进行竞争，纳税人和组织就要隐瞒自己的收入，从而使税收减少”[①]。

第五，自然资源租金课税相对较低。微观上，俄罗斯经济所具有的特殊性，即原材料生产部门在经济中发挥重要作用，在税收结构中并没有反映出来。已有的实践经验表明，对自然资源租金的课税往往比经济税负总水平高得多，但是俄罗斯对自然资源租金课税的标准比大多数石油生产国所实施的课税标准要低。

二、税制改革第二阶段

这一阶段始于1999年1月1日开始生效的《俄罗斯联邦税收法典》（第一部分）和2001年1月1日生效的《俄罗斯联邦税收法典》（第二部分）规定的新的税制改革措施。这一时期，强制性的激进式变迁向渐进式变迁转化，两部税法典根据改革进展和经济现实分期颁布，避免了许多税种同时改革带来的混乱。税法典第一和第二部分的颁布实施及与之相关的一系列税制改革，不仅使俄罗斯建立了良好的税收制度，而且为俄罗斯税制与世界税制接轨奠定了坚实基础。

1. 税制改革的措施

《俄罗斯税收法典》第一部分和第二部分为税法改革和税制改革奠定了法律基础，是具有重要意义的规范性法规。税法典第一部分规定了构建俄罗斯税收体制的基本原则；确定了税收的种类，以及设立联邦主体税和地方税的基本原则；规定了履行纳税义务的方式，以及纳税人和税务机关的权利与义务；确定了税收监督的形式和方法，明确了违反税法的责任。税法典第二部分则是对各主要税种的具体规定和细化。将两部税法典综合分析，可以把普京政府税制改革的措施归结为以下几个方面：

第一，简化税制，减少税种。税法典将《俄罗斯联邦税收体制的基本原则法》规定的47种联邦和地方税费经调整改革后减至28种（联邦税费16种、地区税费7种、地方税费5种），取消各地区和各级政府自立名目自行征收的200余种税费，取消大部分流转税，包括取消公路使用税、住宅公用事业与社会领域设施维护税、燃油销售税、汽车运输工具购置税；对三种自然资源使用或开采税实行三税合一，将小企业交纳的利润税、销售税、财产税、统一社会税和增值税等五税合并成小企业

① Yitzhak. A Note on Income Tax Evasion: A Theoretical Analysis. Journal ofPublic Economics. 2003, (3): 201 - 202.

统一税。另外，联邦税中的销售税于 2004 年 1 月 1 日停征，水税、个人经营注册税以及广告税于 2005 年 1 月 1 日停征，这样联邦税种在 2005 年减少为 13 种，税种减少，税制更为简化①。

第二，调整税率。税法典第二部分第 23 章规定，按 13% 的税率对所有自然人的收入课税，实行统一税率。取消曾经实行的税率分别为 12%、15%、20%、25%、30% 和 35% 的累进所得税制，调整后的自然人收入税税率在欧洲也是最低的；把劳动报酬基金税税率从 38.5% 降低到 35.6%；自 1999 年 4 月 1 日起，将利润税税率从 35% 降至 30%；对于银行、交易所、保险、经纪和中介组织等的高盈利经营活动，最高税率从 43% 降至 38%。与此同时，增加与自然资源利用有关的税收和财产税税率。如把汽油出口税从 5% 提高到 20%，石油开采税提高 5%②。

第三，取消税收优惠和特惠制，为所有纳税人拉平课税条件。税法典第二部分第 23 章规定了取消自然人收入税的社会性优惠。从 2001 年起，所有的自然人都开始首次缴纳该税。另一方面，限制和整顿向纳税人提供的各种税收特惠。

第四，新增统一社会税，作为形成居民就业基金、联邦社会保险基金、联邦和地区义务医疗保险基金的来源。

社会税税率规定为 10.5%，其中联邦社会保险基金税率为 5.4%，就业基金税率为 1.5%，联邦和地区义务医疗保险基金税率为 3.6%。对社会税实行统一的上缴额度、统一的核算与监督形式和统一的惩治违法措施。俄罗斯规定，从 2001 年起，只能由税务机关对统一社会税的正确计算、足额和及时向国家预算外基金缴纳实行监督③。税法典第二部分第 24 章在描述统一社会税课税的基本要素时，取消了一系列过时的相关规定和细则。统一社会税的实行，能从经济上刺激工资的提高和及时支付，不仅减少了税负，而且使企业简化了课税手续和课税监督。

第五，关税改革。俄罗斯从 2001 年起对万余种进口商品实行 5%、10%、15% 和 20% 4 种关税税率。其中，对进口原料类商品征收 5% 的最低关税，对进口工艺

---

① Chneider, Friedrich, Dominik. The Shadow Economy - an International Survey. Cambridge University Press, 2002: 554.

② Gordon, Roger, Jeffrey, Mackie - Mason. Tax Distortions to the Choice of Organizational Form. Journal of Public Economics, 2004 (55): 234.

③ K. Seryanova. Tax Reform in Russia: Problems and Solutions. Journal of Political Economy, 2006 (34): 78.

设备征收20%的最高关税。

第六,强化税收征管,建立正常税收秩序。税收法典第一部分对此做了明确规定:进一步强化国家税务总局系统在监督税法执行、监督税收缴纳方面的重要作用,赋予更大的税收执法权限,充分行使对税收的监督管理权;充分发挥税务警察机关的护法职能和监督职能,查处税收违法和税收犯罪案件,保证税法和税收政策的贯彻实施;完善纳税申报制度;完善税务审计与稽查制度,推行室内审计和实地审计;加强自动化信息系统在税收征管中的应用,不断调整和充实税务自动化信息系统,并于2004年3月11日起撤销俄罗斯税务警察局,其职责被分别转移到俄罗斯税收部和内务部,并在内务部中成立专门机构,即"反对有组织犯罪委员会",负责与税收犯罪做斗争。

第七,在一定程度上强化了联邦政府的税收立法权,收缩了地方政府的税收权限。税法典赋予了联邦中央广泛的税收立法权(包括征收的税种、税率、征税条件和税收分配等)。大大削减了地方政府的税收权限,按税收法典(第一部分)第12条第5款的规定,除税法规定的税种外,各级地方政府不得自行新增地区税或地方税,地方政府必须遵循中央政府的税收政策和联邦的税收法律。与1991年的改革相比,中央和地方政府的权限已经比较明确。

第八,给予纳税人更多的保障。依据纳税人的无罪推定原则,在新的《刑法典》中取消了原刑法中"检察机关在调查逃税犯罪时有强制执行权力"这一条款。同时,新《刑法典》还提出,在纳税人已完税和缴纳了罚款的情况下,有关部门不能对纳税人进行突然检查,以防止执法人员借检查之机对纳税人进行敲诈勒索。

2. 税制改革的特点

第一,贯彻税收中性指导思想。中性税收就是普遍性的税收,即税收没有歧视性,税收制度和政策尽量不干预市场机制的运行,不影响当事人的经济行为,不发生效率损失。对现代国家来说,税收中性的意义在于减少国家对税收领域的干预,避免规定过多的税收优惠和歧视影响税收秩序,同时降低纳税者的税收负担,包括税收总量和纳税成本。

在俄罗斯政府中、长期纲要中,提到税收体系改革和税收政策发展时,多次强调税收中性。政府长期发展纲要提出了依靠下列措施提高税收体系的公平与中性:拉平所有纳税人的纳税条件(首先是取消一些缺乏根据的税收优惠和扣除);取消对纳税人经济行为的消极影响;修改个别税种的税基,订立规则以使其更加符合该税种的经济实质;在税收立法中增加有关税收监督的机制和手段,并以此优化税收行政管理和提高税收的水平;减少监督机构的数目;规范诉讼税收机构的行为,简化和加速其相关程序;降低避税的可能。

第二,注重税收"国库功能"的同时,开始关注调节功能和刺激功能。新税法的颁布是希望通过降低税负、统一税率的措施达到吸引处于非法流通中的和非法外流的资金,从而达到扩大税基、增加预算收入并改善税收和国内投资环境、刺激企业投资生产和结构改造的目的。

第三,从根本上改变国家与纳税人的相互关系。摒弃过去为增加财政收入而一味增加税负和提高税率,加重纳税人负担的做法;对纳税人相对均等地分配税负,实行公平课税原则;以更人性化的法制法规保障纳税人的制度。

综上所述,俄罗斯两个经济发展阶段内,在不同的税收改革指导思想下,历届政府采取不同的措施和方法,各自在前任政府改革基础之上,继续对税收政策、税制进行不断调整和完善。

5.3 税制结构优化

纵观俄罗斯税制改革总过程,便可看出这是一个税收制度不断优化的过程。1992 年、1997 年、1999 年、2001 年颁布新的税法典,对税种、税率和税收征管、税收优惠进行重新规定,特别是后面的两部税法典是俄罗斯与世界税制接轨迈出的很大一步。俄罗斯税制优化的过程是围绕着"公平和效率"而展开的,虽然在整个税制改革的过程中,不同程度地出现一些政策偏离且存在种种弊端,但经过历次的改革,俄罗斯税制结构是朝着优化的方向发展的。

一、税基变化

税基是被征税的项目或经济活动,是影响税收收入的主要因素。

一方面,税基的大小首先决定于经济增长。在俄罗斯转轨初期,盖达尔政府因为面临苏联遗留下的财政问题:生产的大幅度下降和经常性税收管理中的严重局限大大缩减了国家的税收收入,造成财政收入的缺口。因此,当时俄罗斯政府的税制改革便是以提高税率和采纳新税种为主要措施。

转轨以来,俄罗斯在实行财政信贷双紧政策的条件下,税收收入占财政收入的比例已由1992年初的29%提高到1993年的84%,主要是靠提高税率、增大税负取得。增值税、利润税、土地税、自然资源使用费加起来约占盈利企业利润的70%~90%,对有些企业来说,甚至已经占其利润的100%。这严重打击和限制了企业的生产积极性和扩大再生产能力,形成征税困难、税基缩小、财政赤字和生产衰退的恶性循环。据俄罗斯国家税务局调查,在转轨初期,生产量每下降1%,税收缴款就相应减少70~80亿卢布。税基缩小导致税收收入下降的规模高于经济总量下降的规模,宏观税负的总体趋势表现为不正常的急转直下。而后的切尔诺梅尔金政府直到普京政府执政期间,随着俄罗斯经济的回暖和振兴,生产的增长,投资的增加,居民收入的提高,税基逐步扩大,税收收入增加。1998年以后经济与税收保持同步增长,但经济增长速度和规模明显大于税收速度和规模,宏观税负稳步降低。

另一方面,税基的大小还取决于税收制度的完善程度,通俗讲就是税收体系覆盖全面。俄罗斯转轨初期的税制是建立在苏联计划经济时代不成体系的税收制度基础之上的,存在税制较为简单、税费重合、税收法律陈旧、税基较窄等情况。因此从叶利钦时代的历届政府,再到普京时代,他们都是基于以往的实践之上,不断完善税制,根据现实需要进行适当的调整,逐步完善,并将税制的具体组成稳定下来。在日益规范的税收制度下,税基随时间变化而进行合理的调整,宏观税负水平的变动也平稳下来。

二、税种安排

税种调节经济,主要体现在税种的增添、设置、删减以及税种结构组成、主体税种的选择等方面。设置什么样的税种,对什么征税,对什么不征税,直接体现了政府的宏观调控意向。在不同国家或一国不同的发展阶段,由于社会经济状况、政府宏观管理水平的差异,因而税收的覆盖面宽窄不一,税种的设置各不相同。

俄罗斯税收体制中存在的一个很大的弊端在于中央和地方的税收权限划分不清,很多地方政府不仅拥有税收征管权,还有权开征新的地方税税种、确定地方税税率和地方税优惠。地方政府的擅自征税,使联邦政府不断缩减税种的努力全部归零。在宏观税负骤降阶段,地方税种的总数超过联邦税种的数十倍,在宏观税负波动阶段,切尔诺·梅尔金政府提出相关法制对地方政府的税收权力进行规范,但执行力度不够,直到普京政府,取消了上百种繁杂的地方税种,使税种的设置更符合俄罗斯生产、投资、对外贸易等方面的发展，也推动宏观税负水平平稳下降。

三、税率水平

俄罗斯各主体税的税率水平表现出降低的特征，但是由于税收政策的不连贯性、税收制度的不完善，在骤降阶段，各税种税率经常不断调整，且幅度很大。比如商品的进口税，在不到一年变动幅度高达20%以上，严重影响税收收入增长的平稳性，进而影响宏观税负水平的稳定性。联邦政府继续调低相应的主体税税率，并按计划实施税率增减计划，避免忽高忽低现象的出现，这是税制完善的重要表现，也维持了宏观税负水平变动的延续性和衔接性。

四、征管水平

税收体制中征管制度的设置，其主要目的就是为了减少偷逃税现象，维护税收收入和宏观税负水平的稳定。从两个阶段的发展来看，在税制改革的措施中涉及的税收征管制度、征管机构设置、工作手段的现代化程度、税务机关的稽查力度和能力，是一个逐步增强的阶段，征管制度也从外在上逐步使宏观税负水平的变动趋势稳定下来。

6 宏观税负与经济增长

俄罗斯提供了一个全方位的、完整的税制改革史，使这个过程中宏观税负与经济增长关系的变动更具有典型性和代表性，对宏观税负与经济增长在不同阶段的关联性问题形成科学的认识和客观的评价，从而对进一步探讨如何使税收与经济增长呈良性互动有更深刻的启迪和借鉴意义。

本章的研究重点主要在于对俄罗斯宏观税负与经济增长关系的回归分析及对二者关系的评价，希望通过规范和实证两种分析方法的结合，能够分别从整体趋势和阶段划分两个层次上对宏观税负与经济增长之间关系的变动情况进行分析，并得出相应的结论，做出客观、科学的评价。

6.1 文献综述

一方面，宏观税负水平受到一国特定时期经济发展水平以及由此决定的公共支出的需求所制约；另一方面，根据税收的国民经济原则，又要避免征税过度对经济造成的负面影响，这中间便存在着一个宏观税负水平对经济发展的适度性问题。合理的宏观税负水平既是税收制度与税收政策的调整和改革的出发点，又是评价其科学性的基本尺度。根据政府所取得收入的口径不同，通常有大、中、小三个口径的宏观税负衡量指标。三个口径宏观税负的差别较大，尤其是小口径和大口径的宏观税负相差可能达到50%。在本书中，除特别注明以外，均采用小口径的宏观税负，即税收收入占同期 GDP 总量的比重。

一、宏观税负与经济增长的一般性实证研究

对宏观税负的经验研究认为：世界各国宏观税负水平（注：这里提到的宏观税负均为大口径宏观税负）大体可被分为三类：一是高税负国，宏观税负水平在

35% ~45%之间,主要为经济发达国家;二是中等税负国,宏观税负水平一般都在20% ~30%之间,主要为发展中国家;三是轻税负国,宏观税负水平多为15%左右,不超过20%,其中一部分属于低税模式的避税港,或是靠非税收收入为主的资源国①。

世界银行(World Bank)1987年的一份调查资料显示:一国宏观税负水平与该国人均GDP呈正相关,人均GDP在260美元以下的低收入国家,最佳宏观税负在13%左右;人均GDP在750美元左右的国家,最佳宏观税负在20%左右;人均GDP在2 000美元以上的中等收入国家,最佳宏观税负为23%;人均GDP在10 000美元以上的高收入国家,最佳宏观税负为30%②。如果用人均收入水平的高低代表一国经济发展程度,人均收入水平越高,税收比率越高;人均收入水平越低,税收比率就越低,即税收比率与人均收入水平正相关。

在宏观税负与经济增长的关系上,格里森(Grieson,1980)研究得出的结论是税收与经济增长负相关。马斯登(Marsden,1983)根据70年代的10对国家数据,得出低税国家的经济增长比高税国家快的结论③。恩根和希纳(1996)认为税收确实影响经济增长,有足够的证据表明税收政策的有利变化可以减轻税收对经济增长的不利影响,把边际税率降低5个百分点,平均税率减少2个百分点,可使经济长期增长率分别增加0.2和0.3个百分点④。

关于最优税率的数理界限,斯卡利(Scully)1991年估计了103个国家1960 ~1980年总税收和各种税收占GDP比重与经济增长的计量关系。结论是:平均来说,税收占GDP比重不超过19.3%的国家,经济增长率达到了最大化;在宏观税负大于45%时,经济增长率倾向于0,然后是负增长⑤。他还在1995年集中分析了美国1929 ~1989年经济增长与联邦、州和地方税收占GDP比重之间的关系,发现在宏观税负超过23%时,美国真实经济增长率开始下降。给定当时美国的宏观税负

---

① 李俊霖.宏观税负、财政支出与经济增长.经济科学,2007(4):34。

② Gorge. J. Yost. International Tax Summaries. INC, 1993 (2):54 -55.

③ Marsden. Links. between taxes and economic growth:some empirical evidence. World Bank Working Paper, 2002:605.

④ Karras. Taxation and Economic Development. London Frowk Case, 1978.

⑤ G. W. Scully. Tax Rate: Tax Revenues and Economic Growth. Policy Report, 1991 (98): 43 ~44.

水平是30%,则税收的机会成本达到GDP的7%左右。他在1996年还利用模型得出新西兰战后长期平均宏观税负28%比最优税率20%高出8个百分点,这意味着使经济增长率减少了2个百分点。

二、对俄罗斯宏观税负与经济增长的研究

OECD观察家Susan Himes, Martine Milliet - Einbinder认为,俄罗斯现行宏观税负的改革过程中,无论是从历史上那个特殊的休克疗法时代,还是积极实施减税措施的普京时代,无论是从增加本国财政收入和刺激投资、消费出发,或者与世界接轨,俄罗斯现行的宏观税负水平与OECD所期待仍相差很远,需要进一步的实行减税措施,考虑不同类型税种的政策效应,可以在小范围的进一步深化改革,以期与国际水平接轨。

国际上对俄罗斯税制改革的内容,尤其针对个人所得税、关税等个别税种的减税措施的关注程度远远高于对俄罗斯宏观税负水平的研究力度。例如,在2005年IMF专家Anna Ivanova, Michael Keen和Alexander Klemm三人专门撰写文章《俄罗斯单一税制改革》①,从各种单一税种出发来评判俄罗斯税制改革中减税措施所带来的各个领域的经济效应的大小,以及利益得失问题。在俄罗斯税负问题研究的资料中类似于评述俄罗斯单一税制改革过程及对经济影响的文献占据了多数。

俄罗斯的弗·普适卡廖娃在2001年《财政》第一期杂志撰文《俄罗斯税收政策的自由转折》中指出,近几年俄罗斯经济中大口径的名义宏观税负占到GDP的40%~41%,大口径实际宏观税负GDP的35%~36%,1999年底为37%,2000年为38%,与世界同水平国家相比税负过高。如果税制改革进展顺利,大口径名义宏观税负就会下降到GDP的35%,这样就能使名义税负接近于税收的实际征缴率,从而使俄罗斯在税负水平方面接近西方发达国家②。叶·亚辛在2002年第二期《社会与经济》杂志上发表文章《俄罗斯经济前景:问题与增长因素》中提出,俄罗斯的最佳大口径宏观税负不应超过GDP的30%~32%,否则就会影响经济的增长速度。俄罗斯与转轨时期社会经济发展水平相比,其宏观税负水平显然是偏高的,不

---

① Anna Ivanova, Michael Keen, and Alexander Klemm, The Russian Flat Tax Reform, IMF Working Paper, /05/16/2005.

② Пушкарев В. М. Либеральный поворот налоговой политики В России . Финансы, 2001. № 1 с. 24 - 27.

利于经济的持续增长。斯·沙塔洛夫(2000)在俄《财政》杂志上发表的《税法典:税制变化奠定经济增长基础》一文中指出,由于俄罗斯把降低宏观税负,促进经济增长作为税制改革的主要目的之一,预计俄罗斯 2001 年的联合预算收入减少 1 000 亿卢布,约占 GDP 的 1.5%,这将成为俄罗斯政府减税措施所付出的初步代价。

在税收政策经济效应方面,俄罗斯国内杂志《经济问题》2001 年第九期中根据税种的差异将对降低税率和扩大税基的得失进行了具体研究。分析结果表明,若利润税降低 5 个百分点,GDP 会增加 0.5%,若增值税提高 5 个百分点,GDP 将降低 1.3%。这对均衡降低宏观税负水平带来的不同的政策效应提出了挑战。

《俄罗斯联邦税制》被称为中国研究俄罗斯税制的拓荒之作①。作者郭连成用一定的篇幅考察了俄罗斯税收制度的历史演变,并分析了俄罗斯独立之初实行重大税制改革,并进行系统归纳及评价。作者在书中按所得课税、商品课税、财产课税、资源课税、国家预算外社会基金缴纳依次详细介绍和阐述了上述五大税类的 19 个重要税种,另外还详细地介绍了俄罗斯的税收征管体制,其中包括税收管理机关和税收征收管理两大部分,全方位将俄罗斯的税收制度呈现出来。

童伟通过中俄两国对比,对俄罗斯的税制改革背景、内容、措施以及发展趋势进行了研究和探讨,并将俄罗斯宏观税负政策作为一个独立内容进行剖析,对俄罗斯近年来通过简化税制、减少税种、下调税率、降低宏观税负的税制改革给予肯定②。刘溶沧,赵志耘(2005)将俄罗斯的税制改革重点纳入到转轨国家税制改革比较研究中,并对其改革步骤采用横向比较分析的方法进行深入的评析,还对政府在税制改革中究竟应该扮演什么样的角色,以及俄罗斯实行降低宏观税负政策的理论依据和现实依据及借鉴意义提出了一些观点和见解③。

通过对以上文献资料的总结和综合,可以在俄罗斯宏观税负与经济增长问题的研究思想、内容和研究方法等几个方面上进行借鉴和引用,以期进一步的研究并得出结论。俄罗斯自转型以来其官方经济理念经历了从"货币主义"到"弗雷堡学派"的变化,相应的市场经济模式选择也由"自由放任的市场经济"向"社会市场经济模式"过渡,但从根本上一直没有脱离新自由主义的思想框架,供给学派的基本

① 郭连成. 俄罗斯联邦税制,中国财政经济出版社,2000(6)。

② 童伟. 中俄预算改革比较研究(俄文). 俄罗斯 VZFEI 出版社,2008。

③ 刘溶沧,赵志耘. 税制改革国际比较研究. 中国财政经济出版社,2002。

财政思想一直是在普京执政之后的政府宏观调控中发挥着不可忽视的影响力。比如供给学派认为财政政策最有力的工具就是“减税”,这与普京政府所选择的税制改革道路几乎是完全吻合的。在本章中,将利用供给学派著名的拉弗曲线,通过税收收入与宏观税负之间的对应变动关系,粗略地描摹出俄罗斯转轨期税制改革的不同阶段在拉弗曲线上所处的区位,以及俄罗斯自税制改革以来的宏观税负与最优税负之间的偏移情况,并借以分析政策产生的经济效应。

本章将在这些文献资料基础之上,进行归纳总结,通过对俄罗斯宏观税负水平变动趋势、经济增长变动趋势的分析以及产生这种变动趋势的政策的、体制的原因的探求,再结合实证分析的结果,对俄罗斯宏观税负与经济增长的关系做出客观评价。

6.2 税收收入与经济增长的变化

俄罗斯在转轨过程中从未间断进行税制改革,俄罗斯宏观税负水平发生变动是以经济转轨为历史背景的。每一阶段取得的成果可以通过宏观税负与经济增长之间的相关关系的变动反映出来,而在宏观税负水平的每一个变化阶段的背后又都意味着相应税收体制和税收政策的大幅度调整。在第 5 章,已经对俄不同阶段的税制改革进行了系统的介绍,此处的重点是在于对俄罗斯税收收入与经济增长进行描述性分析,以便了解二者之间的变动特点及关系。

一、俄罗斯宏观税负水平变动

宏观税负在不同时间段内的变动趋势存在着差别往往是诸多因素相互作用的结果,且这种差别的存在意味着 GDP、税收收入、税制结构、宏观调控等因素在不同的时间点上的差异。分析宏观税负水平的变动趋势,按照一定的判断标准对其进行阶段划分,并探求其发展趋势变动背后的主要作用因素,对深入理解宏观税负及其与经济增长之间关系的发展变动趋势具有重要意义。

为了分析方便,下面把俄罗斯经济增长、税收增长、宏观税负等有关数据在表 6.1 中一一列出。在表中,宏观税负的数据是依据小口径计算方法得到,即通过计算一国的纯税收收入与国民生产总值的比值而得到。

表6.1 1992年~2007年俄罗斯有关经济数据

年份	实际GDP（亿卢布）	实际GDP增长率（%）	实际税收收入（亿卢布）	实际税收增长率（%）	宏观税负（%）	实际GDP平减物价指数
1992	22.443 062	-14.5	8 371.262	—	37.3	0.085
1993	20.490 576	-8.7	—	—	—	0.837
1994	17.888 273	-12.7	—	—	—	3.414
1995	17.154 854	-4.1	2 271.833	—	13.2	8.327
1996	16.537 279	-3.6	2 057.572	9.2	12.4	12.141
1997	16.768 801	1.4	2 208.644	7.6	13.2	13.969
1998	15.880 055	-5.3	1 821.711	-17.7	11.5	16.559
1999	16.896 378	6.4	1 726.190	-5.6	10.2	28.546
2000	18.586 016	10.0	1 896.101	8.3	10.2	39.307
2001	19.533 903	5.1	1 913.697	0.32	9.8	45.785
2002	20.451 996	4.7	2 063.928	7.9	10.1	52.956
2003	21.944 992	7.3	2 218.185	0.74	10.1	60.347
2004	23.525 031	7.2	2 507.403	0.13	10.7	72.468
2005	25.030 633	6.4	2 436.054	-0.02	9.7	86.393
2006	26.882 900	7.4	2 473.227	0.01	9.2	100.000
2007	29.060 415	8.1	2 758.261	0.11	9.5	113.517

注：实际税收收入与实际GDP收入均以2006年数据为基期平减计算得来。

资料来源：IMF网站、俄罗斯国家统计局网站，以及由IMF组织的2002、2003、2004、2005、2006年《俄罗斯联邦统计附录》相关数据计算得来。

根据表6.1中宏观税负的历年统计数据，我们可以画出一个直观反映其发展变化趋势的曲线图，如图6.1。由于1993、1994两年的宏观税负数据的缺失，导致该曲线出现了断点，但我们仍旧能看出该曲线的总体走势为：随着时间的不断向前推移，宏观税负水平逐年下滑，经过十几年来的不懈努力，俄罗斯终于从转轨初期的高税负国逐步加入到低税负国的行列中。

我们以该曲线在不同时间点上的上下波动幅度作为判断依据，可以将俄罗斯宏观税负水平变动趋势划分为三个阶段：1992~1995年为宏观税负水平的骤降阶段，1995~1999年为宏观的波动阶段，1999~2007年为平稳下降阶段。1992~1995年的4年里，虽然存在1993年、1994年断点的现象，但我们通过平均数的计算可以发现，俄罗斯宏观税负水平从转轨初的37.3%到1995年的13.2%，平均每年下降幅度高达8%，此为骤降阶段；在1995~1999年间，各年的宏观税负水平时增时减，

上下波动幅度在 ±1% 左右徘徊,此为波动阶段;1999 ~ 2007 年为平稳下降阶段,此阶段内前后衔接的两年里宏观税负水平保持稳步下降,相差幅度均小于 0.5%。

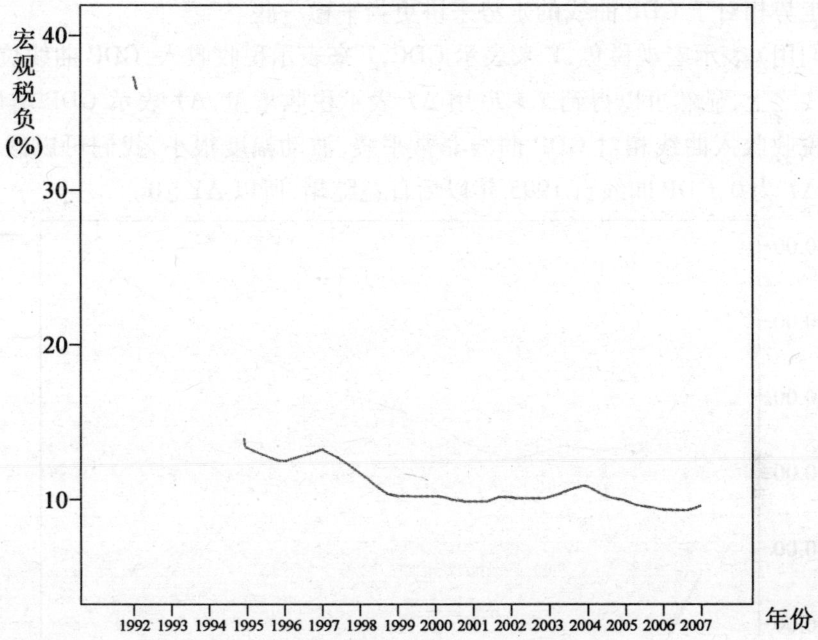

图 6.1 俄罗斯宏观税负水平变动趋势

结合第 5 章税制改革的阶段划分可以看到,叶利钦时代的税制改革经历了宏观税负水平的骤降阶段与波动阶段,呈现波动下降的态势;到了普京政府时代宏观税负水平则进入平稳下降阶段,宏观税负水平的变化趋势恰到好处地诠释了两届政府在税制改革的措施方法、指导思想、执行力度等多方面的差异,综合反映为宏观税负指标的变化,具体的细节分析在下文中进行。

二、税收增长对经济增长的协调程度

社会经济是税收之根本,税收的增长离不开经济的增长。根据税收的财政原则,税收应保持与经济增长成比例的增长态势,一个国家一定时期的宏观税负水平要受到税收规模增长速度与经济总量增长速度的协调性制约。

观察图 6.2 中的两条曲线,处于高位置的为 GDP 曲线,低位置的为税收收入曲线。从两条曲线的整体走势我们可以观察到:两条曲线都以 1998 ~ 1999 年为分界点，经历了从下降到谷底再上涨的过程。1998～1999年以前二者的走势较为相近，而1999年以后税收收入与GDP总量虽然总体趋势都是在增长的，但是，税收收入曲线的走势相对于GDP曲线的走势来讲更为平稳一些。

我们用t表示宏观税负，Y来表示GDP，T来表示税收收入，GDP曲线位于税收收入曲线之上，显然可以得到$Y>T$；用ΔT表示税收增量，ΔY表示GDP增量，1995年以后税收收入曲线相对GDP曲线非常平缓，波动幅度很小，我们可以假设1995年以后ΔT为0，GDP曲线自1995年以后日益陡峭，所以$\Delta Y>0$。

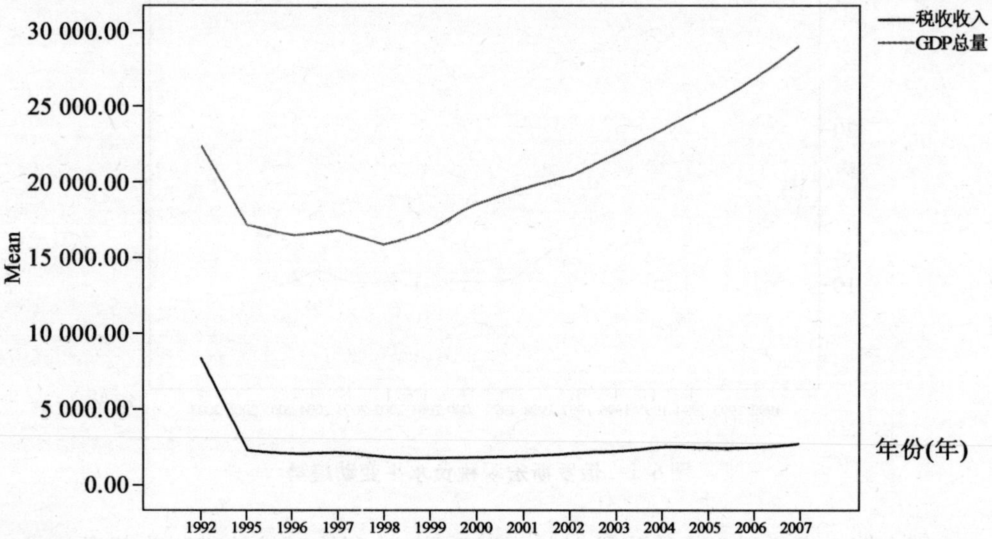

图 6.2　税收收入与 GDP 总量

根据宏观税负的计算公式：$t=T/Y$

设 $t_1 = T_1/Y_1$

则 $t_2 = T_2/Y_2 = T_1 + \Delta T_1/Y_1 + \Delta Y_1 = T_1/Y_1 + \Delta Y_1$

$t_3 = T_3/Y_3 = T_2 + \Delta T_2/Y_2 + \Delta Y_2 = T_1/Y_1 + \Delta Y_1 + \Delta Y_2$

…

从上面的方程，我们得到分子T保持不变，分母Y逐年增加，所以由$t=T/Y$，得到$t_1 > t_2 > t_3\cdots$，宏观税负呈逐年递减的趋势。

上面分别通过曲线图和方程，从直观和量化角度进行分析，旨在说明宏观税负并非一定随着GDP总量的增长而保持增长。作为一个相对的宏观经济指标，它的高低变动情况，还依赖于GDP与税收收入之间的和谐增长。

现在我们仔细观察图6.3，1996年、1997年税收收入增长要快于GDP增长，1998年、1999年则低于GDP增长。这种增速上的不和谐，造成宏观税负的起伏不定，宏观税负曲线呈波浪式前进。1999年~2007年，除2002年以外，税收增长均低于GDP增长，且两条曲线之间的间距较为稳定，这不仅仅是减税的表现，也是税收收入随经济的增长而适度增长的表现形式，在宏观税负曲线上综合表现为宏观税负平稳降低阶段。

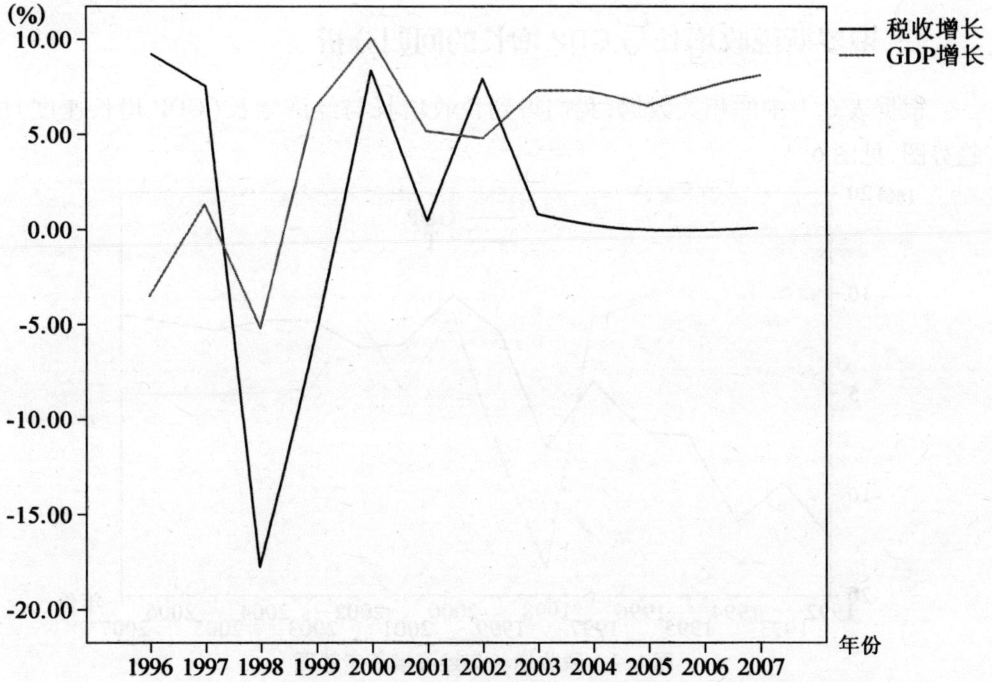

图6.3　税收增长率与GDP增长率

由此可见，俄罗斯宏观税负水平的变动，不仅仅取决于经济总量和税收收入的增长或降低，更取决于二者的和谐程度，若税收收入与GDP保持和谐的增长，则宏观税负指标表现比较稳定，波动幅度较小；若税收增速超过经济增速，宏观税负便会上升，若税收增速低于经济增速，宏观税负则开始下降。

6.3　宏观税负与经济增长关系的回归分析

结合宏观税负水平和经济增长的变动趋势，将其不同的变动区间一一对应起来，由此对宏观税负与经济增长在不同阶段的关系变动有了直观的了解。接下来将对二者进行回归分析，进而对俄罗斯宏观税负与经济增长的关系进行整体性分析。

一、俄罗斯税收增长与 GDP 增长的回归分析

根据表 6.1 中的相关数据，我们得到税收增长与经济增长（GDP 增长速度）的趋势图，见图 6.4。

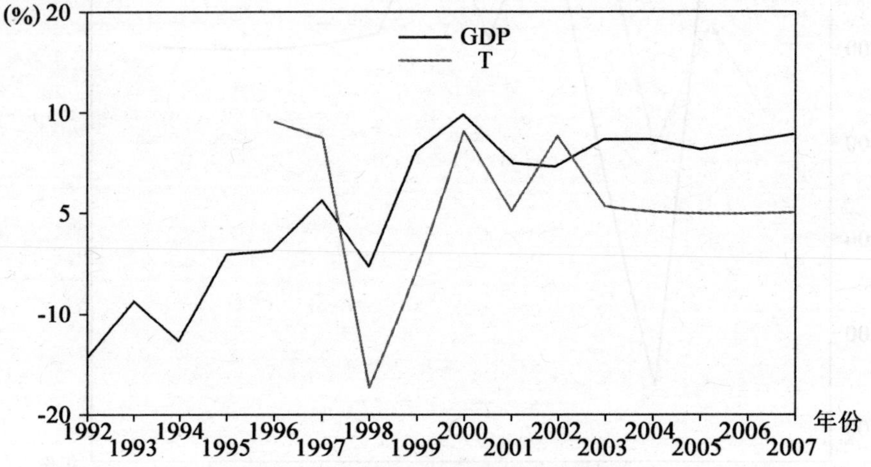

图 6.4　税收增长与经济增长走势图

图 6.4 反映了俄罗斯税收增长与经济增长在 1996～2007 年的走势与起伏基本吻合。除 2002 年、2003 年波峰和波谷有个别异位的情况，其他峰值基本相同，这说明至少在 1996～2007 年内伴随着俄罗斯 GDP 的增长，税收也在相应的增长。但是，总体来说税收增长的幅度要慢于 GDP 增长幅度。

现在我们根据具体数据，运用 SPSS 计量软件，对有关数据进行线性分析。取 GDP 增长率为 Y，税收增长率为 X，设回归方程为

$$Y = a \cdot X + b$$

经 SPSS 软件线性分析之后，得到

表 6.2 俄罗斯税收收入增长与 GDP 增长回归结果

R	R Square	Adjusted R Square	Std. Error of the Estimate	Change Statistics					Durbin – Watson
				R Square Change	F Change	df1	df2	Sig. F Change	
0.812(a)	0.660	0.617	2.569 7	0.660	15.516	1	8	0.004	1.875

	Unstandardized Coefficients		Standardized Coefficients	t	Sig.
	B	Std. Error	Beta		
(Constant)	6.000	0.815		7.358	0.000
税收增长	0.465	0.118	0.812	3.939	0.004

即

$$a = 0.465 \quad b = 6.000$$

其中，$R = 0.812$，证明 X 与 Y 二者的相关程度较高。

由于样本空间过小，$R^2 = 0.660$，X 与 Y 二者的拟和程度不是很理想，但我们把它仅仅作为一个趋势来分析，拟合程度对结果影响不大。

最后我们得出的方程为

$$Y = 0.465X + 6.000$$

$0 < a < 1$，即 GDP 增长与税收增长保持同向变动，且税收增长的速度要小于 GDP 的增长速度，亦即在这一阶段里相对于其经济总量增长而言，俄罗斯的税收收入并未与之保持同步增长，而是降低。俄罗斯在这一阶段，正在经历一个逐年降低征税速度和规模的政策区间里，并在这样的发展过程中实现了经济规模的扩张，逐步实现经济复苏直到经济的平稳增长。

二、俄罗斯宏观税负与经济增长的相关性分析

我们根据具体的数据，以 SPSS 计量分析软件为辅助工具，对俄罗斯经济增长与宏观税负水平进行线性分析。

取 GDP 增长率为 Y，宏观税负为 X，设回归方程为

$$Y = a \cdot X + b$$

如表 6.3，代入数据，经 SPSS 计量软件线性分析之后，得到

表6.3 俄罗斯宏观税负与 GDP 增长回归结果

R	R Square	Adjusted R Square	Std. Error of the Estimate	Change Statistics					Durbin - Watson
				R Square Change	F Change	df1	df2	Sig. F Change	
0.798(a)	0.636	0.606	4.3706	0.636	21.003	1	12	0.001	1.428

	Unstandardized Coefficients		Standardized Coefficients	t	Sig.
	B	Std. Error	Beta		
(Constant)	12.345	2.425		5.091	0.000
宏观税负	-0.770	0.168	-0.798	-4.583	0.001

即

$$a = -0.77 \quad b = 12.34$$

其中,$R=0.798$,证明 X 与 Y 二者的相关程度较高。

同样,由于样本空间过于小,$R^2=0.636$,X 与 Y 二者的拟和程度不是很理想,但这里我们只将该方程作为趋势分析的依据,故对结果影响不大。

我们据此得出关于 GDP 增长率和宏观税负的一次方程为

$$Y = -0.77X + 12.34$$

$a<0$,即随着宏观税负 X 值的逐渐增大,经济增长率 Y 值在逐渐缩小;反之 X 值降低时 Y 值也在增大。因此,从趋势上看,降低宏观税负会带来经济的增长,提高宏观税负则会造成经济的减速,二者存在着反向相关关系。

通过对俄罗斯宏观税负与经济增长关系变动趋势的分析,我们可以看出税收政策的连贯性对宏观税负和经济增长有很大程度的影响,而增税和减税政策带来的不同政策效果,又是二者之间关系的变动呈现不同的发展趋势。在对俄罗斯税收增长率与 GDP 增长率、宏观税负与 GDP 增长率这两组数据的回归分析过后,得到这样的结论:

一是俄罗斯宏观税负与 GDP 增长率之间在趋势上存在着反向相关关系,降低宏观税负可以相应拉动经济的增长;反之,则阻碍经济增长。

二是从税收收入增长率与 GDP 增长率的线性关系可以看出,俄罗斯税收收入的扩张规模小于同期经济扩张的规模,俄罗斯在 1992 年 ~2007 年宏观税负逐渐降低的过程中,实现了经济从低迷走向扩张的道路。

6.4 俄罗斯宏观税负与经济增长关系的评价

从上文的分析我们得到宏观税负与经济增长呈反向相关的关系，降低宏观税负会带动经济的增长；反之则阻碍经济的增长。而俄罗斯多年经济发展的经验，也恰恰证实了这一变化特点。但就俄罗斯经济现实而言，是不是只要一直实行减税，维持宏观税负的低水平运行，就意味着经济的持续增长呢？我们从最能直观反映宏观税负与经济增长关系的拉弗曲线入手，在展开分析后，借助于相关理论对二者之间的关系进行评价。

一、供给学派的主要税收理论——拉弗曲线

供给学派（Supply－side School）是20世纪70年代后期在美国兴起的一个经济学流派。当时，在美国等国出现了经济停滞发展和通货膨胀并存的局面，为应对这种滞涨局面，供给学派学者提出了一种很有代表性并对美国政府的经济政策产生重要影响的理论。该理论主张经济自由主义，注重供给，主张刺激储蓄、消费和工作的积极性，主张让市场机制更多地自行调节经济。在财政政策上与大卫·休谟、亚当·斯密以及重商主义者们一样强调减税政策的必要性。

供给学派并非一个体系严密、理论统一的经济学流派。其内部大体上可以分为两支，一个是“激进的供给学派”，一个是“温和的供给学派”。前者积极倡导大幅度减税，并预期通过减税政策来达到经济增长的效应。俄罗斯从叶利钦政府的增税政策、经济衰退到普京政府的减税政策、经济增长，很完整地呈现出一幅“激进供给学派”理论的现实图画。供给学派是一个偏重于政策主张的经济学流派。它首先是提出政策主张，然后才是逐步提出其理论模型和观点进行解释和论证的。

“激进的供给学派”减税政策的理论依据是其最主要的代表人物阿瑟·拉弗提出的“拉弗曲线”（Laffer Curve），见图6.5。“拉弗曲线”很形象地说明税率和税收之间的关系以及减税在刺激经济增长中的作用。简言之，一方面经济增长会带来税收收入的增加；另一方面宏观税负水平高低也会影响到经济增长的实际速度。

“拉弗曲线”实际上涉及这样一个命题，即“总是存在着能产生同样税收收益的两种税率”。拉弗曲线量化地说明了宏观税负与经济增长的关系：在一般的情况下，随着税率提高，税收肯定会随之增加，政府的财政收入也会增加，但若超过了一

定的限度。一方面，过高的税率不仅不会增加税收收入，反而会因为抑制投资、降低人们工作的积极性，产生“挤出效应”而最终阻碍经济增长，从而会降低税收收入；另一方面，较低的税率可培植税源、扩大税基，从而增加税收收入。因此，政府必须在两者之间寻求平衡，找到一个最为合适的税率——拉弗最优税率。

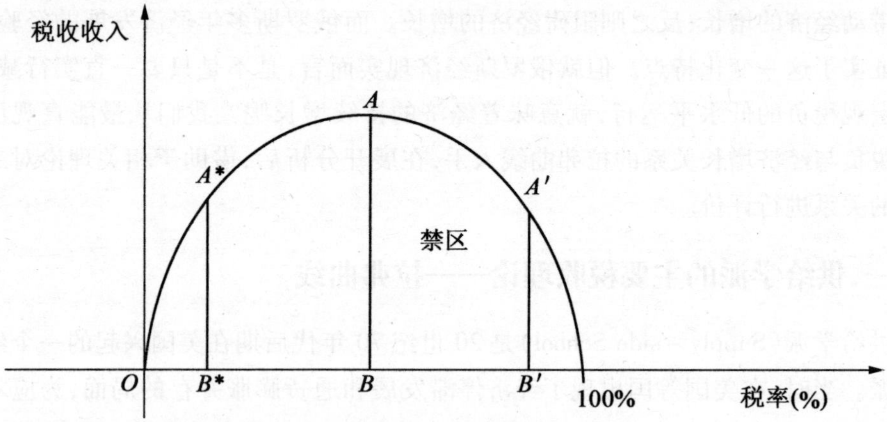

图 6.5　拉弗曲线

这里，我们选取拉弗曲线较为简单的抛物线形式作为研究工具。根据图 6.5 所示，横轴表示税率，纵轴表示税收收入。在原点处，税率为 0，这意味着政府完全不征税，此时税收收入为零；当税率达到 100% 时，此时人们要把全部收入都用来纳税，因此没有人会选择去工作，生产停止，此时税收收入也为零。当税率降至 B' 点时，则生产开始恢复，政府开始有少量税收，当税率逐步降至 B 点的过程中，税率的下降带来的是生产规模的不断扩大，政府税收的持续增加。同理，在税率从 0 逐步向 B 点靠近的过程中，政府收入也会增加，但不会影响生产。B 点右方区域被视为“禁区”，因为在取得等量税收收入的情况下，该区域的税率要比左方区域税率高得多。图 6.5 中可产生最大生产量的税收收入的点是 A 点，在该税率条件下可实现在不损害公共利益的前提下增加最多的税收收入。而一旦超过 A 点，生产和税收都会下降。

拉弗曲线表明，宏观税负与税收收入及经济增长之间存在相互依存、相互制约的关系。从理论上讲，应该存在一种最佳的宏观税负水平——拉弗最优税率。在这个最佳点上，税收总额达到最大，若税率低于这一点则税收会减少，高于这一点税收也会减少，因为企业会选择逃税。因而达到 A 点便可以兼顾税收收入和经济增长。

拉弗曲线对税收政策的启示如下：

（1）高宏观税负不一定就能取得高的财政收入，而高的财政收入又不一定要实行高税率。因为过高的宏观税负水平会挫伤生产与经营者的积极性，削弱经济行为主体的活力，导致经济的停滞或下降。

（2）取得同样多的税收，可以采取两种不同的税率，如图中的 A^* 点和 A' 点税收收入是相等的，而 B^* 点税率低于 B' 点，即是说适度的低税负政策从当前看可能会减少政府的收入，但从长远看却可以刺激生产，扩大税基，最终有利于政府收入的增长。

（3）宏观税负与税收收入及经济增长之间相互依存、相互制约。从理论上说，应当存在一种兼顾税收收入与经济增长的最佳宏观税负水平，并应当以此作为税制设计的依据。

二、俄罗斯的拉弗曲线

在图 6.5 中描绘的拉弗曲线的右侧，当 B 点向 B' 点运动时，税收收入是随着税率的不断提高而降低的，但当 B' 点回向 B 点运动的过程中，税收收入是随着税率的不断降低而提高的。根据第 3 节宏观税负与经济增长关系的实证分析中得出的结论，俄罗斯宏观税负是随着 GDP 的增长而逐年降低的，税收收入随着 GDP 的增长而增长，但速度慢于经济增长。因此，分析俄罗斯经济从 1992 ~ 2007 年间宏观税负与税收收入总量的变化过程恰恰可以描绘为拉弗曲线上从税率较高的 B' 点向税率较低的 B 点或 B^* 点的运动过程。此时，宏观税负逐年降低的结果是税收收入总量的增加。

根据表 6.1 的关于宏观税负与税收收入的有关数据，我们得到图 6.6，即俄罗斯的拉弗曲线（1992 ~ 2007）。虽然得到的曲线并不平滑，但在整体形式上与拉弗曲线的倒“U”形状存在相似之处。从该曲线在总体趋势的发展上可以看出，随着宏观税负水平的降低，税收收入呈现出波浪式上升的状态；反过来说，宏观税负水平向右移动的话，税收收入呈现出波浪式下降的状态。

尽管 1993、1994 年两年数据缺失，但是也反映了宏观税负与经济增长关系变动趋势。这种趋势形成的原因是：转轨初期实行紧缩政策，提高税率后在短时间内政府的预算收入增加。但是不久以后，税收乘数的负效应发生作用，经济开始下滑，税基萎缩，税收收入短暂地增加之后，开始持续降低。

就这个描述过程的内容而言,反应在拉弗曲线(1992~1997)上为坐标点从左向右滑动,提高税率的结果是税收收入的降低,宏观税负与税收收入陷入拉弗曲线的"禁区"内,恶性循环,税率越来越高,税收收入却越来越少。很幸运,俄罗斯从切尔诺梅尔金政府便开始减税政策,当然他的减税是在高税率的基础之上进行不同幅度的减税,这是一个逐步调整和摸索的过程,是普京政府将减税政策进行到底。

我们可以观察到,俄罗斯窄口径的宏观税负水平正在由十位数向个位数过渡,这也反映普京政府的减税力度,税收收入是随着GDP收入而逐年上升的。转轨中期以后,宏观税负与税收收入的点的组合,反映在拉弗曲线上,则为从右向左运动,从恶性循环的"禁区"中走出来。俄罗斯税制改革的全过程,反映在拉弗曲线上就是一个先向右后向左的运动过程。

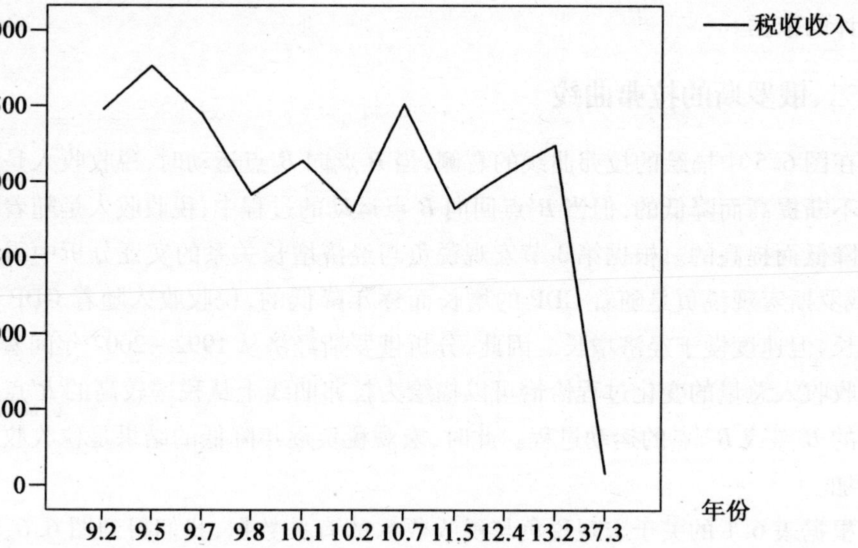

图6.6 俄罗斯的拉弗曲线(1992~2007)

供给学派的税收理论认为,理论上应该存在一种最佳的宏观税负水平。在这个最佳点上,税收总额达到最大,若税率低于这一点则税收会减少,高于这一点税收也会减少。俄罗斯宏观税负与税收收入1992~2007年区间段的拉弗曲线表现为税率降低自右向左运动、税收收入由低向高的运动过程,整条曲线呈起伏式上升趋势,势必在俄罗斯的拉弗曲线上也应该存在一个俄罗斯拉弗最优税率,当税率达到这一点时,税收收入最大,税率若开始低于此点税收收入开始减少。我们在图6.6可以看出,在俄罗斯税制改革的过程中,宏观税负水平不断地向促进经济增长的最优税负靠近。

三、宏观税负与经济增长关系的结论

在对宏观税负与经济增长的回归分析中，得出的结果是二者相关性较好，但由于样本空间较小，拟合度不太理想，但这不影响他们整体反向相关的走势。我们再看图6.4宏观税负与经济增长走势的分析，宏观税负大幅度缩减对应经济增长的大幅度提高，宏观税负的小幅度缩减，对应经济增长的小幅度提高。这意味着他们的反向相关关系在日益趋于平和，宏观税负在趋于稳定，经济增长率也在趋于稳定。根据前文的分析，这主要得益于税收制度的完善和税收政策的连贯性，经历了前一阶段的大起大落之后，宏观税负与经济增长之间渐趋平稳。

理论上，我们通常可以把一国经济发展轨迹划分为这样几个阶段：衰退、复苏、发展、崛起（繁荣）阶段，周而复始。

按照俄罗斯经济增长曲线以及我们前面对它的划分，俄罗斯自转轨以来共经历了其中的三个阶段：衰退、复苏和平稳发展阶段。1992～1999年俄罗斯从经济负增长实现了经济正增长，俄罗斯经济从低谷中复苏。在复苏阶段，俄罗斯宏观税负水平起点很高。依据拉弗曲线原理，从高的宏观税负水平向左移动，移动的幅度越大，越靠近最优宏观税负水平，税收收入增长的就越多。同样，依据税收乘数的减税原理，当实施减税政策时，新的税率越来越小，而税收乘数的绝对值却越来越大，由税收变动引起的国民收入的变动幅度就越大。在经济复苏阶段，俄罗斯宏观税负存在着很大的调整空间，它与经济增长的反向相关关系显著，宏观税负水平降低的幅度越大，拉动经济增长的速度越快，而在这样一个宏观税负大幅度调整的过程中，俄罗斯经济从衰退走向复苏。

经济复苏之后往往还有一个平稳发展的平台期。在这个长短无法确定的平台期内，需要继续积蓄力量，在平台期经济发展的基础之上，再上新台阶，实现经济的振兴，迈入经济发展的新阶段。按照经济增长曲线的发展走势，告别大起大落之后，俄罗斯从1999年以后已经开始步入发展的平台期。俄罗斯经济在这样一个平台期内，宏观税负水平经历衰退期的提高，复苏期的大幅度降低，已经日趋平稳。换言之，即俄罗斯随着税收制度的完善，税收政策的不断调整，税收收入与经济增长已经具备一个和谐稳定的关系，宏观税负水平的调整空间已经不大。因此它拉动经济增长上升的空间也不大。在平台期发展阶段内，宏观税负与经济增长之间形成一种较为平稳的关系,宏观税负平稳降低,经济平稳增长。

平台期对俄罗斯而言也许漫长,也许短暂,但发展的平台期过后,如果发展顺利的话,会步入到崛起期。步入崛起期之后的宏观税负与经济增长之间的关系会如何呢?从切尔诺梅尔金政府以来,逐步加大减税的力度,政府的财政收入、预算收入都呈现出逐年上升的趋势,这一点,我们可以通过拉弗曲线的分析得到。同样,在拉弗曲线上,相等的税收收入对应着一个较高的宏观税负水平,一个较低的宏观税负水平。从理论上减税政策的潜在目的不是要一味地压低政府的税收收入,而是尽量在维持税收收入不变的情况下,实行低税率,刺激经济增长。换言之,最有效的实施减税政策就是要能够找到相同税收收入对应的那个较低的宏观税负水平的点。在这个点上,既能实现低税率,又能实现税收收入的稳定,此点一般位于拉弗曲线的左侧,而在寻找到这个点之后,如若再降低税率,即该点继续左移,则意味着对应的税收收入的减少。税收乘数理论认为,长期减税必然会形成税收收入的负向增长,由于财政支出减少有其刚性,长期减税会积累大量赤字。因此,无论对哪个国家而言减税政策是一个阶段的政策而不是长期的政策。

宏观税负与经济增长存在负向相关关系,但不意味着宏观税负水平降低就会带来经济的增长,发达国家的宏观税负水平比发展中国家大约高出 20 多个百分点这个事实足以证明。因为一国经济发展水平愈高,人均国民生产总值愈高,税基就愈广,整个经济对税收的承受能力就愈强,具备了课以较高税收的基础。同时,发达国家公共服务支出多,大多建立了全面、发达的社会保障制度,社会保障受益面大、标准高,必然以征收高额的社会保障税来保证其支出的需要。俄罗斯经济发展平台期之后向经济崛起期过渡,税基等也将会随着经济发展水平在提高逐步提升。

以同为转轨国家的中国为例,图6.7 反映了俄罗斯和中国的宏观税负水平走势图。我们分别选取两国转轨期的宏观税负水平走势,因为统计口径存在差别,因此只需要观察曲线的走势即可。中国和俄罗斯在宏观税负水平在转型期的变化走势总体来说非常相像,都经历了由高到低的发展过程。

中国的转轨发展期更长一些。在 2001 年左右,经济已经开始崛起,我们可以观察到宏观税负此时呈现上升的趋势,同为转型国家的俄罗斯在经过经济平台期之后,在迈入崛起阶段之前,也应该面临宏观税负水平上升的选择,而俄罗斯宏观税负与经济增长的关系也开启了新的篇章。

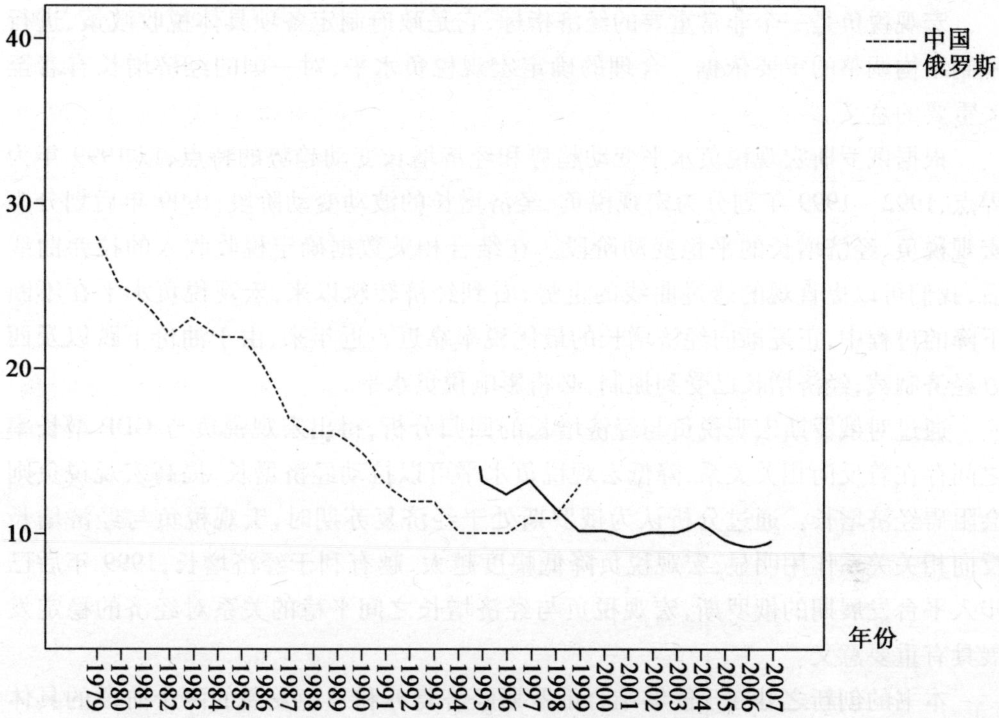

图 6.7 俄罗斯、中国宏观税负水平走势图

俄罗斯宏观税负与经济增长之间的关系，在俄罗斯经济“复苏期”和“平台期”的表现是不同的。“变动”的关系背后意味着税收制度的不断完善和税收政策的不断调整。宏观税负在这两个阶段内是朝着有利于经济增长的方向不断变化的，它与经济增长之间关系的变动符合俄罗斯经济发展阶段的需要。

拉弗曲线被认为最能反映宏观税负、经济增长、税收收入三者之间的关系。从俄罗斯税收收入的拉弗曲线来看，明确俄罗斯不同经济发展阶段，宏观税负向左移动和向右移动所带来的税收收入的变化。根据拉弗曲线理论和税收乘数理论，对俄罗斯不同经济发展阶段宏观税负与经济增长的相关性进行分析、评价，我们认为俄罗斯处于经济复苏期时，宏观税负与经济增长反向相关关系作用明显，宏观税负降低幅度越大，越有利于经济增长，很符合当时经济复苏的需要。同样，1999 年以后已经步入平台发展期的宏观税负与经济增长之间平稳的关系对经济的稳定发展具有重要意义，且宏观税负下调的空间已经不大，经济增长的速度也随着经济规模的扩大而放缓，二者保持平稳的对应关系。

宏观税负是一个非常重要的经济指标，它是政府制定各项具体税收政策、进行税制结构调整的重要依据。合理的确定宏观税负水平，对一国的经济增长有着至关重要的意义。

根据俄罗斯宏观税负水平变动趋势和经济增长变动趋势的特点，以1999年为界点，1992～1999年划分为宏观税负、经济增长的波动变动阶段，1999年后划分为宏观税负、经济增长的平稳变动阶段。在结合相关数据确定税收收入的拉弗曲线后，我们可以更直观的透过曲线的走势，看到经济转轨以来，宏观税负水平在不断下降的过程中，正逐渐向经济增长的最优税率靠近。近年来，由于油价下跌以及西方经济制裁，经济增长已受到扼制，必将影响税负水平。

通过对俄罗斯宏观税负与经济增长的回归分析，得出宏观税负与GDP增长率之间存在着反向相关关系，降低宏观税负水平可以拉动经济增长，提高宏观税负则会阻碍经济增长。通过分析认为俄罗斯处于经济复苏期时，宏观税负与经济增长反向相关关系作用明显，宏观税负降低幅度越大，越有利于经济增长，1999年后已步入平台发展期的俄罗斯，宏观税负与经济增长之间平稳的关系对经济的稳定发展具有重要意义。

本书的创新之处在于能够结合俄罗斯经济复苏和平稳发展的两个阶段的具体要求，分阶段对宏观税负与经济增长的关系变动进行分析和探讨，而不是仅仅拘泥于判断二者关系的整体走势。

7　直接税和间接税的影响

实现国家的经济增长和收入分配公平的战略目标可以使用各种公共政策，如政府投资、社会支出、良好的治理和税收政策 。其中税收制度是国家宏观经济调控的主要公共政策工具，是国家经济建设的重要组成部分。税收收入是国家预算的主要来源，但是，不同的税制结构有不同的经济效果，在何种程度上税收能够满足市场经济体制的效率与公平的功能仍是旷日持久的辩论。

从整体上看，俄罗斯的税制结构仍然是以间接税为主体税种的税制。本章的主要内容以直接税和间接税为考察对象，研究税收的经济效应，以此为主线分析俄罗斯的税制模式，从整体上描述税制改革与经济周期的同步性特征，以及具体的改革措施及其对经济的影响。

7.1　俄罗斯的税制模式

一、直接税和间接税在经济中的地位

税收以税负能否转嫁为标准，区分为直接税和间接税。直接税是以归属于私人（为私人占有或所有）的所得和财产为课征对象，间接税是对商品和服务征税。属于间接税税收的纳税人，虽然表面上负有纳税义务，但是实际上却将自己的税款加于所销售商品的价格上由消费者负担或用其他方式转嫁给他人。世界各国实践中，直接税多以各种所得税、房产税、遗产税、社会保险税等主要税种，间接税多以关税、消费税、销售税、货物税、营业税、增值税等税种为主。

从课税对象角度看，直接税可以分为两部分：一是个人税即个人所得税，实际的纳税是与纳税人的纳税能力相适应（收入税，所得税，资本收益等）；使用税（费）是按享受公共服务的多少而缴纳的税（房产税，车船使用税，土地税等）。

间接税课税体现商品价格的变化（消费税，增值税，营业税等）。以消费者为实际纳税人而征收的个人间接税商品，它们分为：对个人消费的商品课征的间接税，

如对某些群体征收的消费税；除了具有一般社会意义产品外间接地课征于货物、工程和服务的税。

间接税的主要特点是，税收负担转嫁到最终消费者；另一个特点是易征收，因为间接税包含在价格中，具有隐蔽性，使实际负税人难以精确地了解自己承受的税收负担；其三具有累退性，收入越低税收负担越重，难以体现公平税负原则。也正因为如此，在联邦税收和税法中都将间接税如增值税和消费税置于首位。

但是，间接税税负并不能总是转嫁给消费者。因为课征增值税和（或）销售税而提高价格会导致需求下降和销售减少。为了销售商品而被迫降低价格，从而使间接税由利润来支付。在这种情况下表现出来的间接税在一定程度上是一种直接税。直接税和间接税的特点可以通过表 7.1 反映出来。

表 7.1　直接税和间接税的优点和缺点

内容	直接税		间接税	
	优点	缺点	优点	缺点
预算收入稳定性		依赖国家社会经济形势和居民收入	对国家的经济形势依赖不强	
收入增长速度		低（比间接税）	间接税预算与商品周转时间一致性	
收入充分		预算不足	不拖欠缴款	恶意使用增值税退税机制
纳税人覆盖		不太广泛	广泛（因为商品需求普遍）	
征税		强制	自愿	
纳税人负担	公民直接承担税负	高	不易察觉，纳税人不感觉痛苦	
对生产影响		很难将把税收负担转嫁给最终消费者	在实际预算前的税收可以作为经济主体营运资金的重要来源	由于它们直接影响商品价格使需求下降，对生产者收入产生负面影响
对通货膨胀的影响程度		高	低	税收本身影响通货膨胀
行政成本	较低	较高		监管成本高

二、直接税和间接税模式

直接税和间接税的分类对研究税收的经济影响具有重要的意义。在世界各国税法实践中，与市场经济模式相对应的直接税和间接税可以划分4种制度模式：盎格鲁—撒克逊模式、欧洲大陆模式、拉丁美洲模式和混合模式。

实行盎格鲁—撒克逊模式的国家有美国、意大利、澳大利亚、英国、加拿大等经济发达国家或地区。该模式的特点是以个人征收的直接税为主体，间接税的比重不大。在2010~2011年期间，英国的税收结构中居民支付的收入税（个人所得税、公司所得税、社会保障税等）约占55%。经济合作与发展组织成员也有相同的模式，只是这一比例普遍较低。在美国个人所得税占总税收收入的44%，在德国为38%[①]。

在欧洲大陆模式中，典型的国家是德国、荷兰、法国、奥地利、比利时。在该模式中，社会保障税的贡献占有较高的比例。例如，在德国，社会保障税占一般预算收入的45%以上[②]。

采用拉丁美洲模式的主要原因是基于较高通货膨胀水平，其特征是以传统的间接税征收为主，这是俄罗斯、智利、玻利维亚、秘鲁、巴西、墨西哥和其他拉美国家适用的课税模式。

混合模式融合了其他模式的特点。政府选择这种模式用来分散收入结构，避免预算对某种或某个群体课税的依赖。混合税收模式适用于日本，税收结构类似于盎格鲁-撒克逊模式。但是，与盎格鲁-撒克逊模式不同的是，日本优先选择的不是所得税而只是保险税。许多作者研究了阿根廷和意大利模式。

从总体上看，经济发达国家有一种增加直接税作用的趋势，如英国、德国、芬兰、加拿大、日本和美国。当然，在发达的国家如澳大利亚、意大利，特别是在瑞典也出现间接税的态势。

以间接税和直接税为依据，对于所有的国家、不同时期而言并不存在最优税收

---

① Анна Дорофеева. Латиноамериканский путь начисления. Электронный Режим доступа: 29.09.2011 Коммерсантъ; http://taxpravo.ru/analitika/statya.151005.latinoamerikanskiy_put_nachisleniya.

② Калинина, О. В. Социальная направленность российской налоговой системы: национальный и международный аспекты. Финансы и кредит, 2011.3(435). С.43-52.

问题。除了收入、消费、需求水平等客观因素，直接税和间接税的最优比例应该考虑到国家的人口特征以及各种类型的消费和需求①。

发达市场经济国家的直接税和间接税关系模式可以通过图 7.1 来说明。这种模式发挥作用的基础是在大多数发达的市场经济国家存在累进的收入税。

如图 7.1 所示，横轴 *Y* 表示收入，纵轴 *C* 表示消费需求，Ymin 表示最低生活费用（成本）。直线 *OA*（收入线）为 45°线，在 *OA* 上的任何一点表示收入与用于消费的支出是相等的。事实上，当收入完全用于满足最基本的消费需求时，这种平等只能维持最低的生活水平。

直线 *DB* 为需求曲线。从理论上与税制实践来看，当收入只能维持基本生活水平时，不存在对收入课征的直接税。*DB* 曲线又反映了消费需求，直接税归结为对个人收入的课征。因此，在Ⅰ区域只有消费税，即只存在间接税。收入线 *OA* 和消费曲线 *DB* 的交点为 E_0，其特征在于储蓄率为零。

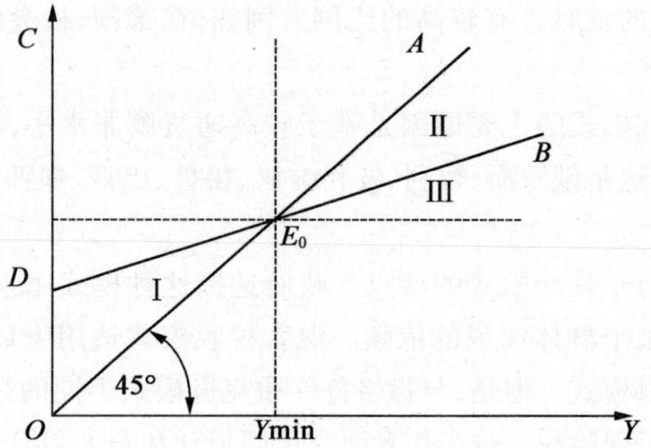

图 7.1　发达市场经济国家直接税和间接税的关系

消费倾向随着收入的增加而增加，但非常缓慢，使储蓄倾向明显超过消费倾向。在收入（Ymin－Y）区间内，消费曲线反映了直接税和间接税的关系。其中，Ⅱ、Ⅲ分别代表了直接税和间接税区域。

这样，收入在 OYmin 之间是不存在直接税的，只有收入超过最低生活费用以上才存在有效直接税制。这种抽象的研究是可行的。此外，这对进一步研究具有重

① Рашин А. Г. Прямые и косвенные налоги как элементы налоговой системы. Государство и право, 2003. № 3. С. 92－95.

要的方法论意义。

由图 7.1 可见,收入水平的增长扩大了直接税的税基。在市场经济条件下,直接税和间接税的关系首先依赖国家平均收入水平。也就是说,收入水平越高,直接税的使用越有效;反之亦然。伴随收入水平的提高,直接税税基占国家总税基的比重也提高。

除了上述客观因素,不存在影响直接税和间接税收一些主观因素,如一个国家传统、民族习惯等,即在这个国家形成的关于直接税和间接税的各种态度。

俄罗斯的税制模式是对转型之后经济环境的反映。在通货膨胀的条件下,间接税更有利于稳定预算收入,并且间接税对课税过程的先进征管手段和复杂的计算要求并不高。因此,这种模式往往存在于欠发达国家和经济发展水平的国家,如智利、秘鲁等。

间接税可以适应经济周期的不同阶段。在经济衰退阶段,利润降低非常明显(甚至下降到零),而营业额也可能减少,但不会达到零。此外,通过间接税将通货膨胀税自动转移到预算收入制度中从而增加预算收入。

尽管如此,俄罗斯并没有形成明显的间接税优势的框架。但是,它们正是在经济不稳定、通货膨胀水平比较高的情况下产生的,因此间接税在联邦预算的形成中起着主要作用。

从这些模式的特点来看,俄罗斯的税制符合典型的拉美模式中大多数标志性特征。这主要取决于俄罗斯的经济环境,因为俄罗斯税制结构是在高通货膨胀条件下形成的,并且间接税的管理相对比较简单。

现阶段,俄罗斯直接税和间接税的模式有些扭曲。在直接税的条件下收入份额下降较少。在最低生活费用之前创造了额外的附加税,超过最低生活费用的收入按率课征。

俄罗斯的经济状况不同于典型的发达市场经济国家。对此,可以用图 7.2 来说明俄罗斯的直接税和间接税两组之间的比例关系。在图 7.2 中,Ⅰ(E_0L)表示附加直接税区域,Ⅱ表示直接税区域,Ⅲ间接税区域。与发达国家直接税与间接税关系所不同的是,在税收机制中人为地引入一个 T 要素,其特征就是每月法定最低工资。

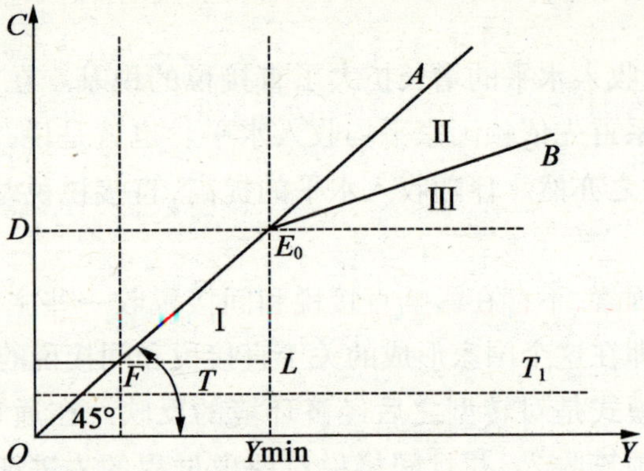

图 7.2　俄罗斯直接税和间接税的关系

在个人所得税机制中实行每月最低工资扣除标准的条件下，每月最低工资扣除额远低于最低生活费用；在最低生活标准的范围内，间接税没有变化，并由图中三角形 ODE_0 有部分表示。

收入水平提高扩大了直接税税基在国家总税基中的规模。也就是说，直接税和间接税的比例在市场经济条件下主要取决于国家的平均收入水平。

图形 7.2 反映的问题存在一定的缺点，直接和间接税的比例分析仅仅影响公民个人的需求和收入，没有考虑其他收入来源和消费水平。原因是在最低生活保障范围内间接税没有考虑收入的规模。

在俄罗斯，税收豁免限额是 400 600 卢布（T_1），低于最低保障收入。然而，在直接税领域则发生较大变化。人为地降低免征额导致应纳税所得额提高，相当于国家最低生活费用与最低工资（MPOT）的差额。实际上这意味着法律上形成了附加的直接税，即图 7.2 中三角形 FE_0L 的面积表示的部分。这种情况导致的直接税负担增加，即收入较低的纳税人的税收负担加重。

在接下来的部分，收入规模超过最低生活保障水平，此时消费曲线的形状不会改变。这仍然保留了高收入国家情况的特征，但其倾斜角度发生了变化。如果在高收入国家，消费曲线 E_0B 的斜率比较小，对于低收入水平的国家消费线的斜率更大（边际消费倾向更高），边际储蓄倾向比较低。

由图 7.2 可以看出，人为不公平地提高了低收入群体直接税的负担；由于缺乏实际的累进税设计，导致直接税对高收入阶层的低效率。在较低的公共收入水平条件下，利用最低工资维持最低生活水平的可能性，这可能会导致明显的财政损失，并且使预算在该改革阶段缺乏有效性和公正性。

俄罗斯税收制度的这些特征只有20几年发展的结果，与许多发达国家的税收制度是不同的，而后者已经形成了几个世纪的发展。然而，随着俄罗斯国家税收制度的发展，直接税的作用和比例具有提高的趋势，见表7.2。

表7.2 俄罗斯直接税和间接税的发展动态与结构

指标	2007		2008		2009	
	数量	份额	数量	份额	数量	份额
总计	4 629 796.82	100.0	5 231 785.21	100.0	3 895 641.85	100.0
直接税	2 233 284.57	48.24	2 939 090.99	56.18	1 744 136.96	44.77
间接税	2 396 512.25	51.76	2 292 694.22	43.82	2 151 504.89	55.23

资料来源：俄罗斯国家统计局网站。

由表7.2可见，2007年间接税没有明显地超过直接税，分别约为52%和48%，2008年直接税达到56%，间接税接近44%。在2007年~2008年期间，直接税的份额有上升趋势，但是2009年金融危机期间，直接和间接税收的比例发生了根本的变化。间接税的份额超过55%，直接税的份额低于45%，2010年直接税急剧下降到38.06%，间接税上升到61.9%。

应该指出，直接税占国家税收体系的比例越大，工业就越发达，但是这一特点在俄罗斯经济条件下是不存在的。第一，俄罗斯税收制度取消作为间接税的关税。关税是主要的间接税（增值税），其比例达到40%。第二，超过所有直接税费的85%，从而使这两种类型的税费比例大致相同。

7.2 税制结构、税收收入与经济周期

政府通过税收制度对什么征税、征多少税、如何征税加以规定，从而形成以直接税或间接税为主的税制模式。总体来说，俄罗斯税制以间接税为主体，虽然不同时期有所变化，但仍然改变不了以间接税为主的税收制度。

一、俄罗斯税制要素

这里，我们把俄罗斯税制结构、税率、税基、课税对象的变化与税收收入及经济周期的变化结合起来，分析不同阶段的改革措施带来税收体制的变化与宏观税负水平变动及经济周期同步性的特征，如表7.3所示。

表 7.3　俄罗斯税制改革的不同阶段的税制要素变动情况

税制改革阶段	1992～1999		1999～至今
宏观税负变动	1992～1995	1995～1999	1999～2007
税基	取消周转税，有助于扩大税基；紧缩财政政策，税率过高，投资下降、生产下降，税基缩小	经济回暖，投资增加，税基扩大。税收优惠和税收豁免过多，影响征税；个人累进税税率采用个人申报，出现漏报、瞒报现象	税制日趋完善，监管力度加强，企业完税率提高；经济保持连年增长，税基扩大
税制结构	间接税为主，直接税为辅		
税种安排	联邦税 47 种 地区税 70 种 地方税 140 种	联邦税 28 种 地区税 70 种 地方税 140 种	联邦税 13 种 地区税 7 种 地方税 5 种
主体税种税率	开征增值税和消费税，并逐年下调税率；利润费改为利润税；提高法人财产税和自然人所得税税率	增值税、利润税和劳动报酬基金的税率水平从 1995 年起降低 10%－20%；自然人最高累进税税率提高到 35%	自然人收入税税率降至 13%，取消税收累进；降低劳动报酬基金税税率、利润税税率；增加与自然资源利用有关的税收和财产税税率
征管力度	弱	中	强

税收制度的变化集中表现为两点即增税与减税。下面结合俄罗斯经济发展的实际来对俄罗斯政府实行增税和减税带来的不同效应进行整体的描述。

由表 7.3 可知，俄罗斯经济发展可以分为经济衰退阶段经济复苏和增长阶段。而同时俄罗斯转轨以来的税制改革也恰恰按相同的时间点划分为两个阶段，前一阶段为收效甚微的激进改革阶段，后一阶段为成效显著的渐进改革阶段。经济发展阶段与税制改革过程在时间上是同步的，至少从直观上表明经济周期的不同阶段与税制变化是密不可分的。

二、增税效应

税制改革之初，俄罗斯便从苏联继承下来巨额的预算赤字 2 000～2 400 亿卢布，占 GDP 的 12%～14%。因而从盖达尔政府开始几乎每届政府都在与这些"硬赤字"做斗争。为了最大限度地缩减财政赤字，在 1992～1998 年间，俄政府在压缩财政支出的同时，将更多的注意力集中在加强税收、增加财政收入上。其间，利润所得税为 32%，增值税 28%，加上其他杂税，这种几乎"充公式"的高税收理念使企业把利润的 70% 都上缴给政府作为财政预算。

税制改革第一阶段的结果并不理想。这种应对俄罗斯财政危机的办法并没有取到预期的效果，税收收入并没有相应的增加(1996 年上半年税收收入在俄罗斯 GDP 中的比重已从 1995 年同期的 10.4% 下降到 7.2%。实际上税收入库额仅占预算数额的 65%)，预算赤字并没有同比例减少(预算赤字占 GDP 比率是 1993 年 10%，1994 年 15%)，税率提高带来的挤出效应限制了财政收入的增长。

究其原因，税收乘数效应的结果，在增税条件下，由于税收增长对经济增长的负效应，在经济不景气的情况下，会加速经济的衰退，对财政增支的扩张效应产生抵消作用。

第一，过高的税负、通货膨胀、经济衰退致使大批企业亏损(1997 年主要经济部门亏损面达 43%)甚至破产，企业无力缴税，人民生活困难，税基大幅度缩减。

第二，俄政府通过税收把企业大部分利润纳入国家预算，限制了企业投资的能力(1992 年俄投资比上年下降 40%，1993 年环比下降 12%，1994 年环比下降 27%，1995 年环比下降 13%，1994 年的投资能力仅相当于 1990 年 30%)；

第三，高税负的政策使偷税、逃税、漏税、欠税现象严重，地下经济、影子经济猖獗。据俄罗斯联邦税务局的统计，在联邦税务局登记的 260 万个企业中有三分之二的企业根本不纳税，其余的也不按时纳税，并且纳税额不足。截止到 1996 年 10 月份，全国拖欠的税款总额达到了 75 万亿卢布。

从上述分析可见，改革初期的增税政策带来的经济增长负效应大大高于财政增支的扩张效应。较高的宏观税负，不但没有带来相应财政收入的增加，反而抑制了经济的增长。

三、减税效应

俄罗斯税制改革第二阶段的主要措施为减少税种(俄罗斯联邦、联邦主体和地方税费由 1998 年的 28 种减至 20 种)，调整税率(个人所得税由最高 35% 的累进税统一调整为 13%，成为欧洲最低税率，增值税率也由 1998 年的 20% 降至 2004 年的 18%)，强化税制征管、打击偷税行为(尤科斯石油公司因偷税 275.4 亿美金，

76~79%股权被拍卖)。

从总体上看,这一阶段的宏观税负是不断下降的,伴随着经济的不断复苏,税收收入持续增加。1998年税收收入占国内生产总值比重为9%,1999年为12%,2003年15.2%。1999年俄联邦预算收入超过了1993年计划所规定的指标,赤字占GDP比例由1998年的3.3%降至1.4%,2000年出现预算盈余,预算盈余占GDP的比率2000年为2.5%,2003年为3.3%,2004年为4.9%,2005年为7.3%,呈逐年上升态势。

这说明,随着税率的降低,税收收入是逐步增加的。税收乘数理论认为:减税政策必然会形成税收收入的负向增长,但同时也会对经济产生刺激作用。一般认为,相对的税率变动,增税和减税对经济运行推动和限制的强度是不同的,减税对经济的调控作用大,而增税对经济的调控作用较小。在可承受的范围内,减税的幅度越大,税收对国民经济的促进作用越强。

也就是说,此阶段的减税政策对经济增长产生了正效应,刺激了投资需求和消费需求的正效应要高于对税收减少产生的负效应;反过来,减税政策刺激了经济的复苏,扩大了征税的税基,实行减税政策可形成一个税制改革与经济增长的良性循环。

7.3 税制改革的宏观经济影响

一、降低税收负担

2000年之后,俄罗斯税收制度改革取得了显著的进步,通过建立一系列有效率的税收制度降低企业的税收负担。例如,取消营业税和销售税,对个人所得税征收统一税率和累进的统一社会税;取消公司利润税的税收优惠、税收返还,降低企业利润税税率和提高折旧率;在对外经济环境稳定变化的情况下,提高商品税(增值税和消费税),增加资源租金税:征收矿产资源开采税、联邦预算石油和天然气收入税和出口能源征收关税,反映世界原材料价格等方面的改革,基本上达到了税收制度的主要任务即简化税制。

通过表7.4可以反映2001~2007年总体税制改革的阶段性影响[①]。在这些数

① Очерки экономической политики посткоммунистической России. Экономический рост. 2000 - 2007. М.: Дело, 2009.

据统计中，不考虑税制改革对法定经济主体行为的影响；没有考虑企业所得税收入税基增长导致的部分收入下降的补偿；不考虑由于取消销售税和营业税税基扩大，统一社会税税基降低，以及不考虑由于个人所得税和出口关税的变化而出现的窄税基。

表 7.4 税制变化的税收负担

	2001	2002	2003	2004	2005	2006	2007
取消营业税和销售税	-1.68	-1.77	-2.97	-3.22	-3.12	-3.11	-3.08
НДФЛ	0.80	0.92	0.96	0.94	0.91	0.97	1.46
ЕСН	0.00	0.00	0.00	0.00	-0.89	-0.89	-0.86
企业所得税改革		-1.09	-1.01	-1.3	-1.47	-2.13	-2.25
НДС	-0.16	0.23	0.28	-0.37	-0.62	-1.94	-1.03
预算制度总收入变化	-1.04	-1.71	-2.74	-3.95	-5.19	-7.1	-5.76
联邦预算石油收入	3.8	4.7	5.2	5.4	6.6	10.2	11.1

税制导致经济的税收负担明显下降，2001～2006 年税收占国内生产总值的比例每年减少 1% 左右。降低主体税种的税收负担抵消了石油天然气收入的大幅度增长，加速了经济增长和收入合法化的后果部分提高了税基。因此，石油天然气部门的税收负担降低主要是对降低税率、扩大税基和对外经济形势的反映。

某些偏离税制改革的一些做法（限制的税收优惠，统一的税收制度），可以视为一个特殊的税收制度和 2006 年引入的统一社会税的纠正参数。2004 年增值税税率从 20% 降至 18% 是有争议的（它并不会导致价格下降或税基增加），2005 年统一社会税税基从 35.6 下降至 26%。

所得税、增值税、统一社会税和企业所得税税率出现了降低税收收入的情况，只有个人所得税的收入出现了明显的增加。从整体上看，税收领域的变化促进商业繁荣的同时也导致政府总预算收入的增加。

2008 年之后，俄罗斯政府通过降低税收负担，激励企业从事商业活动的积极性，实施支持投资的措施。事实上，这并没有阻止预算资源的下降。甚至保持了预算盈余，与石油价格增长相联系的税种极大程度上增加了预算收入。资源性税收占国内生产总值的比例从 2003 年的 2.1% 上升到 2008 年的 11.1%，较快的经济增长带来了进口税收收入的增加，占国内生产总值的比例从 2003 年的 3.1% 上升到

2008 年的 4.4%，见图 7.3①。

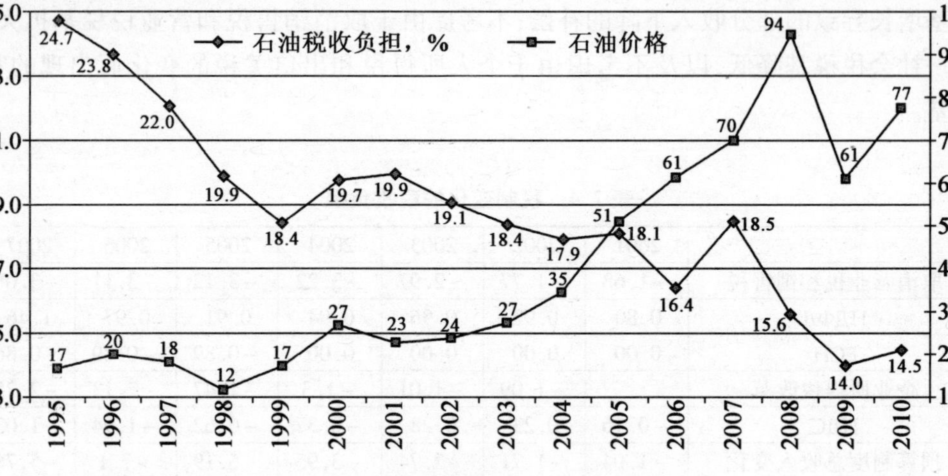

图 7.3　企业税收负担*和石油价格

*包括利润税、消费税（不包括进口消费税），国内商品生产增值税、财产税、统一社会税

通过税收负担的阶段性变化（税收收入占国内生产总值的比例）方面的数据反映出税制变化的影响。其中，劳动税包括个人所得税、统一社会税和社会保险税；进口税包括进口商品增值税、进出口消费关税、矿产资源开采税、石油、天然气和石油产品出口关税；其他税包括统一预算中所有剩余的税收②。图 7.3 反映了 1995 年到 2010 年期间税制结构中不同税种的税收负担的变化。其中，劳动税以外的税种的税收负担的降幅最大，从 1995 年的 21.1% 下降到 2010 年的 10.4%，劳动税的税收负担只有微弱的下降，而燃料税的税收负担呈上升趋势，从 1995 年的 1.4% 上升到 2010 年的 8.6%，进口税的税收负担从 1995 年的 1.4% 上升到 2010 年的 3.5%。

总体上来看，税率降低有利于企业投资的收益率。然而，这些企业投资的质量及创新含量都很低。俄罗斯生产的技术水平仍然不足，产品加工等行业的生产商在国内和国外市场的竞争地位并没有得到改善。接下来分析税制改革的具体措施产生的影响。

---

① Источник: отчеты об исполнении консолидированного бюджета РФ, Росстат.

② 资料来源：俄罗斯联邦统一预算的执行，根据 ЦМАКП。

二、取消周转税的经济影响

俄罗斯税制改革的成果之一是取消低效的周转税。为了弥补税收损失,2001年增加了柴油燃料和发动机油征收的消费税,大幅度提高了汽油消费税,取代公路交通使用税。取消周转税扩大了企业利润税税基,2001 年该税占国内生产总值的0.36%,2003 年增值税和消费税同比增长占国内生产总值的 0.12%。此外,2003年实施了补充措施以抵补取消周转税收入的损失。

取消周转税,虽然起动了补偿措施,但还是大大降低了经济的税收负担,见表7.5。税制改革带来了积极的影响,因为周转税在经济上是低效的,对不同生产环节的商品生产产生负面影响。此外,如果周转税按率征收,当盈利低于 4.2%,企业将无利可图。

表 7.5 取消周转税和实施补偿措施对税收负担的影响(占 GDP%)

	2001	2002	2003	2004	2005	2006	2007
取消周转税改变了税收负担	-2.04	-2.04	-3.34	-3.34	-3.34	-3.34	-3.34
企业所得税增加	+0.36	+0.27	+0.37	+0.47	+0.57	+0.58	+0.61
2001 年提高柴油、机油消费税、汽油消费税	+0.26	+0.23	+0.59	+0.33	+0.25	+0.22	+0.20
消费税增加引起的增值税收入增加	+0.05	+0.05	+0.12	+0.06	+0.05	+0.04	+0.04
总收入变化	-1.37	-1.49	-2.26	-2.48	-2.47	-2.5	-2.49

取消周转税的同时降低了公共基础设施和道路维修的成本。在 2001 年联邦公路交通支出占国内生产总值的比重从 0.75% 降到 0.55%。税收的补偿措施无法弥补地区和地方预算收入损失。尽管取消周转税的事实加剧了住房和交通部门的财务赤字,却为可持续的经济增长和政府收入的增加创造了先决条件。总之,取消周转税使经济的税收负担下降了 0.35%。

2004 年 1 月 1 日取消销售税——最后的营业税完成了税收制度改革的第一阶段,旨在于刺激整体经济活动。但取消税的最大收益是繁荣了零售贸易,达到了取消税的宏观经济效果是,使国销售税内生产总值提高了 0.1 个百分点,投资增加了

0.2 个百分点和实际可支配收入增长了 0.2 个百分点,进一步推动了零售业的发展,营业额增长速度增加了 0.2 个百分点,见表 7.6。

表 7.6 取消销售税对短期宏观经济的影响

宏观经济指标	2004 年实际增长率,%	措施实施前相同条件下的增长率,%	措施实施后的效果,%
国内生产总值	107.1	107.0	0.1
工业产品	108.3	108.3	0.0
固定资产投资	113.8	113.6	0.2
零售额	113.2	113.0	0.2
实际可支配收入	110.4	110.2	0.2

取消销售税的长期效果是加快零售贸易的发展和消费需求增加。2004 年取消销售税后,区域预算收入达 730 亿卢布,部分抵消了经济主体的收入增长,同时增加了俄罗斯联邦主体统一预算中的利润税和个人所得税收入。

三、降低增值税的宏观经济影响

实现经济效率的最好选择是在一国经济中对不同部门和活动之间实施所得税税率的较少差异的有效模式。而在改革之前,俄罗斯大多数的税种都是非最优和高度扭曲的。

提高税率的统一性将会有助于税制的横向公平。在某种情况下,边际有效税率是判断各种税制改革效率或改革前投资模式的有效性的重要工具。税制改革的效率目标需要减少一个经济中部门之间和投资者之间边际有效税率的差异,而较小的总边际有效税率表明了削减税收将成功地纠正资源跨期配置的扭曲。

2004 年 1 月 1 日增值税税率从 20% 降低到 18%。降低税率旨在于减少企业的税收负担,刺激整体经济活动。该项措施的主要受益者是高等和中等技术水平的制造业活动以及采矿业和建筑业。冶金与金属生产的税收负担从 43.4% 降低到 19.9%,食品生产税负从 70.3% 降低到 46.6%,机器和设备加工制造税负从38.9% 降低到 34.1%。

增值税税率的降低进一步推动了俄罗斯经济的发展,并成为 2004 年经济增长的来源之一。增值税税率降低对经济的效果是提高了经济增长速度,使固定资产投资的增长速度提高了1个百分点，见表7.7。

表7.7 降低增值税的短期经济影响

宏观经济指标	2004年实际增长率(%)	措施实施前相同条件下的增长率(%)	措施实施后的效果(%)
国内生产总值	107.1	106.8	0.3
工业产品	108.3	108.2	0.1
固定资产投资	113.8	112.8	1.0
零售额	113.2	112.5	0.7
实际可支配收入	110.4	109.7	0.7

从长远而言，采纳该项措施的间接影响是进一步增加俄罗斯的外国直接投资。此外，在未来3~5年后固定资产投资增长采取的措施会刺激非石油部门的竞争力。根据宏观经济中心的统计，由于降低增值税税率导致联邦预算直接损失约达119亿卢布(占国内生产总值的0.7%)。

增值税收入减少部分抵消了较高的个人所得税、统一社会税和利润税，其中大部分列入区域综合预算和预算外基金，见表7.8。从中期来看，增加了经济主体的收入水平，同时尽可能增加联邦预算收入。据统计，在增值税税率下降的情况下预算收入降低的效果在4~5年之后能够体现出来。

从2009年开始，税收政策的重点转向扶持创新、高科技生产和激励现代化进程。由于经济危机，反危机措施构成了这一阶段的显著特征。税收领域的主要措施在于提高折旧率刺激固定资产投资，增加世界经济危机期间企业资金的供给，降低公司利润税以支持有盈利能力的公司的资金实力，通过取消部分投资设备增值税促进企业的技术革新；对受世界价格下降影响的石油部门的收入支持，通过降低税收支持石油行业的开采活动。

表7.8 2004年增值税税率降低情况下预算收入损失的评估

	10亿	占GDP的百分比
降低增值税税率受惠企业，其中：	119	0.7
工资增加	64	0.4
利润增加	55	0.3

续表 7.8

	10 亿	占 GDP 的百分比
政府预算收入变动,其中:	-80	-0.5
联邦收入的变化,包括:	-108	-0.6
增值税减免	-119	-0.7
利润税增加	4	0.0
统一社会税增加	7	0.0
俄罗斯联邦主体统一预算收入的下降,包括	18	0.1
个人所得税增加	8	0.0
利润税增加	9	0.1
预算外基金的变化,其中	11	0.1
统一社会保险税增加	11	0.1

四、直接税改革

个人所得税改革是合理的。通过降低边际税率,2000~2007 年期间综合预算收入占国内生产总值的比重每年增加 1 个百分点。由于税率下降降低了偷税漏税,增强了税收的作用和税收比例。税法的变化不仅影响了个人所得税税收收入,而且也推动了商业活动的增长和税收收入的合法化,见表 7.9。

表 7.9 2001~2007 个人所得税改革(НДФЛ)的影响(占 GDP 的比重)

	2001	2002	2003	2004	2005	2006	2007
预算制度收入	2,86	3,31	3,34	3,37	3,27	3,47	3,84
所得税平均税率提高	+0,102	+0,118	+0,122	+0,120	+0,116	+0,120	+0,137
2001 年所得税平均边际税率下降,GDP%	+0,70	+0,81	+0,84	+0,82	+0,80	+0,85	+0,92
有孩子的收入免征额提高					-0,05	-0,04	-0,03
参股组织活动的股息收入的税率从 6% 提高到 9%					+0,01	+0,01	+0,01
捐赠数额超过 4000 卢布免征收入税						+0,0007	+0,0007
取消证券交易和远期金融工具的税收减免							+0,42
2007 提高社会扣除							-0,002
与 2000 年相比,总的改革效果	+0,80	+0,92	+0,96	+0,94	+0,91	+0,97	+1,46

资料来源:Расчеты автора по данным ФНС, Минфина, Росстата. http://www.ru-90.ru/node/1170.

统一社会税税率从35.6%降低到26%(2005年1月1日起)。降低统一社会保险税税率是成为财政政策的一个重要措施,旨在于减少税收负担,激励商业活动,刺激工资增长。该项措施对非石油部门的发展具有重要意义。这一措施使国内生产总值增长了1.1%,工业生产的增长率提高了0.6个百分点,增加了资源性企业的工资和利润,而且由于居民可支配收入增加促进了经济投资的增长,见表7.10。

表7.10 降低统一社会保险税税率的短期宏观经济影响

宏观经济指标	2005年实际增长率(%)	无改革措施的增长率(%)	采取措施的效果(增长率变化)
GDP	106.4	105.3	1.1
工业生产	105.2	104.6	0.6
固定资产投资	110.9	109.6	1.3
零售业营业额	112.8	110.1	2.7
实际可支配收入	112.4	109.4	3.0

7.4 税收公平

在实现税收公平方面,直接税和间接税的作用是不同的。遵循税收正义原则,实现税收的社会功能的有效工具有很多,如个人所得税、财产税、以及减少累退的间接税制度。这里我们重点分析个人所得税作为实现公平原则,履行税收社会职能的实际执行的可能性。

个人所得税是实现公正原则和评价税收的社会功能的重要指标,也是评价俄罗斯现代税收制度的关键问题的有效工具。2001年,俄罗斯联邦税法第23章引入了个人所得税制改革的新方法,2005年俄罗斯的收入分化增加了3倍,10%最富有和10%的最贫困阶层人口的收入占总收入的比例从1989年的3.3倍上升到2005年的15.1倍,2010年提高到17倍。考虑到隐性收入,这种分化会进一步加强,2005年可达到40:1以上。在改革期间,基尼系数从1991年0.26增加至2005年的0.41,提高了 近1.6倍,2010年提高到0.42。这种差异造成了严重的社会紧张,并需要国家采取适当的行动。

新税法的出台,最重要的目的是促进影子收入合法化,消除累进的个人所得税,引入统一社会税(UST),降低税率和使其具有累退的性质。

所得税这样一个根本性转变在整个意识形态中是极其重要的。因为这实际上放弃了个人所得税最重要的收入—再分配功能,这就意味着牺牲税收的公平性,而有利于税收效率。由上文我们已经明确,个人所得税由累进税率逐步过渡到比例税率鼓励了投资创业,减少了偷税漏税,提高了较高工资的支付水平。

俄罗斯联邦税务系统、莫斯科税务系统,在联邦国家统计机构提供的数据基础上研究了在莫斯科和俄罗斯个人所得税改革对降低影子工资和实现税收的社会分配功能的影响。结果表明,在2001~2002年工资税改革的第一阶段,影子工资在工资总额中的份额从2000年的32%减少到2002年的27%。在此期间,刺激作用十分明显,提高了法定薪金增长速度,降低了影子工资。在随后的几年中,最初的激励效果有所下降,同时激励并加强了逃税,如贪污、经济性犯罪、税收制度的整体不公平,从而使影子工资的增长速度超过法定工资。在2005年影子工资恢复到2000年的水平,大约32%。在这种情况下,影子工资的增长实际上没有使2005年的统一社会税急剧下降。

应该指出的是,尽管2001~2002年影子工资有所下降,但是2001~2005年改革期间影子工资的绝对值稳步上升,表明雇主支付的比例却不变。

富裕阶层的收入占收入的份额从2000年的45.8%上升到2005年的46.7%,再考虑到隐性收入达到54%。与1989年相比,在2005年俄罗斯联邦官方公布的数字增加了15.1倍,考虑到隐性收入近40倍。即使按照官方数据显示也超过4.5倍。

因此,在2001~2006年的工资税的改革中,通过降低个人所得税和统一社会税税率一直未能取得减少偷税漏税、消除影子工资和其他收入合法化的效果。与此同时,改革导致最低收入和中等收入居民税收水平的增加,本质上减少了高收入居民的税收负担。改革促进了居民收入高度分化的进一步增长,降低了税收的公平程度,减少了穷人和中产阶级人口的守法纳税人。个人所得税改革的结果表明,国家在税收公平原则方面是失败的,仅局限于税收的效率原则,没有达到预期的公平目标,不仅没有使影子收入合法化,而且导致严重的社会分层。

从1991~2006年所得税的税收豁免机制来看,俄罗斯的个人所得税的改革是不成功的。

个人所得税扣除的标准和幅度并没有完全实现税收优惠的社会公平。每个纳税人及未成年子女的扣除标准甚至低于官方贫困线,以至于无法抵御通货膨胀的影响。自2001年新税制实施以来,所有标准的税收扣除的实际规模已经减少,甚至超过了2倍。随着第23章税收法典引进,该机制的税收优惠标准恶化了被赡养者、残疾人、退伍军人、某些低收入阶层的处境。对未成年人的扣除标准,因为贫困而对有儿童的低收入家庭的物质状况几乎没有影响,没有解决他们的社会保障问题。税收减免机制甚至缺乏生育的激励和家庭的发展。

在俄罗斯非标准的税收减免最流行的是社会教育扣除,大约是社会教育支出的40%。购买财产时扣除物业费的35%,财产销售时扣除物业费近10%,专业技术津贴近6%。与此同时,对慈善捐款的社会扣除至少是0.02%。

对教育和医疗的社会扣除主要是针对低收入和中等收入居民,在莫斯科平均扣除额达60~65%,在俄罗斯总的扣除达40~43%。从整体上看,一个总的趋势是提高了这些扣除百分比,但是,2006年即使是莫斯科也没有超过扣除规模。

对于居住的房屋的物业费扣除一般是针对富裕的公民。与此同时,对购买住房方面物业的标准扣除的平均规模有增加的趋势。

以上的分析表明,税收优惠制度从整体上使改革的结果向有利于富裕的人口转移。俄罗斯的税制没有完全实现社会性规制的可能性,并没有支持低收入和中等收入阶层。

在俄罗斯累进直接税的引进是公平的。但是会出现一个问题,在累进的直接税条件下的公民收入能够保障必要的预算收入吗?可以通过统计回答这个问题。

在俄罗斯富有和更富有的人口占劳动人口的21.7 %。至于生活质量的变化,经历20多年的改革,最富有的俄罗斯居民收入增加了两倍,最穷的人和比较穷的人居民收入增加了1.5倍。穷人平均收入考虑住房公共设施的成本下降了300%,电影院、剧院和疗养院的使用减少了200%,幼儿园的公共支出从平均工资的16%提高到22%,而考虑到个人资源的投入则达到27%,高等教育支出从53%提高到64%或65%。家庭教育孩子的支出更多,但是把这些支出看成是投资,由于高等教育提高了收入,使这些投资支出增加了3倍。2006年政府在医疗保健上的公共支出相当于1994年的水平。为了弥补国家财政资源严重不足,私人支出增加了8倍。

但是,由于一些新型的医疗服务和药品的使用,越来越多的有偿医疗援助超过了合理的限度。在欧盟这一比重是24 %,在俄罗斯是40~50 %。2009年教育和医疗方面的预算支出比20年前下降了7%[①]。

以上分析可以得出的结论是,税法第23章个人所得税比例税率的实施,个人所得税税收优惠的形成是一种不公平的个人所得税的改革,并没有完成再分配作用。所有这一切都最终导致人口的社会分化水平的提高,威胁到社会的稳定。

7.5 直接税和间接税的评价

该书的研究有助于发现税制改革的优化方向并得出以下结论。直接税和间接税的合理性和税收分类及其在俄罗斯的税收制度中二者的比例问题,仍然是俄罗斯税收理论与实践中的诸多最重要的方法论之一[②]。然而,直接税的过度累进性也是不可取的。

在一个国家中,如何实现直接税和间接税的社会均衡,也是公平与效率的权衡问题。从根本上说,在特定的历史时期和具体的国家,两种税的比例依赖于国家经济的发展。也就是说,或间接税,或直接税的两难选择并不是简单的。俄罗斯应该考虑高度发达国家的经验,寻找直接税和间接税结合的长期有效性模式。

考虑直接和间接税的比例关系时,现有的文献似乎给出了比较好的建议。间接税作为一种税收机制是先进的财政思想发展的一个很好例子。也就是说,在财政实践发展变化的过程中,总的间接税应该呈现出累进和比例税的特点[③]。专家认为,发展中国家应当采用以间接税为主的税收制度,用消费税尤其是增值税取代贸易税(进出口关税)。这一观点受到OECD、IMF、世界银行等国际机构专家的推崇(Robin Brugess & Nicholas Stern,1993)[④]。与发达国家不同,发展中国家直接税的税基窄、征收成本高,以直接税为主不现实。从效率和再分配的角度而言,消费税也

---

① Кувшинова О. Две России // Ведомости. 11 апреля 2011. № 63 (2829). Режим доступа: http://www.hse.ru/news/1163611/28366647.

② И. В. Гашенко, Генезис соотношений прямого и косвенного налогообложения. Экономические науки, 2009.5(54).

③ Гуревич С. В. Косвенное налогообложение в реформи - руемой налоговой системе. Финансы. 2004. № 3. С. 33.

④ Burgess, R & Stern, N. Taxation and Development: Journal of Economic. Literature 31, 1993:762 - 830.

比所得税更适合发展中国家(Reuven Avi - Yonah & Yoram Margalioth,2006)。

一方面,俄罗斯实行统一的个人所得税13%的税率有助于税收的征收,简化了税收征管手续,降低了税制成本。但是,却使所有的公民无法选择,最严重的情况是缺乏社会保障的穷人也不能幸免,这将导致极其悬殊的收入分配差距,俄罗斯的收入分配状况已证实了这一点。

很明显,个人所得税征收具有政治目的。低效率的所得税(高收入税)在进步部门(高收益)通常表现得并不充分。因为进步部门在很大程度上是高收益部门,但是在俄罗斯却不是有效的课税对象。

另一方面,降低直接税在减少生产方面的税收负担是最有效的。因为直接税与间接税不同的是在更大程度上具有税收无法返还的性质。降低利润税和个人所得税能够使企业获得更多的资源。

但同时间接税通过对生产者和企业家实施税收返还也充满了吸引力,在预算制度中具有稳定的税源,在一组间接税和差别税率存在的条件下还可以产生累进的效果,其结果是针对不同社会群体的收入征税的较公平的方法。

间接税阻碍了商品从卖者向买者的流动。这些税提高了商品或服务的价格,但在这种情况下可以说间接税具有激励功能,因为经济主体的生产或销售在质量和价格上具有竞争力的。

由于间接税考虑价格的形成,并且反映一个固定的税率,调节成本因素的可能性和必要性,以及在合理的价格下实现符合产品需求的利润,这促使直接税下降。

基于上述研究结果,在俄罗斯重新建构免于对个人收入低于最低生活费征收直接税模式是完全合理的。为了避免预算损失,以及提高社会公平,必须引入累进税率。与此同时,必须理解,所得税的提高要注意效率与公平的权衡:

第一,有利于自然人和法人的业务或任何劳动活动,对税收产生的不利影响,可能影响投资增长、就业和创新创业活动。

第二,可能产生贫困陷阱。穷人为了改善自己的状况而提高收入水平导致收入增加时,可获得的最低生活费用下降,这相当于减少了社会保障待遇,收入所得税的总税率可能超过100%,从而导致个人通过努力得以增加收入的结果却是实际收入的下降,这种现象使有些处于贫困线以下的穷人不能自拔。

必须考虑国家的经济状况和居民对税收的态度。现在俄罗斯的经济主体对政府的税收制度缺乏信心。因为与之相联系的是官僚的高度腐败等影子经济的发展。鉴于俄罗斯这些情况,最好是使用与收入相联系的间接税机制,避免直接税的负面后果。

8 贫困与不平等

贫困和收入不平等是俄罗斯经济中存在的主要问题,任何一个国家都在努力采取各种措施削减贫困,缩小收入分配差距。贫穷是一个复杂的社会现象,有着深刻的经济、文化和心理根源。俄罗斯经济的快速增长导致失业的增加,改革初期的激进社会经济改革使劳动收入急剧下降。20 世纪后期无效的社会保障体系,使收入不平等和贫困变得更加复杂。近年来,俄罗斯的贫困率仍然很高,收入分配不平等正在加剧。

本章主要从财政角度探讨贫困和收入分配差距的原因及如何克服的问题。其目的在于了解俄罗斯贫困和不平等在经济方面的性质以及削减贫困的财政方法。本章的结构分三部分,一是对俄罗斯贫困和经济不平等现象的介绍;其次是探索贫困和不平等的功能、特点和后果;最后研究可行的收入政策。

8.1 收入不平等和贫困问题

近年来,俄罗斯的经济改革已经改变了社会结构,迅速地出现了收入在不同群体之间的分化,产生了数量很多并且极度贫困的公民层。他们绝大多数人都失去了原有的社会福利待遇,并且适应高度不稳定条件下的生活状态。在这种条件下不可避免地产生大量贫困人口。

一、贫困水平

对贫困的评估基于贫困线。发展中国家进行国际比较时通常使用两个贫困线标准,即按购买力平价日生活费 1.25 美元和 2 美元。每天 2 美元贫困线是用来评估整个发展中国家的贫困水平,2 美元是发展中国家贫困线平均值[①]。每天 1.25 美

---

① См. Chen Sh. and Ravallion M. The Developing World Is Poorer Than We Thought, But No Less Successful In The Fight Against Poverty. Policy Research Working Paper 4703, World Bank。

元是世界上 15 个最贫穷的国家贫困线的平均值[①]。

俄罗斯官方贫困线是在劳动和社会发展部(MLSD)的指导下制定的,首次制定是 1992 年,2000 年进行了更新,2013 年进行了修改。贫困线一般称为最低生活标准或最低消费篮子,是指在一定的社会发展条件下,能够保障居民最起码的生活条件和维持人的劳动能力和健康所需要的费用,是个体维持最低生存需要的食品和非食品需求,并且考虑了个人、社会和地区的(特别是气候)差异。

食品部分是根据当前价格计算的满足最低营养需要的食品篮子的成本,非食品部分是根据 1992 ~ 1999 年非食品占食品的比例计算的。

2000 年的贫困线主要有三个变化:(1)修改了食品篮子;(2)非食品篮子是根据最低生存需要的基本的非食品、服务支出而计算的标准成本;(3)最低生存需要考虑 89 个项目。

2013 年 1 月 1 日俄罗斯联邦政府修改了联邦政府最低生活保障法(№233 - Ф3),俄罗斯联邦及联邦主体引入新的规则来确定消费篮子和最低生活标准。在消费篮子中包括了维持人类健康和保障其生活能力的最低食品、非食品和服务的需求及其在食品中的百分比。根据新法律,消费篮子增加了占食品价值 50% 的非食品类的商品和服务。

最低生活费用是用于满足低收入家庭预算支出中包括食品、非食品类商品和服务、税收等方面的支出。最低生活费用是衡量低收入家庭维持最低可接受的生活水平所需的商品和服务方面的支出最重要的衡量标准。居民最低生活保障标准实际上是政府救助标准。根据俄罗斯学者的计算,2000 年至 2004 年的最低生活保障标准比 1992 年按旧方法计算的标准高 15%。由于最低生活标准提高,导致贫困人口下降,见表 8.1。

这些数据显示,在 1992 ~ 2012 年期间贫困线以下的平均人口数量为 27.83 百万,从 2001 年开始贫困人口持续下降,2012 年贫困人口的数量已经降低到历史最低点。贫困人口下降是 2012 年失业率降低、工资和政府转移支付增加以及食品价格上涨缓慢的结果。

---

① См. Ravallion M., Chen Sh. and Sangraula P., 2008, "Dollar a Day Revisited," Policy Research Working Paper 4620, Washington DC, World Bank.

表 8.1 贫困人口数量和现金收入赤字

	低于最低生活标准的人数2)		现金收入赤字2)	
	百万	占总人口的百分比	十亿卢布3)	居民现金收入占总收入的比例
1992	49.3	33.5	0.4	6.2
1993	46.1	31.3	4.3	5.4
1994	32.9	22.4	11.1	3.1
1995	36.5	24.8	34.9	3.9
1996	32.5	22.1	42.8	3.2
1997	30.5	20.8	46.2	2.8
1998	34.3	23.4	61.5	3.5
1999	41.6	28.4	141.3	4.9
2000	42.3	29.0	199.2	5.0
2001	40.0	27.5	238.6	4.5
2002	35.6	24.6	250.5	3.7
2003	29.3	20.3	235.3	2.6
2004	25.2	17.6	225.7	2.1
2005	25.4	17.8	288.7	2.1
2006	21.6	15.2	277.1	1.6
2007	18.8	13.3	272.1	1.3
2008	19.0	13.4	326.7	1.3
2009	18.4	13.0	354.8	1.2
2010	17.7	12.5	375.0	1.2
2011	17.9	12.7	424.1	1.2
20121)	15.6	11.0	376.6	1.0

1)初步数据；

2)2003～2009 年的指标是按 2010 年人口普查结果计算的，2010～2011 年是修正的数据；

3)10 亿卢布(1995 年百万亿卢布)。

资料来源：http://www.gks.ru/free doc/new site/population/urov/urov 51g. htm.

但是，处于工作年龄又不从事经济活动的人口在穷人中所占的比例越来越大。贫穷代际再生产的同时创造了特定的亚文化贫困。2009 年，没有从事经济活动的人口 630 万人，其中适龄但是没有工作意愿的人口是 590 万 。这个问题主要影响 20～24 岁男性以及超过 50 岁的公民，大约占总人口的 3%，不包括无家可归的人和不断增长的非法移民等。这种趋势的发展导致转移支付获得者和收入最底层的人口比例不断增加。

居民生活水平的下降还在于最低工资率低于最低生活标准，包括失业残疾人，和从事低薪工作的群体。

因此,降低贫困线以下的人口比例一直是政府改革的一项任务之一,2009 年这一比例下降到 17.8%。2002 ~ 2009 年期间,最低工资结构用于食品和非食品以外的服务支出提高。这是由于服务支出增加,包括住宅公共事业和公共交通服务。在 2009 年最低工资结构中,食品支出占 43%,而在 2005 年为 51.6%,非食品类产品分别为 20.7% 和 24.9%,服务性支出为 30.5% 和 17.5%。

依据俄罗斯联邦政府"关于 2013 年第 1 季度整个俄罗斯联邦的主要社会群体的人均最低生活保障水平"(№545 第 2 款),以及俄罗斯联邦国家统计局的"整个俄罗斯联邦的人口和贫困人口的数量及其与货币收入"的规划,2013 年第一季度整个俄罗斯联邦按人均收入计算的最低生活费用也提高了。

按照新的最低生活保障规则,2013 年第一季度在最低生活标准中提高了人类健康和生命安全的比例。按照此前的规则计算的最低生活费用提高了 2.9%,养老金增加了约 7.6%,儿童约提高了 3.6%,劳动人口增加约 2.2%。与 2013 年第四季度比较,贫困人口的最低生活费用增加,其中劳动年龄人口为 3.8%,儿童 5.0%,养老金领取者为 3.7% 。

俄罗斯统计局对贫困人口的统计过渡到一个新的规则。按照新的规则估计,收入低于最低生活标准的人口在整个俄罗斯联邦的总人口的比例小幅度上升,2012 年第一季度为 13.5%,2013 年第一季度为 13.8%。考虑到最低生活费用过渡到新的规则,俄罗斯统计局估计了 2012 年贫困人口的数量,2013 年第一季度与上年同期相比下降了 8.0%。

贫困人口所占的份额在增加。这首先反映在有孩子的家庭和工人之中。未满 16 岁孩子的家庭占 35%,其中,穷人的权重是 55%,最穷的达 66%(拥有不足一半的最低生活费用)。贫困家庭中的儿童过于集中将导致未来人口素质的下降。

尽管最低工资标准大幅增加,仍有约三分之一的工人的工资收入低于最低生活标准的 150% 倍,其中中型企业和小型企业就业的工人、未登记就业的 24%。此外,每 5 个工人获得的工资低于最低生活标准,这意味着家庭的贫困风险高出其他人的 12.2 倍。

人均最低生活费用变化的百分比从 2000 年的 188.5%,提高到 2015 年的 314.1%,其中养老金领取者的最低生活费用出现增长的趋势,从 2000 年每月 1208 卢布提高到 2012 年的 5123 卢布,见表 8.2。

表 8.2 俄罗斯联邦人均最低生活费的变化

单位:卢布/月

	总人口	劳动年龄人口	退休人员	儿童
2012				
一季度	6 307	6 827	4 963	6 070
二季度	6 385	6 913	5 020	6 146
三季度	6 643	7 191	5 229	6 387
四季度	6 705	7 263	5 281	6 432
2013				
一季度	7 095	7 633	5 828	6 859

资料来源:C 2013 г. изменен порядок расчета величины прожиточного минимума на основании Федерального закона от 3 декабря 2012г. № 233 – ФЗ "О внесении изменений в Федеральный закон"О прожиточном минимуме в Российской Федерации".

在同一时期,地区的生活水平和最低生活费用呈现了巨大差异。从区域上看,他们均匀分散在城市和农村地区之间,虽然是一种趋势,但是缓慢地向城市转移,特别是大城市。也就是说,在大城市形成了巨大的城市底层,这种城市底层在苏联是不存在的。长期贫困限制了该阶层未来扩大再生产的基础,长期贫困人口将达到国家总人口的7~10%。不断产生的贫困抵消了经济增长和社会福利制度的影响,而为了减少它,还需要更加复杂和昂贵的社会技术。最令人不安的是,传统的社会政策(特别是养老金)尽管使长期贫困得到统计上的改变,但也无助于消除社会紧张气氛。

不仅如此,贫困人口的地区分布不均的问题也很严峻。在乌斯季奥尔登斯基自治区贫困人口占83%,印古什占78%,在伊万诺夫州和卡尔梅克自治区,陷于绝境的贫困人口超过一半。在俄罗斯,有8个地区表现得较为严重。首都莫斯科的生活水平在俄罗斯连第二位都排不上,较低生活水平的居民占17.1%。最好的地区是亚马尔—涅涅茨自治区。贫困人口数量在俄罗斯各地区差距达到11.2倍。

按照常识说法,最贫困的人往往生活在最偏远地区。但是,俄罗斯并不完全如此,例如涅涅茨自治区人均国民生产总值为29 000美元,在俄罗斯处于领先地位,相当于德国的经济水平。在楚科奇自治区,为19 000美元。丰富的自然资源可以给这些地区的居民提供高水平的生活保障,人均国民生产总值使这些地区的公民有机会成为富人。但不是所有地区都能达到这种水平,国家资源还要再次分配。因此,出现了资源丰富且有保障地区的居民生活并不好的现象。

俄罗斯典型的社会现象是在职贫困人口的存在,这表明劳动市场的参与并不能提供舒适的生存空间,同时还降低了劳动者的工作激励并扩大了区域的长期贫困。

二、收入不平等

自20世纪90年代以来，俄罗斯社会不平等程度明显地增加了，这不仅影响社会和心理状态，也会对国家经济和人口发展产生严重不良后果。不平等的主要衡量指标是基尼系数（不平等指数），反映了人口中最富裕的10%（或20%）和最穷的10%（或20%）的平均收入的倍数。应该指出的是，在计算不平等指数时，并没有考虑人口的影子收入，据估计影子收入占总收入的30－40%。在向市场经济转型的所有国家，包括俄罗斯，收入分配不平等往往伴随着收入分化的急剧增长①。

收入不平等的分化速度高于实际的货币收入增长和国内生产总值的增长速度。图8.1反映1991～2010年俄罗斯的国内生产总值、实际收入和基尼系数的动态变化。居民福利水平的收入不平等是所有国家的特点，但是它有很强的变异程度。作为社会分工分化的客观结果，较低的人口收入分化程度有助于提高生产力，可以激励个人产生更高的业绩和成就。

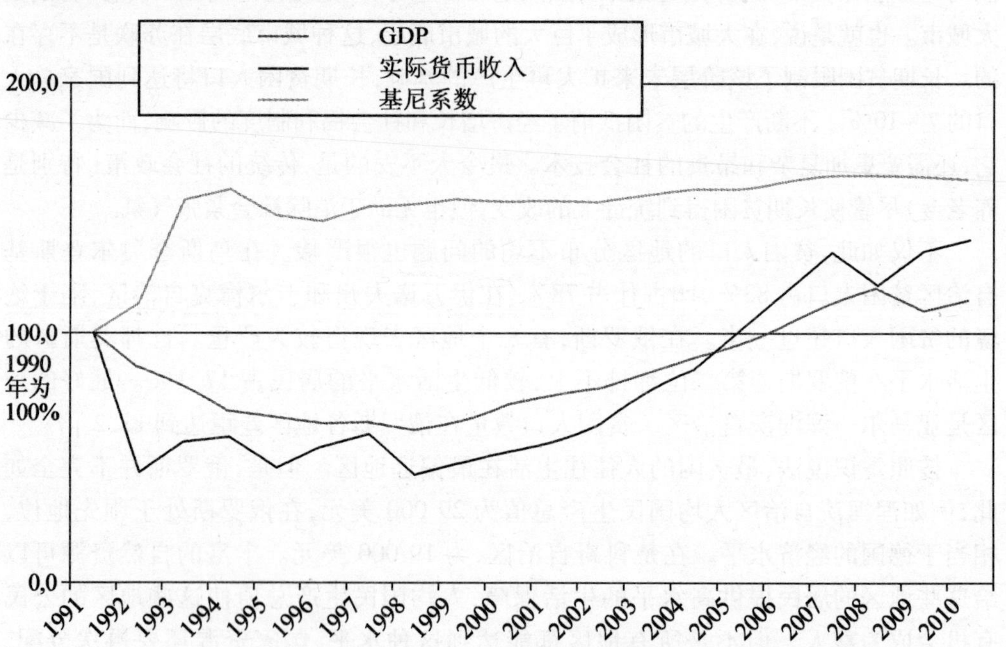

图8.1　1991～2010年俄罗斯的国内生产总值、实际收入和基尼系数的变化

---

① 资料来源：俄罗斯联邦国家统计局（Рассчитано по данным Росстата）。

大多数居民意识到收入的不平等取决于自身的努力,取决于改善自己处境的必要性和可能性。研究者认为,当不平等系数不超过10位数时,这种较低水平的社会不平等将刺激社会力量的建设性努力。

贫困阶层和富裕阶层的人口之间的收入差距发生了很大变化①。这些变化反映在基尼系数(收入集中指数)的变化上。从不同时期来看,伴随着经济增长,俄罗斯的居民收入差距不断扩大。1991 年之前,俄罗斯的收入分配相对比较平均,基尼系数低于0.3,如1990 年为0.24。但是,在建立以私有制为基础的市场经济体制的过程中,俄罗斯个人收入不平等显著提高,基尼系数总体趋势在上升,这表现居民人均货币收入不平等在的提高。在俄罗斯私有化、自由化的早期阶段,随着经济增长,收入差距也在拉大,见表8.3。

表8.3　居民总货币收入的分布

	1970	1980	1990	1995	1997	1999	2003	2005	2007	2009	2011	2012[1)]
总收入[2)3)](%)	100	100	100	100	100	100	100	100	100	100	100	100
第一组	7.8	10.1	9.8	6.1	5.9	6	5.5	5.4	5.1	5.2	5.2	5.2
第二组	14.8	14.8	14.9	10.8	10.5	10.5	10.3	10.1	9.8	9.8	9.9	9.8
第三组	18.0	18.6	18.8	15.2	15.3	14.8	15.3	15.1	14.8	14.8	14.9	14.9
第四组	22.6	23.1	23.8	21.6	22.2	21.1	22.7	22.7	22.5	22.5	22.6	22.5
第五组	36.8	33.4	32.7	46.3	46.1	47.6	46.2	46.7	47.8	47.7	47.4	47.6
不平等指数[3)]	...	...	...	13.5	13.6	14.1	14.5	15.2	16.7	16.6	16.2	16.4
基尼系数[3)]	...	...	...	0.387	0.39	0.4	0.403	0.409	0.422	0.421	0.417	0.420

1)初始数据;

2)1970－1990 年总收入(包括居民私有经济创造的净产品价值);

3)2003－2009 年的指标是按2010 年人口普查结果计算,2010－2011 年是修正的数据。

虽然在2004～2011 年期间,俄罗斯人均货币收入增长显著,即从2004 年12 月的3 337.2 卢布上升至2011 年12 月的15 880 卢布。但是,这种增长并没有伴随着人口的收入增长实现更加公平的财富分配结构的重大变化。这进一步证明,尽管经济增长在放缓,但是基尼系数在2008 年达到了0.406,2012 年达到0.420,2015 年下降到0.41。当然,积极的方面在于这些指标的增长有所放缓,但收入两极分化的趋势仍远未解决。

① http://www.gks.ru/free doc/new site/population/urov/urov 32g.htm.

在联解体之前,最高和最低收入的比例是1:4,这一指标与发达国家相似,如日本是1:4.3,瑞典是1:4.6;但是,俄罗斯自1992年居民收入水平在社会不同群体及地区中出现明显的分化之后,最富的20%人口的人均收入为最穷的20%人口的人均收入从1992年8倍上升到2015年大约15.6倍。而同期瑞典为1:7.7,墨西哥为1:14.5。

最富有的20%人口的收入占总收入的比例从1990年的不足三分之一上升到2012年的47.6 %,较富有的20%人口的收入几乎保持不变,而其他60%人口的收入明显恶化。近20年最贫穷的人口收入占总收入的份额减少了近一半,较贫穷的人口收入从14.9%下降到9.8%。上述数据表明,俄罗斯伴随着经济增长也出现了严重的不平等。

收入不平等不仅反映在个人之间,而且还反映在要素收入的不平等。劳动者的工资总额占GDP的比例,是衡量国民收入初次分配公平与否的重要指标。20世纪中后期劳动收入份额出现了全球性下降的特征。2000年工业化国家的平均劳动收入份额是52%。新兴市场国家如中国的劳动收入份额尽管已经下降,但是2007年仍然达到52.9%。

1991~2011年,俄罗斯国民收入初次分配中劳动收入份额从34.9%上升至35.7%。其中,2009年最高,为37.9%,2000年最低,为29.1%。劳动收入在国民收入初次分配中占比过低,表明劳动所有者和资本所有者的收入差距较大,从而功能性收入分配失衡也表现为规模性收入分配的不均。

表8.4　俄罗斯居民的收入结构(%)

年份	1998	2000	2002	2004	2006	2007	2008	2009
现金收入总额	100	100	100	100	100	100	100	100
其中包括:								
赔偿金	74.1*	73.6	62.8	38.7*	62.8	65.8	63.9	63.2
社会转移	14.7	14.3	13.1	14.1	13.8	15.2	14.1	13.8
财产性收入	2.5	1.0	6.5	5.9	6.8	5.2	7.8	9.1
商业收入	3.8	8.4	16.4	14.8	15.4	11.9	12.0	11.7
其他收入	4.9	2.7	1.2	26.5	1.2	1.9	2.2	2.2

*不含隐性工资

表8.4中的数据反映了居民收入来源结构发生的变化。一方面,工资收入百分比下降,财产收入和商业活动收入增加,尤其是财产性收入从2002年的1%,上升

到2010年9.1%，商业活动的收入发生了复杂的变化。商业活动的收入份额逐渐提高，到2006年开始出现了稳定的趋势，而转移支付实际上没有变化。

俄罗斯在向市场经济过渡中，居民的收入和生活水平出现了一系列的变化。首先，隐性货币收入的百分比显著上升。这些工资成本是所有货币收入的24~25%，并且持续整个转型阶段。合法的劳动收入比1990年降低了52%，从74.1%下降到38.7%。隐性和部分收入的下降来自于商业活动，大量的隐性现金收入不仅导致预算损失，也对社会保障制度的建立和社会的可持续发展产生了破坏性作用。

社会收入的不平等也反映在支出的分化上。2005年初，最富有的10%社会成员的消费水平和食品的成本是最贫困地区10%的社会成员的8倍和5倍。到2006年，这些比例分别是10倍和6倍，2007年又增加到12倍和7倍。特别明显的差距是公共服务的消费支出，最贫困10%的居民的教育支出仅占所有支出的0.6%，医疗保健支出为0.9%，健康和休闲活动方面的支出为0.2%。

因此，俄罗斯经济发展的结果，形成了不同收入阶层消费品需求水平的差异性特征。从长远看，这种收入分配模式违背了社会稳定、发达国家的收入分配及全球趋势。在改革的第二阶段，俄罗斯的经济面临着一项艰巨的任务，即使社会的收入分配发生重大变化，同时增加居民的人均现金收入量。

俄罗斯通过引入个人统一收入税使隐性收入合法化，并使其有所下降。根据俄罗斯联邦经济发展和贸易委员会统计，居民货币支出的主要部分占需求支出的比例在下降，从2002年的77.7%下降到2011年的68.5%。在这种情况下购买商品支付的份额稳步下降（从62%到54.4%），与此相反，用于服务方面的支出反而增加，从14.9%上升18.8%。应该指出的是，2012年居民现金支出中消费支出下降的趋势已明显改变，与2011年相比，2012年从68.5%增加至69.3%，并且出现了储蓄增加的倾向，储蓄存款和债券在最近几年逐渐占据更大的支出份额，2007年和2008年分别是3.7%和5.7%。上述变化有利于创建一个更加平衡的家庭支出结构。

收入分化还表现为区域差异，这取决于区域的自然地理位置和社会人口特征，并且具有行业收入分配差距的特点。也就是说，不同地区不同经济部门之间的收入差距也持续拉大，特别是石油能源部门、金融部门的职工收入远远高于其他部门的职工收入。

在83个联邦主体中,2005年基尼系数超过国际警戒线(0.4)的地区有6个,2012年已经提高到35个地区。2009年,莫斯科和圣彼得堡的月人均收入分别为31 517.3和23 297.6卢布,超过平均水平。对这种情况的一种解释是,这两个地区集中了国家金融和信贷机构的活动中心和企业结构中较高或超高收入的主体部分。与此同时,在莫斯科收入分化的基尼系数最高,人口的最高和最低收入对比更加明显。石油和天然气产地具有高收入特征,如秋明地区人均月收入32 283.7卢布;北方地区,如萨哈共和国为25 706.8卢布;对外商投资(包括跨境贸易)活跃的地区,如摩尔曼斯克的收入为24 735.4卢布,哈巴罗夫斯克边疆区为23 721.4卢布,萨哈林地区为33 480.6卢布①。这些地区丰富的自然资源为该地区的居民提供了高水平的生活保障,使这里的居民有机会成为富翁。

绝大多数俄罗斯地区的人均收入为16 838.3卢布。收入最低的一组是农业和低收入的轻工和食品工业部门,也是失业率高的家庭。其中包括:伊万诺沃区域(11 146.3卢布),卡尔梅克共和国(8 431卢布),卡巴尔达-巴尔卡尔共和国(11 833.9卢布),卡拉恰伊-巴尔卡尔共和国(11 852.8卢布),马里埃尔共和国(11 367.2卢布),楚瓦什共和国(11 262.5卢布),莫尔多瓦共和国(11 545.8卢布),阿勒泰(11 437.4卢布)。在一些地区人均收入最低的是孩子多的家庭占有相当大的比例②。2009年,在行业之间具有相似或相同工作岗位的平均工资差距是3.2倍。工资差异降低或完全封闭了社会的流动性。

此外,收入的不平等也存在性别差异。在俄罗斯,妇女的平均工资比男性低。越是地位较高的工作,妇女就业的比例就越小。总体上来说,更多的妇女受雇于较低的工资行业中,主要是社会领域、轻工和食品工业及农业部门,这里集中了工资低于平均收入不到三分之一的男性和超过半数的妇女。其结果是,低于三分之一的男性和超过半数的妇女获得低于平均工资的水平。

---

① Глоссарий. ру. Данканич。С. А. Неравенстводоходовнаселения: видыипоследствия/Проблемы современнойэкономики, N3(39), 2011. www. rabotatam. ru, www. osvic. ru.

② www. rabotatam. ru, www. osvic. ru.

8.2 贫困和不平等的原因及后果

1998 年诺贝尔经济学奖获得者阿玛蒂亚·森认为,贫困的真正含义是贫困人口创造收入能力和机会的贫困;贫困意味着贫困人口缺少获取和享有正常生活的能力。也就是说,贫困不仅只是经济概念,更是基本的公民权利和能力,其实质是一种权利和能力的贫困。或者说,贫困不是单纯由于低收入造成的,很大程度上是因为基本能力缺失造成的。俄罗斯的收入不平等和贫困是与高额医疗、养老、教育、住房等民生支出相对应的,对应着公民获得健康权、养老权、教育权、居住权等能力的缺失。

影响一个国家不同群体收入不平等的因素有很多,如社会、经济、人口、政策和心理等因素。经济发展引起收入不平等,甚至出现了收入两极分化的趋势,这是一个市场经济国家必然经历的客观经济现象。可以说,在俄罗斯这些因素共同作用造成了目前的收入分配状况。

一、收入分化与工资不平等

从宏观层面来看,收入的分化体现在工资的不平等上。因为,在收入结构中,工资是主要的现金收入来源。在市场经济中收入分化是社会经济分化的不可避免的原因,客观上工资的差异使商业活动中的特定阶层获得了优先发展的特权,并且获得更高的收入。在俄罗斯改革初级阶段,不平等的特征主要表现为收入两极分化这种严重的形势,并且这种分化伴随着经济转轨的整个过程。

在市场经济中不同经济主体运用自身的资源禀赋,从经济活动或非经济活动中谋取自身利益最大化。而这一行为导致市场化收益在不同主体之间的分配出现偏差,即所谓的贫富差距扩大。在这个过程中绝大部分富豪或者投资者成为富翁,他们发现了国有资产的价值,并且用低廉的价格购买国有资产,从而在一夜之间获得巨额收益。

这种不平等是现有的部门内部和部门间收入分化的结果。行业间的工资差异是由于行业间基于不同的经济价值以及产品的竞争力而使收入状况产生差异。在最高工资行业中的工资水平超过经济中的平均工资至少 1.2 倍。高工资行业包括金融、采矿、基础设施、基建行业和政府管理部门,居于平均工资水平的行业包括制造业和建筑业,低于平均工资水平的行业包括预算部门、贸易、公益性餐饮、酒店和餐饮业。

工资不平等不仅表现在具体部门之间,也反映在部门内部。在金融危机前,工资分化程度是最高工资超过最低工资的25倍。其中,三种经济活动类型都是与服务部门相关的金融业、贸易和公共餐饮业以及为个人和社会提供服务的部门。高工资部门的工资快速度增长伴随着不平等的增长。收入分化的提高促进了财产和企业活动的收入增加,约占居民总收入的20%,而其中大量集中于5%的居民手里。

法定最低工资(MPOT)管制是根据对工资调节,以及临时无劳动能力社会成员福利的大小确定的。俄罗斯联邦劳动法规定,最低工资标准的设置适用于整个俄罗斯联邦领土的联邦法律,并不得低于最低生活标准,不应超出公职人员的社会性开支增长。

据俄罗斯统计局资料显示,从2000年开始最低工资增长了近35倍(2012年)、39.43倍(2012年)。但在2012年第1季度,占居民总数的13.5%居民的收入低于最低生活标准,见图8.2。2012年,最低工资标准是最低生活费用的67%,2013年增长后占76%。2013年俄罗斯最低工资标准为5 205卢布,而2013年最低生活标准为7 911卢布。最低工资与最低生活标准关联较大,不利于提高低收入公民的福利水平。俄罗斯政府已经批准从2014年1月1日起,将最低工资标准调高至5 554卢布。俄罗斯劳动与社会保障部希望今后通过提高最低工资标准,逐渐缩小其与最低生活费标准之间的差距。

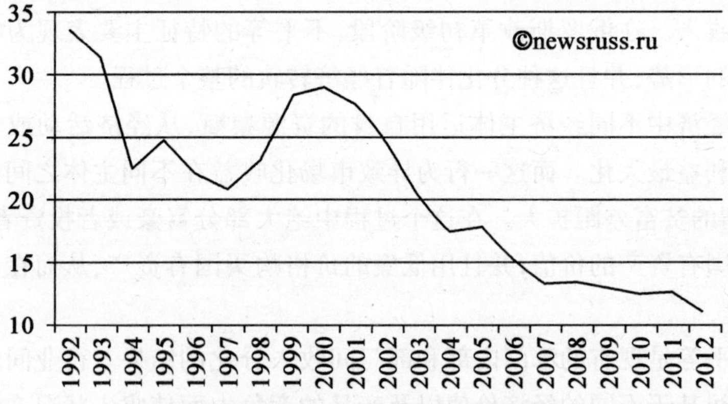

图8.2 1992~2012年居民货币收入低于最低生活标准的人口占总人口的比例

二、弱再分配机制

从整体上看，俄罗斯高度的不平等是与弱再分配机制相关的，主要包括税收政策和社会政策。第一，缩减工资40%的税收；第二，所得税的比例税率；第三，财产税收入以及转移支付政策等。然而，不平等的根源是低薪就业和正规经济部门缺乏工作岗位。

1. 个人所得税

所得税作为最影响公民物质福利的重要措施在多次的改革中发生了很大的变化。这些变化强调个人所得税的课征必须实现国家和公民之间的利益平衡。依照税法规定，个人所得税税率为13%。这是一种平税制，即单一税率，通过大幅度降低个税税率，同时降低个税的累进幅度，用一个比较平、比较低的税率来征税。这种税制相对简化易行，节约社会成本和政治成本。对于富人和穷人来说，关于这个均衡税率在经济学家中是最有争议的问题。经济学家认为，平税率是最有效的，因为税法保障纳税人的平等而不依赖其社会和经济地位，以及有助于规范非正规经济中的部分收入。

现行个人所得税（НДФЛ）制度的法定扣除不利于穷人。俄罗斯对最低工资收取保险费，其中一部分是10%养老保险费，这是共同负担的一种税收形式，其规模在经济合作与发展组织成员中非常高的。与此同时，对超过一定金额的贡献不课税。这种情况导致非法就业的蔓延，低成本的劳动移民，降低了贫困人口领取养老金的权利，降低了最穷的穷人的工资水平，扩大了法定工资的分化，阻碍了经济增长速度。此外，2011年提高保险费又导致居民住房补贴的提高和预算支出增长。俄罗斯的情况可以说是个人所得税实施扁平税率的结果。现行的税收政策不利于缩小收入分配差距和减少贫困。

2. 社会政策支出

在俄罗斯，社会政策方面的预算支出分类包括基本养老保险、社会福利、儿童家庭的福利支出等。图8.3反映了这种社会政策与贫困水平之间的关系。

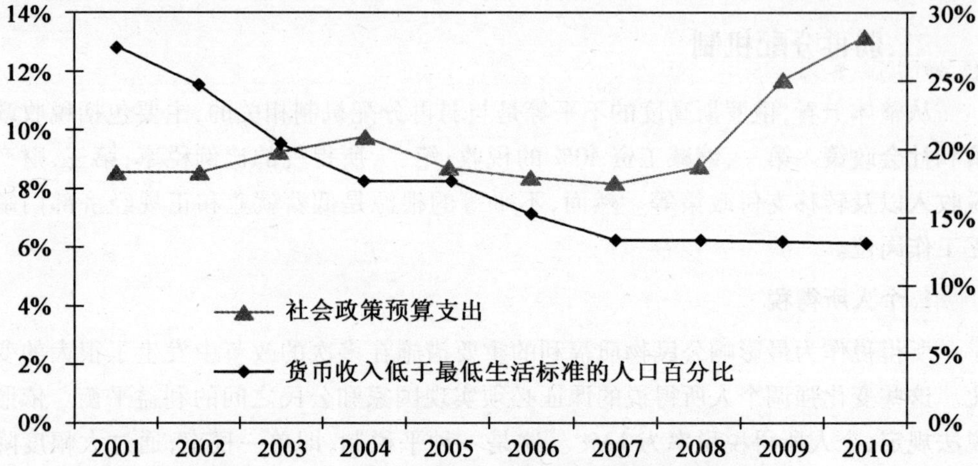

图 8.3 2001~2010 年社会政策支出和俄罗斯的贫困水平

根据统计数据显示,2000 年至 2008 年期间社会支出占国内生产总值的比例是 8~9%,2010 年比 2008 年增加了 4.4%。因此,2010 年在居民的收入结构中社会转移支出的份额为 18%,已经达到了历史最高水平即[①]。如果不考虑隐藏的工资税,转移支出的份额达到 23.4%。这些变化说明了俄罗斯的福利制度是不稳定的。

值得注意,家庭现金收入短缺不足国内生产总值的 1%。也就是说,如果社会政策支出只是用于援助最贫困的人口,绝对贫困人口可能减少 4 倍[②]。

俄罗斯的资源分配是以公民归属哪一类而不是以需求为基础的,在这种情况下社会支出政策的增加是导致绝对贫困不能相应地减少的主要原因。在这里,转移支付的计算方法产生的问题比较严重,其后果是福利金领取者主要集中在中等收入群体,社会政策的主要受益者是贫困家庭孩子集中的退休人员。一些以需求为基础的社会援助方案不足福利和社会救助总支出的 5%。即使在三个关键的社会福利项目,如住房补贴,每月儿童津贴,对低收入家庭和个人的定期和一次性援助也不能为穷人提供足够的帮助。

对受助人的某些贫困类型的针对性优惠范围从 36%(住房补贴)到 45%(每月每名儿童津贴);大约一半的穷人没有获得有针对性的社会援助;获得者的收入对专项补助的贡献不足 9.5%。

---

① 国家统计局,俄罗斯联邦财政部. Росстат России, Федеральное казначейство.

② Стратегия - 2020: Новая модель роста - новая социальная политика, 207.

从政府预算角度来看,社会服务的预算资金不足是贫困和不平等的重要原因。在2010年,俄罗斯公共教育支出占国内生产总值的4.7%,在医疗保健方面的支出远远低于西欧国家。例如,2010年英国教育支出是GDP的6.4%,医疗保健支出为7.9%;在德国分别为5.7%和8.6%,法国则是6.8%和7.9%[①]。

在过渡经济的早期,高等教育因素对不平等的贡献率并不高,1992年不到2%;在20世纪90年代中期,教育对不平等的贡献份额开始增加,1998年到2000年出现了一个明显的跳跃[②]。2000上半年的贡献份额在7~8%之间波动,2003~2004年同时降低到6%,2006~2007年达到10%。教育对不平等的影响胜于其他因素,随着2008年危机的发生,其影响下降至6~7%,而2010年的数据又恢复了较高的权重。

教育、就业水平对贫困与不平等影响的权重是与家庭的居住地区相关联的。20世纪中期到21世纪初期,就业的贡献权重的平均水平为5%,2003年该因素的贡献权重达到最高水平(7.2%),2004年之后其影响降低,在2008~2010年接近4%。就业也是影响贫困与不平等的重要原因。

伴随俄罗斯的经济转型,国家的工资管制放松,使工资在GDP中所占份额显著下降,从1990年的38%下降到2010年的24%。根据研究人员的估计,近几年来(2005~2010),在区域层面10%最富裕的居民的收入增长速度高于人均GNP增长速度,10%最穷的居民的收入低于人均GNP增长速度近20倍。欧盟成员国净收入和转移支付往往有利于工人,平均而言超过国内生产总值51%,而在美国稳定在59%。苏联这一比例接近欧盟的平均水平,在俄罗斯是很低的。从整体上应该说,俄罗斯的贫困模式也是就业和工资水平低的结果。

用区域因素解释总体不平等程度具有很强的解释力,1992年为9%,20世纪90年代下半年出现明显的跳跃,上升到15%。从人均支出率指标来看,区域因素的影响实际上要高得多。21世纪初区域差异的影响开始下降,并在2002年下降至12%。从总体来看,1992~2010年,除了年龄结构,其他因素对不平等的影响日益增加。其中,增长率最高的是教育水平因素,其影响程度增加了近5倍,而危机期间即2008~2010年达到7倍。

---

① Роик, В. П Бедность: причины, следствия, пути преодоления. В. Роик. Человек и труд. 2010. № 1. с. 17 – 21.

② http://lib. convdocs. org/docs/index – 78671. html? page = 2.

另一方面,俄罗斯影响家庭支出水平差异的重要因素还有其他地区差距。例如,俄罗斯收入和不同区域之间的价格差异可达14倍。在贫困线以下,每个地区低收入群体拥有的生活成本导致的地区生活成本差异很大。在不同的地区,高度区域分化的原因有很多。如某些商品和服务在不同地区的生活和消费的成本差异;区域的社会经济发展差异;国内市场和区域劳动力市场的状况;商业环境和市场基础设施;区域内产业和出口导致的投资吸引力和竞争力等。

因此,基于1992~2010年横截面数据对不平等影响的分解,家庭居住区域和教育对不平等的影响权重是至关重要的。因为它影响社会调控政策选择和经济分化的结果。在俄罗斯教育权重的增加是一个积极的趋势。与此同时,作为不平等因素即稳定的地区间差异对经济发展产生了消极影响,这是一种社会风险,其增长最终阻碍了经济增长和人类发展的潜力。上述结果表明不平等因素分解对解释1992~2010年整体支出分配中的不平等是很重要的因素。

三、经济发展阶段与收入分化

贫困和不平等形成的原因是由一个国家在特定阶段政治、经济、社会、文化和心理等因素共同作用的结果。但是从本质上,源于生产和生产力的总体水平和劳动力市场结构与劳动过程等因素。进入劳动力市场而形成的不平等被视为贫穷的一部分,也是社会和经济发展过程中的一部分。

劳动力市场的分化和不平等是造成分化的主要方式,是贫困的整体水平的重要决定因素。从广义上讲,反映在劳动力市场上普遍的贫困是低薪就业和不稳定的失业因素。

从国家控制向市场经济转轨过程中,俄罗斯居民收入的形成和保障全体居民的福利制度不可避免地造成收入的巨大变化。这些伴随着产量下降的变化,破坏了传统的经济联系和国家财产私有化[①]。不仅如此,贫困与不平等是一种危险的社会现象,会导致不良的社会和经济后果。

对20世纪末20个大国收入不平等的评估充分说明了不平等和贫困对经济发展阶段的依赖。在20个大国中,基尼系数在0.300的国家是高福利国家中的富国,

① А. В. Сидоровича. урс экономической теории: учебное пособие . Под ред. М.: Издательство ? Дело и сервис?, 2007. с. 1040.

如法国、德国、日本、韩国和加拿大。不平等国家的基尼系数在0.320~0.380之间，是弱福利国家中的富国，包括意大利、澳大利亚、英国和美国，以及三个发展中国家即印度、土耳其和印度尼西亚。俄罗斯的基尼系数在0.4以上，是该组中收入不平等程度最高的国家。

不平等的增加也是一个全球化的负面影响的结果。在过去的20年里，收入不平等几乎在所有的国家都已经提高，包括富有的国家。但是，俄罗斯明显处于领先地位[①]。市场化改革阶段之前，俄罗斯初始的不平等水平低于欧洲富裕国家。从20个大国收入分配差距的比较来看，巴西和土耳其两个发展中国家在过去20年的收入不平等在下降。在过去的10年中，阿根廷、墨西哥和日本3个国家成功地减少了不平等。总体而言，不平等的国际比较表明，高水平的不平等和日益加剧的不平等是经济发展阶段的必然属性，并且不直接依赖国民财富的大小。

贫困与不平等是不好的社会现象，收入差距的提高会引起社会和政治的动荡，恶化社会投资环境，并且使更多的资源用于保护产权，从而降低具有生产性的资本积累。各种类型的收入不平等在某种程度上重叠，结合经济和金融资源所有权的差异，住房条件、教育、科学、文化、卫生和娱乐服务，使俄罗斯收入不平等的负面社会效应正在加剧。较高程度的不平等形成了俄罗斯人力资本的扩大再生产和经济增长提高的主要障碍，处于收入底层的社会群体有限的发展前景和绝望，加剧了社会的紧张。

8.3 俄罗斯收入政策

在收入方面的不平等是影响俄罗斯的人口健康，经济部门的发展，以及恐怖主义蔓延的全球性问题之一。俄罗斯联邦的很多法律规划和国家发展战略都充分注意到了这一点。如《2020年前俄罗斯联邦长期社会经济发展纲要》《2020年前俄罗斯联邦国家安全战略》《2020年战略：新的增长模式和新社会政策》。根据这些文件，降低经济分化是现代社会需要解决的主要问题之一。这些文件指出了人口贫困是一个真正威胁到国家安全的因素之一，它作为一种社会现象会导致社会退化和可持续的人口危机。

---

① Источник: рассчитано на основе данных F. Solt (2010) The Standardized World Income Inequality Database', version 3.1, December 2011.

与此同时，在这些文件中明确地指出降低居民收入水平的差距是国家长期政策的优先发展方向，促进生活质量的提高，保障国家安全，并且反映了社会政策降低收入水平差距的主要目标，见表8.5。

表8.5 俄罗斯社会政策克服不平等的主要目标

目标	2010年	2020年
减少绝对贫困	13.4%	6%～7%
减少相对贫困（或低收入人口）	22%	15%
增加中产阶级	–	超过50%
降低居民收入分化	16.8倍	12倍
与居民收入水平挂钩的社会福利支付	40%～50%	到2012年，70%－80%
国家社会计划中穷人的覆盖范围	60%	100%

可以看出，俄罗斯政府致力于促进经济增长的同时消除不平等和贫困。在这些文件中，社会政策的目标除了减少绝对贫困和相对贫困，还要增加中产阶级的收入。其中最重要的是降低不平等系数，即2020年前10%最富裕人口和10%最穷人口的平均收入之比计划减少12倍，而这一指标在2009～2010年期间是17倍。在这些国家规划中，明确提出了与社会经济分化进行斗争的各种措施。其中包括创造有效的就业岗位、提高工资、完善优质的教育和医疗服务、提高最低工资、养老金给付标准，税收制度的努力方向是均衡收入、降低区域差异等问题。具体来说，调节贫困和收入不平等的收入政策应该从以下几个方面入手。

1. 社会保障和公共服务体系

俄罗斯目前的收入分配状况是收入低于最低生活标准的人口的比例在减少，但不平等程度日益尖锐。处于工作年龄而又不从事经济活动的人口所占的比例越来越大，并且产生了贫困的代际再生产。在贫困人口中有孩子的家庭和工人的比重在增加。

由于传统领域的社会政策按分类原则分配援助资金，而不是基于需要，导致了成本上升，无法降低社会紧张程度。基于此，针对穷人的方案应该优先考虑社会保障体系。

对穷人救助计划的发展必须引进社会契约基础上的援助机制及信息审查机制。同时，在俄罗斯建立对低收入家庭和个人援助的联邦和地区各级政府的法律和组织框架。明确国家援助的重点,其实质在于使社会资源集中在不能独立摆脱危机处境而最需要帮助的社会群体。社会保障体系的设计应该有针对性地增加贫困家庭的儿童福利支出,提高个人所得税扣除标准,大幅度增加最低生活标准。现在个人所得税扣除是员工年生活成本的0.4%,对孩子每年生活费用的扣除是3%。总之,必须为养老金领取者和残疾人等最低福利水平的各类人口提供社会保险、社会救助、社会服务以避免其收入的损失。

2. 立法保障最低收入组的最低需求和消费

以减少社会两极分化为目标,为公民提供社会保障的范围和细目取决于消费篮子的更新和调整。俄罗斯联邦立法保障人类健康、寿命所必需的最低收入组的食品、商品和服务的最低限度。

按照国际通行的法则,贫困线是由两个基本要素构成,即最小需求和收入。最小需求反映的是社会公认的最低福利水平,收入是可使用的资源。在整个俄罗斯及联邦主体,确定无劳动能力的残疾人、老人、孩子这3个主要社会人口最低消费需求即消费篮子。在确定最低生活标准和消费篮子时要考虑气候条件、民族传统和符合相关主体的地方需求的特殊性。这些因素可以具体分解为测量单位、指标选择、家庭规模和结构、时间跨度、区域影响和价格指数。

3. 保障居民就业和公民的劳动权力

确定居民收入是就业政策的方向之一,其目的是创造条件保障居民有尊严的生活和个人自由发展,调节收入分配与增长,并且通过立法提供相应的社会支持。针对失业人口提供失业救济金、职业培训、参与公共工程机会的可能性;对无劳动能力的群体给予补贴、保险给付、职业康复;对残疾人提供就业配额制度、伤残抚恤金;对退休人员提供劳动和社会养老金。

总之,俄罗斯政府的社会经济政策旨在于调整并增加实际可支配收入的标准来提高居民的生活水平。完善居民收入政策的战略目标是增加工资,形成有效的再生产激励。工资不仅要满足当前需要的衣、食、住、行,还要满足每年的休假和储蓄。

4. 税收制度

当前,在俄罗斯实行的是2001年引入的扁平税率,抑制了“影子”活动和收入。然而,税制运行结果表明,该税并没有达到自愿收入合法化的预期结果和税收规模的明显增加。此外,税收的运作机制是人口的过度不平等和贫困的一个重要原因,因为这种个人所得税税率的调整在一定程度上更有利于最富裕的社会阶层。

为了减少收入分化,在俄罗斯需要确定反腐败的原则,明确国家和市政雇员的责任,包括提供关于财富和财产方面的收入信息。

建议增加个人所得税的税收减免以保障纳税人及其家庭的生活水平。这一改革是最公平和可行的。这将有助于降低贫富差距,保障和支持社会低收入阶层,促进社会经济的发展,以利于建立成功的市场经济国家。

5. 调节区域差距

俄罗斯联邦区域政策的目标之一就是减少不同区域居民的经济分化。区域经济政策的目的和任务是缩减地区的社会经济发展中严重的差异,分阶段创造条件巩固居民福利提高的经济基础。

目前,俄罗斯抑制人口分化的法律框架尚未形成。在官方层面,居民不平等作为最重要问题的解决方案是在 2009 ~ 2010 年文件中作为长期的国家政策优先考虑提出的。在该文件中概述了防止国家不平等的社会针对性政策目标。然而,实现这些目标的标准和传统(随着时间的推移是无效的)的优先措施,同时需要改革再分配关系的制度安排。

综上所述,通过对俄罗斯收入不平等与贫困的现状、原因及后果的分析可知,当前俄罗斯缺乏有效地调节居民收入水平的法律和经济机制。俄罗斯目前的税收制度是强财政收入功能和弱社会收入分配功能,不利于居民收入分配均等化,进而消除经济不平等,调节个人消费结构,帮助最脆弱居民阶层。我们可以得出以下的结论:

在任何一个国家,贫困问题都是社会经济成功发展的主要威胁之一。近年来发生在俄罗斯的经济改革,已经明显地改变了社会的收入分配状态,扩大了收入分配差距并且形成了极端富有和极度贫困的社会群体。

贫困导致非常消极的社会和经济后果。贫困虽然不能完全被消除,但是国际社会、各国政府仍然可以采取有效的措施减少贫困。为了解决这个问题,国家和公共组织除了实施有利于消除贫困的社会计划及缩小收入分配差距的社会政策,与此同时,还需要刺激国家中产阶级人数的增加。

分配关系领域的国家政策是俄罗斯最重要的不公正和不平等的根源。因此,完善收入政策的重要手段应该完善居民的财产收入的税收制度。

在税收领域，从根本上降低保险缴费率，以降低社会保险税的累退性。从长期来看要协调养老保险制度与个人所得税；增加最低生活保障费的个人所得税税前扣除标准；实施个人不动产税以应对收入不平等的制度安排。

从地区层面来看，加强联邦预算的管理与完善，通过收入均等计划，对重点贫困地区增加财政援助；形成全国统一市场，激励要素在地区间的流动。

扩大社会保障与社会福利方面的社会政策，对社会的残疾人，老年人，儿童等弱势群体给予有效的国家支持，如各种津贴，福利及其他财政方面的支持。并且为具有劳动能力的贫困人口创造就业机会。

从长远来看，提高人口消费食品或非食品的可用性及质量，提高人民生活水平和生活质量；促进人力资本的投资，支持人类潜能的发展。

改善最贫困阶层的人口获得高质量教育的机会，如增加助学贷款、对最低收入家庭儿童奖学金、创建高等学府以资助低收入家庭中优秀的儿童。

9　预算联邦制与财政激励

政府间财政竞争是分权效率假说的支柱之一，对该问题的讨论与财政分权理论具有共生性。公共选择研究范式认为，联邦制的竞争性是宪法约束下的有效竞争，是经济效率与对政治权力约束的经济和政治激励机制。随着俄罗斯政治、经济及市场分权的深入，政府间竞争也具有了内生性。但是宪法约束下财政制度选择导致了政府间财政竞争激励不足，制度内垂直竞争明显，非正式制度的水平竞争破坏了全国统一市场的形成。而缺少约束政府行为的退出和意愿表达机制，是政府间竞争陷入低效状态的关键。因此，要使政府间的竞争被有效激励，必须规范和调整增加退出和意愿表达的制度或政策选择。

9.1　一个公共选择的分析框架

政府间财政竞争是一柄双刃剑，如果激励得当，则能够提高资源的配置效率，否则可能扭曲地方政府官员的行为，从而降低公共产品或服务的供给质量。20 世纪 90 年代初开始的俄罗斯政治和财政分权引导了资源配置的市场化，政府间的财政关系也具有了竞争性特征。与此同时，产生了对于实践中的政府间财政竞争是否会导致资源低效配置问题的思考。

一、文献综述

从理论上说，政府间财政竞争是分权诉求效率的实现机制。蒂布特的突出贡献在于揭示了同级政府间竞争激励的有效性。Wilson(1988)曾经建立了资本自由流动与地方公共支出的模型，讨论了税收竞争的存在性。奥茨第一个重视并构建了一系列摸拟私人部门完全竞争的政府竞争模型对蒂布特模型进行了经验检验[①]。此后,Oatest 和 Schnob(1991)研究了在什么条件下政府间的水平竞争是提高效率的[②]。Wildasin(1998)从税收竞争和公共支出竞争的纳什均衡角度,研究了对资本税率的竞争可能会导致更高的公共支出。总体来说,早期的理论文献对政府间水平竞争的关注较多。

近期内,财政联邦主义理论的不断创新突破了传统理论的分析框架,促进了以财政分权激励机制问题的研究,其中有关政府间垂直竞争方面的理论文献也不断增加。钱颖一和罗兰德认为,内生性的竞争会强化地方政府的预算限制,并且改变地方政治官员的激励机制(1998)。而加藤主光的标准化静态模型则认为,在单一体制中,会产生地方政府竞争中央政府拨款的财政外部性。

与此同时,俄罗斯的联邦体系也为学术界提供了一个独一无二的研究案例[③]。经过 25 年由自发到理性选择的分权过程,俄罗斯政府间财政关系发生了很大的变化,已初步形成了比较稳定的政府间预算关系,但是,很多理论文献资料显示,俄罗斯财政分权的激励不足。

在几篇论文中,论述俄罗斯地方官员在处理与联邦中央和地方企业的关系方面的机会主义行为(叶卡捷琳娜·祖拉夫斯卡雅,2000;Andrei Shleifer and Daniel Treisman,2000)[④]。特别是 Shleifer and Treisman 对俄罗斯联邦制的运作做出了最复杂也最彻底的分析。主要结论是,地方政府和企业通过破坏联邦税收的征收和扭曲商业企业行为来对现存的预算联邦制度的激励做出反应。此外,Andrei Timofeev(2002)基于财政分权与政府间补贴角度,为研究俄罗斯财政分权和州县政府补贴企业倾向之间的关系提供一项理论和证据。

尽管普京执政以来,联邦政府开始了预算关系调节制度的改革,并且出台了大量的有关联邦制发展计划等法律和法规。但是,近期内很多文献的研究都认为,多

① Wallace E. Oates, On Local Finance and the Tiebout Model, American Economic Review, 1981.

② Oates, Wallace E. and Robert M. Schwab, The Allocative andDistributive Implications of Local Fiscal Competitio. in Competition Among States and Local Governments. D. Kenyon and JKincaid eds. Washington, DC: Urban Institute, 1991.

③ 康斯坦丁·绍宁. 地方保护主义. 选自吴敬琏主编. 比较. 中信出版社,2003。

④ EkaterinaV. Zhuravskaya(2000): incentives to Provide local public goods: fiscal federalism Russian style, Journal of Public Economics 76(2000) pp: 337 – 368; Andrei Shleifer, Daniel Treisman. Political Tactics and Economic Reform in Russia. Massachusetts: The MIT Press, 2000.

级政府间垂直财政竞争对地方政府的预算约束的弱激励[①]。上述观点丰富了分权体制下财政竞争的研究,但是,为什么制度的设计会对政府的行为产生相反激励这些问题的思考仍然不充分。在一个分权体制下,什么样的政府间财政竞争框架才是有效的?本章基于公共选择理论基础提出了竞争性联邦制分析框架,并将这一框架应用于对俄罗斯的分析,考察俄罗斯政府间财政竞争状况,以及现行的制度安排如何激励了地方政府的财政选择。

二、竞争性联邦制:以效率与对政治权力控制之间的权衡

在政府间财政竞争的理论中存在两种研究范式和不同的政策主张。基于福利经济学的新古典主义范式强调,地方政府不协调的财政政策选择可能会出现财政外部性,财政选择的结果是次优的[②]。公共选择研究范式则试图改变这种研究路径,认为非仁慈的政策制定者的目标会偏离最优福利,独立辖区财政选择的政治经济过程对辖区竞争的关注,使政府间财政竞争具有了政治性和制度性的均衡含义,因此政府行为的约束和激励是取得竞争效果的关键。

在如何消除政府间财政竞争障碍的研究上,前者主张或者均等、或者允许差别的存在,但是要进行协调以避免扭曲效应。因此,新古典分析的政策含义是,中央政府或一种通过中央协调的机制如合作的联邦主义能够设计一个最优的地方辖区结构和最优的财政资源分配方案,从而使政府不会在其中追求自身利益。而后者则强调竞争性联邦制的财政体制选择,认为竞争的有效性与分权条件下信息不完全和不充分等引起的交易成本具有相关性。因此,政策主张在于降低退出和意愿表达的各类交易成本,促进有效竞争的制度选择。

有效的政府间竞争模式正如布坎南所说:“只有一个联邦化的政治结构能够有效地以各种完全类似于市场过程的方式来利用竞争的力量,最合适的政治结构是

---

① Е. Гайдар, С. Синельников – Мулылев, Н. Главацкая. Российская экономика в 2005 году. Тенденции и перспективы. (Выпуск 27) – М.: ИЭПП, 2006. С. Синельников – Мурылев, П. Кадочников, И. Трунин, С. Четвериков, М. Виньо. Проблема мягких бюджетных ограничений российских региональных властей / Консорциум по вопросам прикладных экономических исследо – ваний – М.: ИЭПП, 2006.

② 阿沙夫·拉辛埃,弗瑞·萨德卡. 全球化经济学. 上海. 上海财经大学出版社,2001。

一种竞争性的联邦制"[①]。竞争性联邦制源于财政联邦制观点。目前还没有一个明确的被学术界一致接受的理论解释。但我们还是可以从以下的观点中透视对这一问题一致性的理解，这对分权与政府间财政关系的构建是非常重要的。

布坎南依照政治哲学的观点，将联邦制看成是作为内在制度在一定程度上控制政府权力的一种手段。他认为在政治结构中最有效的制度安排应该是效率与对政治权力的控制两者之间的权衡。这里所说的效率是一种广义上的效率，并不是财政学中所理解的狭义的资源配置效率。分权条件下政府的财政职能就是不仅要实现狭义上的资源配置效率，还要考虑如何使配置资源的权力本身的配置达到最优，即对政府的权力进行约束。因此，即使在各级政府间权力的划分不会提高效率，但是当分权可以作为控制或制衡中央政府权力的一种手段时，分权所带来的控制政治权力的所得超过效率上的损失，因此就需要一种类似于市场过程的方式来利用竞争的力量即竞争性的联邦政治结构[②]。

对政府间关系最权威、系统的描述是阿尔波特·布雷顿（Albert Breton）。他提出了一个"竞争性政府"（competitive governments）概念。他认为，在没有政府串谋和其他障碍的情况下，政府水平与垂直竞争的存在性。因此，政府是由选举或非选举而形成的权力中心组成的专门从事竞争的混合体。政府间的竞争是通过试图提供与其消费者—选民所要求的数量相匹配的商品和服务来实现的。在他看来，在联邦制国家中政府间关系总体上是竞争性的，各级政府行为主体之间迫于选民和市场主体的压力，必须供给合意的非市场供给的产品和服务。

很显然，布雷顿是从更广泛的意义上考察政府间的关系。首先，竞争主体包括辖区政府以及政府内部机构。其次是竞争不仅包括财政竞争，更主要是围绕技术和制度供给而展开的。柯武刚和史漫飞也描述一个国家内部各联邦之间的关系，并且指出，"在一个国家内部，可以通过设计联邦内各州的宪法，在该国内部获得某些政区间竞争的好处"。他认为，生产要素在全国范围内的自由流动促使立法者和行政官员们被迫相互竞争。这种退出权给政府官员施加了源于公民委托人的反馈，并且指出了竞争性联邦制一般性制度设计的原则，如原产地规则、低层政府优

① 詹姆斯·布坎南，里查德·马斯格雷夫. 公共财政与公共选择：两种截然不同的国家观. 中国财政经济出版社，2000。

② 布坎南并不一定将财政竞争视为完全与市场经济竞争类似的效率问题，他只是将它看作在某种程度上政府间的有效竞争。

先原则，避免职能的重叠和重复及财政平衡原则[①]。因此，尽管联邦制的运行不可避免地产生摩擦和资源消耗，但是以允许"用脚投票"引起的政府间竞争结果优于中央集权制的政府机构所提供的结果。

由上述观点可见，在分权条件下政府间的财政竞争是内生的，分权联邦体制的观点是鼓励竞争。财政分权、退出权、意愿表达等概念是竞争性联邦制定义中的核心概念。因此竞争性联邦制可以从4个方面把握：

第一，竞争性联邦制是地方政府与纳税人经济作用的一种反映。一方面，地区和地方政府向辖区消费者—选民提供公共服务以交换税收，税收就是消费者在一定范围内购买服务所支付的价格。因此，公共服务供给的边际成本与纳税人的边际收益相等则构成了政府有效供给公共服务的边际效率条件。另一方面，消费者以退出和意愿表达来行使其购买主权。

第二，退出和意愿表达是财政分权条件下政府间竞争的实现机制。竞争性联邦制的理论基础是蒂布特假说与财政分权理论。蒂布特模型对公共选择的重要贡献在于，它强调了退出是约束政府的机制之一。在退出威胁下，如果政府的行为违背了居民的利益，居民将迁移到别的地方去。因此，退出约束实际上构成了政府间的一种竞争约束。退出权、宪法和投票程序是限制政治权力，形成竞争的有效机制。公民在立宪选择阶段，倾向于对上级政府的财政约束；而退出和投票权将形成对下级而非上级政府更严厉的约束。

第三，政府间财政竞争是一种有效竞争，是经济效率与政治权力的权衡。有效竞争表现为：一定是宪法约束下的竞争；以水平竞争为主，以纵向竞争为辅；支出竞争优于税收竞争，是水平竞争的一种有效形式。因为支出竞争通过改善本地区内政治、经济环境来提高对流动要素的吸引力，它对于资源有效配置与居民福祉具有特别的意义。

第四，竞争性联邦制是一种制度选择，应体现在分权的设计之中。如果联邦主义把经济效率目标置于政府目标的首位，中央政府政策由被选举或被任命的中央计划者决定，则具有经济联邦制特征。合作联邦制强调中央政府政策由基层政府选民一致同意决定，这种联邦制观念以经济效率作为中心目标，鼓励地方政府在提供公共服务中发挥作用，并且兼顾公平。因此，政府间关系具有纵向与横向"财政

① ［德］柯武刚，史漫飞．韩朝华译．制度经济学：社会秩序与公共政策．商务印书馆，2000。

均衡”特点,如德国1969年引入宪法的合作联邦主义[①]。民主联邦制则强调中央政府政策由从基层政府选出的代表大多数同意决定。

上述各种联邦制形态都兼顾政府间横向和纵向关系,只是侧重点不同。经济、民主联邦制侧重于政府间纵向财政关系;而合作型、竞争型联邦制,在纵向关系的基础上,更侧重于横向政府间关系的构建,前者强调政府间的合作与协调,后者强调政府间的竞争;此外,市场维护型联邦制强调,无论是纵向还是横向竞争都要求联邦主义结构应该做出有利于政府预算约束硬化、维护市场的承诺机制。

同时,各种形式的联邦政治结构之间并不矛盾,这就要求财政分权设计过程中能够兼顾竞争与合作,从而有利于市场机制的运作。特别是,竞争性联邦制与市场维护型联邦制是一致的。

9.2 俄罗斯预算联邦制的特征

从文献综述可知,任何一种联邦制对于联邦以下政府来说都是一种游戏规则的选择。根据这些规则制定的不同程序可以区分联邦制的两种极端模式:竞争模式与合作模式。

一、联邦制模式:竞争与合作

竞争联邦制强调,联邦制规则是由每一个参与者自己确定,竞争是以最有利的规则促进资源在联邦主体之间的流动。合作联邦制是一种联邦与各州均忠于合作和信任原则的联邦制。人们通常认为,美国的联邦制是竞争性的。

阿尔波特·布雷顿(Albert Breton)指出,联邦关系(中心和子联邦政府)成员作为主体适应不断变化的条件。劳动和资本是流动的,而生产要素的所有者可以选择联邦、地区和地方选举程序而产生最有利的游戏规则,迁移居住地或公司法人所在地,在区域层面集中最有利的投资环境。区域和地方政府向本地企业和居民提供某些公共产品,包括提供法律和秩序、基础设施建设、承担社会支出成本等,并向这些公共服务的需求者征税(费)。在这种情况下的任务在于研究预算主体之间收入和支出划分的规则。

① 张千帆.西方宪政体系.中国政法大学出版社,2007。

著名的德国经济学家 X · Зиберт 总结了合作联邦制概念①。在他看来,在德国存在的是这种谈话式联邦制,所有参与者集中并形成有关协议,其中包括收入来源和支出责任的划分。据 X · Зиберт 所说,合作联邦制有一个明显的缺点:在联邦中央和地区之间的谈判妥协总是以牺牲子孙后代的利益为代价的,因为子孙后代没有机会参与这些谈判。

从竞争和合作联邦制模式的特征,我们发现两种制度在自治程度、权力分配、预算平衡关系、借款限制及政治制度等方面都存在明显的差异,见表 9.1。

表 9.1　竞争性与合作联邦制特征的比较

比较内容	竞争联邦制	合作联邦制
权力分配	联邦和地区自治 权力明确划分	联邦政府在合作解决方案原则下明确划分权力;联邦实现自己的权力而被迫反映地区利益,而地区应该支持联邦法规
税收制度	每个地区都有权力设置税种和征税	统一设置和征税制度
预算支出	每个地区独立决定资金支出方向	地方政府资金支出应该确保符合社会标准,联邦政府融资
转移支付的作用	1. 在联邦主体收入中政府间转移支付比例不大;2. 没有(或很少)预算平衡补贴;3. 在没有联邦法规条件下不存在联邦无资金委托	预算转移支付在联邦主体收入中比重较大;无论是水平还是垂直财政均等化问题具有重要意义;没有联邦政权参与下能够实现富裕地区对贫困地区的直接财政援助
地方借款限制	缺乏地方政府借款限制	严格借款限制
政治制度	各级政府依据多数票规则产生	基于联盟形成联邦和地方政府

必须指出,在现实中无论是竞争还是合作联邦制都是不存在的。一方面,不可能做到统一包容性的公平竞争规则,总是会存在区域性竞争规则的差异。因此,竞争是按国家竞争规则又出现区域差异。另一方面,联邦成员甚至完全彼此独立并

① Зиберт Х. Эффект Кобры: Как можно избежать заблуждений в экономической политике. Спб.: Изд – во СПбГУЭФ, 2003.

独立于联邦政府,这势必按国家的规则进行谈判,如加拿大的征税协议。因此,在任何国家谈到竞争或合作联邦制,通常指的是在构建联邦关系中存在这样或那样的原则优势。在此背景下,美国和德国并不是纯粹竞争和合作联邦制类型,而是存在最明显以竞争为主或以合作为主的两种规则。

在德国,尽管在区域内也存在竞争,但各级政府间的合作占主导地位。而在美国虽然也存在各级政府之间的合作,但是在联邦成员及与联邦政府之间最清晰地反映国家的竞争规则。在其他联邦国家的合作和竞争规则通常介于美国和德国之间的某种均衡。

世界上有20多个联邦制国家,这些国家的人口占世界总人口的三分之一。这些联邦国家解决税收资源分配问题,根据分权程度和国家治理模式借助各种措施满足联邦主体的需求,可以看出预算制度中调整各级预算关系的国家类型。丹麦、挪威、芬兰、瑞典在地区和地方政府公共服务支出融资中起主导作用,澳大利亚、加拿大、美国、英国、日本等地区和地方政府税收自主权的独立性较大;而比利时、希腊、西班牙、意大利、荷兰、葡萄牙、法国等国家地区对联邦的依赖程度显著,奥地利、德国、瑞士各级预算之间有效合作的相对独立性较强。

一般来说,在联邦关系的建设中竞争或合作原则的主导地位取决于国家的传统、民族特点及历史条件。合作联邦模式对于解决民族问题更适合,为了确保可持续的经济增长,考虑公共部门所在地的条件和大规模的机构改革应该首选竞争性的联邦制原则。

二、俄罗斯政府间财政竞争的特征

财政联邦制是一种制度选择,应体现在财政分权的设计之中,兼顾竞争与合作,从而有利于市场机制的运作。随着俄罗斯向市场经济转轨及分税制财政体制改革,政府间的财政关系也具有了竞争性特征。政府间的财政竞争主要有以下几种表现形式:

一方面地方政府为了获得更大的独立性及较大的收入份额与联邦政府围绕财政资源分配的竞争。税收是影响竞争的基本变量,它是地方收入的潜力。1991年底俄罗斯有了自己的预算,随之而来的是地方政府与联邦政府对税收的分配权限的竞争。

此外,俄罗斯地区约80%的税额来自于联邦中央与地方之间共享的税收。在这里,地方政府具有更多的联邦转移支付的动机与行为,兼有垂直与水平竞争特征,既表现为联邦政府与地方政府为分配财政资源而产生的竞争,同时也表现为各地方政府为获得联邦转移支付这一公共资源分割中更大的份额而展开的竞争。

另一方面,由于区域经济发展依赖于资本、劳动力及其他资源的流动,因此横向政府间的竞争中最重要的参数也主要体现在生产要素的流动方面。

由此可见,俄罗斯政府间垂直与水平竞争具有以下特征:

(1)垂直竞争是明显的。特别是体现在预算政策与地区的税收直接相关。这是在既定的财政制度框架下联邦与地方政府为分配财政资源而产生的竞争;

俄罗斯税制的最大特点是稳定性不足,法律的多变性导致了政府税收权限的不可预期特点,地方政府不能稳定预期税收收入。税收权限的竞争是税收法律不稳定的直接后果。这种竞争在税收共享和税基重叠方面表现更加突出。通常情况下,税收收入中大部分都是按一定比例在联邦税、地区税和地方税这几个层面进行预算分配的。

(2)由联邦预算形成的公共服务拨款,即转移支付对地方支出关联度很强。转移支付(трансферты)是一项重要的预算政策。在这里,地方政府获得更多的联邦转移支付的动机与行为,兼有垂直与水平竞争特征,即可以表现为联邦与地方政府为分配财政资源而产生的竞争。地方政府的支出如果由联邦政府的转移支付供给融资,则会强化地方与中央的竞争,从而改变地方公共服务的结构。当联邦财政资源既定时,各地方政府如何为分割联邦转移支付这一公共资源的更大份额而展开竞争。比如,当联邦以下政府的公共支出依赖于联邦政府拨款时,将会扩大地方教育支出。这就是说由联邦预算形成地方教育拨款。特别是在金融危机期间,为了控制支出和赤字以及应对经济危机变化而出现的用于专项转移支付和偿还债务比例的不断提高而反复出现了预算支出的增加。

(3)地方选举能显著地改善竞争效果。地区政府之间的竞争还要面对民主监督——选举问题。各个地方政府同时面对经济竞争和民主监督。民主政府建立当地政府的活动标准,在俄罗斯刺激了没有生产要素真正位移的竞争。地方政府只是处于潜在的竞争条件之中。从居民对政府信任的角度表明,那些改选过州长的稳定地区会获得更多的税收。结果是,地方政府不仅应该关注流动生产要素的吸引力,还应该关心即将到来的改选。

(4)生产要素在地区之间的流动非财政意义的水平竞争。国外投资者对一个地区投资,不仅考虑预算因素,更重要的是考虑投资项目的风险、后果、信息技术的发展及市场等。因此,通过预算而投资是缺乏竞争的。C. C. Ревенко 根据人均地区总产值、平均工资、地区居民、政治因素如选举、地方公共品的提供如住房公用事业、教育、保健等宏观变量,评价了俄罗斯的预算政策与生产要素流动之间的相关性[①],与上述结论是一致的。

在俄罗斯,政府间水平竞争还相对较微弱,但竞争性联邦制是政府间关系的最明显特征。一方面,因为俄罗斯的预算政策影响来自联邦政府拨款的规模和税收收入,所以,预算资源在地区之间存在竞争;另一方面,俄罗斯预算政策与生产要素流动之间的关系并不明显,财政制度的安排没有为要素的流动、全国统一市场的形成创造条件。

这一竞争到底是有效竞争还是无效竞争,上述结论并不足以使我们做出最后的判断。分权的财政制度优势在于它保持统一的共同市场优势的同时,具有使公共服务适应于不同的消费者偏好的潜力。这种制度的效率在于通过政府间竞争最大限度地降低交易和协调成本。

钱颖一(1997)认为,政府间的竞争可以限制政府的掠夺行为。因为资源的流动性会约束政府及官员的不恰当行为。税基的竞争使公共部门不能强行减税或进行管制,能够反应辖区居民偏好的政府财政行为才能存在[②]。

因此,政府间竞争是分权体制运作的交易成本最小化的有效途径。这又取决于多种因素,包括技术状况、信息传递的效率和选民的教育水平。共同市场的保持对于保证资源配置的效率有着至关重要的意义。但是俄罗斯政府间的财政竞争对国内贸易带来许多障碍,破坏了全国统一市场的形成。

9.3 影响政府间财政竞争的因素

政府间最优竞争取决于如何降低决策成本或制度与组织的交易成本。在一个联邦制国家中,一个宪法约束的财政竞争程度与地方政府的数量、地方政府的自主程度和地方政府对联邦政府资金的依赖程度相关[③]。俄罗斯政府间财政竞争激励不足源于财政制度的选择。

---

① Ревенко С. С. Конкурентен ли россий российский федерализм? М.: российская экономическая школа, 2001. c.40.

② Yingyi Qian, Barry R. Weingast. Federalism as a Commitment to Preserving Market Incentives. JOURNAL OF Economic Prtspectives, 1997.11(4):83-92.

③ [英]斯蒂芬·贝利著.左昌盛译.地方政府经济学:理论与实践.北京大学出版社,2006。

一、政府间竞争的财政宪法约束

竞争性联邦制要求创立一个宪法框架限制的政府间财政竞争模式。政府间支出和收入及转移支付必须建立在明确的宪法框架内,通过宪法约束努力实现政府间竞争的最优程度是重要的问题之一。这是降低交易成本的最有效的制度安排。

俄罗斯联邦关系中的政府主体具有市场主体行为的特点,财政竞争主体具有相对独立的利益。这种联邦关系已接近竞争性联邦制规则。简单地说,在俄罗斯的确存在政府间水平竞争与垂直竞争,但是还没有实现法律或行政框架对竞争的调整。何梦笔研究俄罗斯政府间竞争时指出,"只有存在一个有效运行的法律判决和执行制度的前提下,也就是说在存在判决是否违宪并强制执行的司法权的前提下,才可以认定正式的宪法规则已经规定和反映了宪制的实际情况,但是在俄罗斯都还几乎或者根本没有做到这一点"。于是出现了调节纵向关系的正式法律规则和调节地方政府自主的行为主体间冲突的非正式游戏规则并存的矛盾现象,以及在政府活动中由于破坏性竞争策略而出现的在地方水平竞争中的纪律机制失调,甚至出现对联邦政权的干扰,如同莫吉良斯基描述的那样。1998 年俄罗斯新的破产法促成了一条企业俘获地方政府、地方政府俘获法官的破产俘获链,结果一部制衡法律却转变为一种使地方政府官员同大型地方企业的经理相互勾结、令其他债权人不满的机制①。

尽管宪法明确规定国内贸易应实现自由化,禁止地区从事破坏国家统一经济空间的行为,但是俄罗斯政府间的财政竞争对国内贸易带来许多障碍。特别是地方政府间税务权限的竞争导致了地区间贸易壁垒。地区税收本来是为了促进当地商业活动的发展,但有时与联邦法律相矛盾。地方政府设置区域壁垒,如许可证制度或尽可能地扩大地方税,对某些商品征缴地方税,实际上是阻止外地商品进入该地区,阻碍了统一经济空间的形成。

在竞争性联邦制精神中进步的理念是政府间的竞争是不可避免的,但是要遵循一定的秩序,而不是摆脱旨在消除联邦关系内部冲突的集权管理。在政府间权力的界定和财政资源的分配上缺少约束力的法律规定,充斥于俄罗斯的纵向关系体系中的非规范性的讨价还价的非正式规则,使政府间转移支付、共享收入成为联邦主体争利的公共领域。目前,俄罗斯联邦政权需要加强对国家资源行政和经济

① 阿里亚纳·拉姆贝尔特-莫吉良斯基,康斯坦丁·绍宁,叶卡捷琳娜·祖拉夫斯卡娅,破产俘获:理论和来自俄罗斯的证据,载于吴敬琏主编,比较,2003(9):53。

的控制力。

二、地方政府数量与结构

地方政府数量与结构能够促进横向的和纵向的政府间竞争。竞争主体的数量和规模将影响政府间竞争程度。过少数量、无穷大规模的垄断政府会导致消费者—选民的财政剩余减少。丹尼斯·埃普尔和阿伦·泽伦茨认为,增加辖区的数目虽然不能彻底根除但是能够限制任意行使政府权力的能力①。

在俄罗斯宪法体制内,地方政府的数量并不是依据竞争性需要而设计的,是由历史的、宪法的、社会的、政治的以及其他外生变量所决定的。目前俄罗斯联邦主体共83个,是世界联邦主体最多的国家。同时,俄罗斯又是世界上国土面积最大的国家,也是世界上民族构成最复杂的国家之一。目前有占俄领土面积53%的行政单位是按民族划分的,其人口占俄罗斯总人口的20%。

从竞争与增进福利角度来看,俄罗斯的确需要较多数量的地区政府和地方性政府。规模大的地方政府对联邦的影响是通过与其规模相对应的在社会、政治、经济、文化等方面的绝对主导地位来实现的。较大的地方政府容易影响联邦的决策,在与其他资源竞争联邦资源分配方面处于绝对优势。与此同时,较大的地方政府还可能成为垄断政府而进行政府掠夺②。因此,相当数量的地方政府会降低财政联邦体系运作的交易成本。俄罗斯目前的问题是不在于绝对减少地方政府的数量,而是要合理划分地方政府所辖区域,避免辖区之间的交叉和重叠,特别是一些自治区本身就处于边疆区或者州的范围之内,适当合并一些联邦主体就成为一种必要。将其合并有利于地区发展,也有利于加强地方管理。

三、联邦以下政府财政自主权

实施预算联邦制原则最重要的条件之一是有效地组织预算关系。也就是说,各级政府即联邦政府、联邦主体和市政机构之间的相互作用,各级政府之间预算资源的再分配能够实现垂直预算平衡和水平预算平衡,按照预算联邦制原则构建预

---

① [美]丹尼斯·埃普尔,阿伦·泽伦茨.在辖区间竞争的含义:蒂布特需要政治吗?;查尔斯·蒂布特.一个关于地方支出的纯理论.摘自:曹荣湘主编.蒂布特模型.社会科学文献出版社,2003。

② [澳]布伦南,[美]布坎南著.冯克利,秋风等译.宪政经济学.中国社会科学出版社,2004。

算体制的核心问题是预算收入和支出权在各级预算中的划分。

当财政分权使地区政府获得预算支出权力并且自由确定税率和税基时,其才能展开公平的竞争。这种情况下地区政府之间的竞争能很快降低其相对支出规模增长。但是,俄罗斯地方政府缺乏税收政策和收入的自主权。政府间收入划分即税收安排旨在明确哪级政府负责哪些税种的征收和税率结构,同时明确这些税种归属哪级政府或由哪级政府分享。也就是说,决定税率、税基和征收就是确定哪一级政府的财政自主权的问题。

宪法(第72条)确立了俄罗斯联邦及联邦主体共同管辖的税收原则,但是在基本法和第一部税收法典中并没有界定税权。如今在俄罗斯的税收制度中,联邦主体和地方自治机构的权利,实质上仍然是根据联邦法规制定的。

实际上税种在各级政府间的划分不仅是各级政府获得收入的途径,也是非常有效的政府间行为的约束机制。但是,俄罗斯税种的划分并没有按照横向和纵向分配原则,税收立法权、征税权和管理权在各级政府之间的划分并没有解决好,大部分税收和主要税种仍然按不同的比例在各级预算之间划分。从表9.2中可见,税种、税率相关权力的分配明显体现了向联邦预算集中的特征。

表9.2 俄罗斯联邦税制体系

联邦税	地区税	地方税
增值税	博彩税	土地税
消费税	企业财产税	个人财产税
个人收入税	交通税	
统一社会税(社会保障金)		
企业所得税		
矿产资源开采税		
水资源税		
动物资源和水中生物资源使用费		
关税		

尽管俄罗斯联邦政府的收益集中于地方各级政府的预算中,但只有不到20%是通过自治权获得的,地方各级收入的绝大多数是依据上级政府的法规获得的,而是绝大部分税权都集中在联邦财税部。事实上,表9.3显示了绝大多数的税率(联

邦税除外)在各级预算之间按一定比例分成。

表9.3 俄罗斯预算制度中税收在各级预算中的分配

税种	联邦税	地区税	地方税
增值税	100	0	0
企业所得税	税率6.5%	税率13.5-17.5%	
对用食品原料酿制的酒精饮料、伏特加酒、烈性甜酒制品、含酒精溶液等商品征收的消费税	50	50	
在酒精烟草产品,汽车和摩托车消费税	100	0	
汽油,柴油,机油消费税	40	60	
对酒精制品、啤酒的消费税	0	100	
进口商品和货物消费税	100	0	
天然气矿产开采税	95	5	
常见矿产资源开采税	0	100	
其他矿产资源开采税	40	60	

另外,划分地方各级之间收益的法规也经常变化。税收法律的多变性导致了政府税收权限的不可预期特点。因此,税收权限的竞争是税收法律不稳定的直接后果。

地方自主权基于人民主权的治理理念,目的在于强化地方政府对地方居民的责任机制。当地方政府结构给定时,地方政府之间的竞争是由高度的地方自治和地方支出来决定的①。较低层级政府应该拥有较大的独立性,这将给地区政府和地方政府参与经济和政治活动提供可能性。这种竞争性联邦制承认消费者——选民的主权,并且引导表达消费者——选民偏好及公共政策的创新。对于俄罗斯来说,最重要的问题是地方政府支出自主权问题。

研究支出责任的划分最重要的问题是明确政府财政职能在政府间分配有三种权力:政策制定、公共服务融资、提供管理,确定由哪一级政府负责有关政策制定、融资及管理的问题,也可以采用多种组合模式进行支出责任的划分。

① 杨宏山.府际关系论.北京:中国社会科学出版社,2005。

但是，从总体上看，随着俄罗斯政府预算关系改革深入，它在明确的预算权利和义务的框架内提高地方政府采取独立预算政策的自由度，地区预算的收入和支出自主权都有所加强。

四、财政转移支付规模与结构

联邦政府转移支付的程度是影响政府间竞争的重要因素。从2009～2015年俄罗斯联邦主体从联邦预算中获得的转移支付的变化和绝对规模上看，俄联邦资金资助程度过高，范围过广，激励了地方政府对联邦转移支付的依赖，见表9.4。

表9.4　2009～2015年俄罗斯联邦主体从联邦预算中获得的转移支付的变化

项目 \ 年	2009		2013		2014		2015		2015年相对2014年增长水平	
	十亿	%	十亿	%	十亿	%	十亿	%	计划	执行
地区转移支付，总额	1 480.3	100	1 487.9	100	1 607.0	100	1 603.6	100	−0.2	−11.6
补贴	578.3	39.1	609.1	40.9	774.7	48.2	650.9	40.6	−16	−25.6
包括										
平衡预算补贴	374.0	25.3	418.8	28.1	439.8	27.4	487.7	30.4	10.9	−1.8
平衡预算支持措施补贴	191.9	13.0	177.8	12.0	334.9	20.8	163.2	10.2	−51.3	−51.8
津贴	530.0	35.8	515.6	34.7	409.9	25.5	400.2	25.6	−2.4	−13.5
包括										
国内经济发展拨款	214.3	14.5	268.3	18.0	241.9	15.1	258.2	16.1	6.7	−5.5
补助金	284.4	19.2	273.7	18.4	308.2	19.2	336.6	21.0	9.2	−3.3
其他政府间转移支付	87.6	5.9	89.5	6.0	114.2	7.1	215.9	13.5	89.1	67.4

数据来源：А. Божечкова. Е. Т. Гайдара. А. Киюцевская. П. Трунин. Межбюджетные отношения и субнациональные финансы // Российская экономика в 2015 году: Тенденции и перспективы. М.: ИЭПП. 215. С. 81.

在统一地区预算（包括克里米亚联邦区）中，2015年政府转移支付的总量与

2014 年相比，无论是在名义目标（-0.2%）还是实际目标（-11.6%）都减少。2014 年（含 2014 年）各项转移支付（其他政府间转移支付例外）的总量都有所上升。

在分析联邦政府对地区政府转移支付的过程中，要考虑联邦援助的影响和俄罗斯联邦收入的分化及联邦财政援助的纵向平衡效果。表 9.5 显示的统一地区预算收入的变异系数就是对这一效果的评估。

表 9.5　2008～2015 年统一地区预算收入的变异系数（考虑预算支出指标的人均变化），%

年度	税收收入	税收和平衡预算补贴	税收、补助和补贴
2008	90.6	80.4	71.5
2009	78.3	66.5	54.5
2010	74.2	63.9	57.7
2011	77.8	68.4	61.6
2012	66.1	57.8	51.9
2013	63.7	55.3	48.1
2014	59.0	51.2	49.9
2015	66.1	60.33	56.0

数据来源：А. Божечкова. Е. Т. Гайдара. А. Киюцевская. П. Трунин. Межбюджетные отношения и субнациональные финансы // Российская экономика в 2015 году：Тенденции и перспективы. М.：ИЭПП. 215. С. 83.

由表 9.5 可见，俄罗斯联邦主体统一预算税收收入的系数从 59% 提高到 66，1%，与 2012 年持平，如果考虑诸项补助和津贴分配后的结果，2015 年变异系数达到 56%，提高了地区收入的分化。这是与出口导向型部门的利润税增加相联系的。

联邦财政援助资金的增加必然扭曲政府间财政竞争激励，使地方公共服务支出过度依赖联邦，强化地方政府之间为争夺联邦转移支付而展开的竞争，增加无效竞争的交易成本，不仅导致配置效率损失，而且对既定的公共资源的地区之间再配置还引发了地区之间以及个人之间的不公平问题。

联邦政府的转移支付激励了非正式配置预算资源机制的形成，这样的体制导致政府之间竞争的低效率。地方政府具有强烈的动机采取各种手段攫取尽可能多的、以便在资源分配的讨价还价中占据相对有利地位的谈判成本。因此，较高地依赖联邦政府的津贴与转移支付为地区支出融资，激励了地方政府过度支出并且展开与联邦政府就有关新的津贴粘拨款的谈判与讨价还价。

其结果必然是过高的转移支付掩盖地方供给公共品的真正成本。同时转移支付更多采用向地方政府拨款的形式，而较少直接按需分配给个人，导致支出过度和税收价格的运行机制失灵以及减少居民迁移的激励。对地方政府来说，来自均等化的政府之间的拨款体制的边际收益大于政府间竞争收益，使财政竞争激励较弱，而且也带来了流动性要素税收负担问题。

9.4　政府间财政竞争的实现机制

在分权条件下政府之间的财政竞争是内生的，分权联邦体制的观点是鼓励竞争。财政分权、退出权、意愿表达等概念是竞争性联邦制定义中的核心概念，是政府之间形成有效竞争的实现机制。

一、退出与意愿表达机制

根据财政联邦主义理论，在理论化的层面上，财政分权对政府间财政竞争的激励是通过增加退出范围和增强意愿表达来促进地方公民的福利，退出依赖于市场机制。意愿表达是消费者就其不满意的服务表达出试图改变公共服务数量和质量的偏好。在民主社会里意愿表达是通过投票机制来实现的。

当消费者——选民的意愿表达和退出权不受限制时，政府之间实现的竞争才能有利于资源配置。俄罗斯政府之间财政竞争处于较低水平，既是财政宪法约束不足的结果，也是消费者—选民的退出权和意愿表达不充分的因素。

在俄罗斯，消费者——选民表达公民优先权的退出机制对政府竞争只产生相当有限的压力，地方管辖区的工业体系是一种防止将再分配作为一种选择的遗产。因为，俄罗斯目前的人口迁移主要是与扭转过去苏联的区位政策及某些地区中民族关系紧张相关，而与公共服务的消费者——选民对地方政府的税收－支出模式的选择相关性较弱。

俄罗斯的城市化是从苏联形态的工业化中发展起来的。工业化的70年中，强调重工业和一个企业一个镇的政策遗留下错误配置资源的观念。但是，许多过去与居民居住地有关的选择在市场条件下都具有不可持续性。就公共财政体系而言，这种错误配置暗含了一种双重负担：这种严重扭曲的经济不能为公共部门提供充足的税基，同时还要对缺乏进入市场获取收入的家庭给予大量补助。这种情况尤其发生在最低一级政府中,以及俄罗斯经济最为薄弱的地区。

这样,俄罗斯公民退出或重新安置在另一社区的能力受到很大的限制。尽管人口的高度流动性是解决一些财政问题的一种手段,但通常流动性受到高度的限制意味着地方最大化利益的丧失。因此,退出作为表达偏好的一种选择在俄罗斯是被高度限制的。如住房市场的滞后发展严重阻碍了生产要素的流动。只要大多数居民仍然依赖于包含补助的住房或便宜的房产,那么他们就会被几乎雷打不动地钉住在原地①。

由于退出行为是一种处理政府失灵的手段,而缺乏退出机制的政府之间的竞争就不能对政府进行有效约束。退出约束的有限性会使得政策制订者为了追求自身利益而不是为了公共利益而行动。

由于为吸引流动性资本的政府竞争会对缺乏流动性的生产要素带来不利影响,在这种情况下,缺乏退出权的生产要素只能通过意愿表达的政治机制如地方选举来保护自己,以免辖区决策者做出不利于这些缺乏流动性的生产要素的竞争策略。

但是,俄罗斯政治制度的交易成本是很高的,难以支持预算联邦制的可持续性。尽管经历了转轨历程,但仍有许多弱激励限制了公民的意愿表达。广泛存在的信息不对称和监督机制失衡,限制了选民对有关公共服务及税收成本信息等方面的可获得性和监督政府财政行为的动机。现有政治机制为提高对政府官员的监督水平提供了一个弱的激励。

这需要建设成熟的政党体制,形成对地方官员的约束,使选举产生的地方官员为民负责。建立强大的国家政党,提高政府质量,改善公共品供给。一个成熟的政党体制能为选举产生的地方官员提供有效的政治激励。由于民主社会地方官员连任是国家利益和地方利益的一种权衡。只有代表国家利益的政党强大而富有权威,才能对地方官员的选举及选举后的行为构成约束,使地方官员为赢得所在选区的认可而兼顾国家利益和地方利益。

政府及政府官员应对选民负责的问题在俄罗斯仍未得到解决,并且促进政府分支机构(行政部门和议会)与各级政府之间的竞争与合作关系,与此同时也促成游戏规则的模糊性,进而提高了在政治领域的体系如同在财政领域人们的随意性。在这种情况下,公民若要获得关于政府决策制定的准确信息使政府负直接责任是极端困难的。同时,公民在利用退出的能力上又受到限制。尽管公民可以利用选

---

① 何梦笔.陈凌译.政府竞争:大国体制转型理论分析范式.维滕大学讨论文稿,1999。

举来表达他们对当前政府的看法，但大部分系统内的激励机制都不鼓励应负的责任。

二、建立财政激励机制

第一，必须创立一个宪法框架限制的政府间财政竞争模式，政府间财政支出和收入及转移支付必须建立在明确的宪法框架内。这是降低制度中组织的交易成本的最有效的制度安排。

第二，改革地区内部的各级政府的财政关系，使政府的职能尽可能分散化，促使各职能机构相互竞争。

第三，联邦政府应当坚持财政平衡的原则，禁止公共资金的纵向转移，并迫使每个行政机构为其负责的公共服务或其自主选择的支出而自主征税、收费和借贷来为公共服务筹措资金。也就是说，无论是联邦政府还是地方政府要严格遵守硬预算约束。

第四，税收政策的建议是建立一种地方税体系。该体系既要为地方政府提供基本财政资金来源，又要提供额外财政资金来源。基本的财政资金来源应该由联邦政府规定税率并经过协调的税种提供，其他的财政资金来源应该是地方政府自主决定并能够有效率课征的地方税。到目前为止，联邦中央以下地区之间税收划分还有许多问题没有解决，特别是税源的稳定问题。在新税收法典并没有对此给予满意的回答。

第五，政府之间的竞争关系要防止大规模的政府之间的财政拨款。应该明确区分社会政策和区域发展问题。将联邦政府的转移支付不是向地方政府拨款而是向个人直接支付，从而使个人在本地区商品或服务的购买与消费中自主决策。这样既可以解决再分配问题，又能使地方经济的发展建立在自主权预算基础上。

最后，实施那些内在于市场和民主政治的限制，使地方官员为它们通过政治程序而采取的行动负责任。

综上所述，如果要使地方政府之间的竞争能够被激励发生，竞争性联邦制所具备的所有条件必须同时满足。政府间的竞争要有利于实现共同市场，为此必须有较强的联邦政府应该具有促进国内贸易的管理权[①]：管理商品和要素的区域间流动；监督地区内的私人合同；解决国之间的联邦级的争端；禁止以区域内产地或来

① 维托·坦齐. 经济转轨中的财政政策（中译本）. 中国金融出版社，国际货币基金组织，1993。

源为标准对要素采取歧视性限制；禁止歧视性的商品税；促进市场竞争；协调企业和劳动管理；供给和控制共同的货币。

综上所述，一个竞争性联邦制的基本框架在于：必须是宪法约束下的一种制度选择，反映公共服务的供给与需求的均衡，内在化公共服务的财政成本，尊重消费者——选民的退出权和选举权。因此，有效的财政竞争是经济效率与政治权力的一种权衡。它取决于降低决策成本或制度与组织的交易成本的制度安排。

俄罗斯联邦政府之间的财政关系虽然具有了竞争性特征，但是基本上违背了竞争性联邦制框架。尽管联邦主体的绝对数量较多，可是却有相对大的地方政府，转移支付也远远超出了出于均衡目的的需要。这些都损害了地方政府之间的竞争。此外，在俄罗斯联邦政府与中央政府的垂直竞争处于一种浪费产出无效率水平。财政制度的安排没有为要素的流动、全国统一市场的形成创造条件。因此，要使地方政府间的竞争能够被激励，必须规范和调整增加退出和意愿表达的制度或政策选择。

10 公共财政管理

公共财政的有效性和负责任的管理对俄罗斯确保国家的财政安全和可持续的经济增长至关重要。自俄罗斯转轨以来，俄罗斯财政管理改革来自两个主要压力：一是削减支出和减少财政赤字；二是通过提高效率来提高公共服务质量、改进财政绩效。控制支出和赤字的双重性，以及应对经济变化而反复出现的预算增加，使俄罗斯面临重要的挑战。这些挑战可能加剧预算支出危机、政府能力的下降，破坏公众对有效地管理公共事务和解决社会经济问题的信任度。

本章旨在于探讨俄罗斯公共财政管理的基本要素及主要内容，在此基础上研究公共管理中存在的实际问题及解决方案。

10.1 公共财政管理分析框架

评估公共财政管理制度需要选择合适的分析框架，该框架可以测量管理制度的变化，并评估这些变化如何影响财政结果。财政管理的有效性在很大程度上依赖于法律界和学术界的支持，公共部门的国际经验，预算编制的优化，整体上对社会经济的促进，以及其他主客观因素。因此，了解俄罗斯公共财政管理的制度框架及用于本章分析的逻辑框架是十分必要的。

一、公共财政管理的制度框架

公共财政的本质体现在其职能上，许多经济学家将公共财政的功能归结为分配与控制。公共财政是对国内生产总值和国民收入按比例的分配和再分配，保障全国性的需求，形成公共部门资金的来源，实现俄罗斯联邦预算内和预算外资金的平衡。

国家财政的控制功能是指设置一套行为、操作的监控和监测系统，来管理与经济主体的活动和使用特定的组织形式和控制方法相联系的财政问题[①]。这种功能是基于分配功能而产生的,具体表现在与不同阶段的社会产品成本的分配有关的资金和支出目的的控制。

这种功能需要从微观和宏观两个层面加以实施:(1)监控联邦资金的正确和及时的转移;(2)根据选定的参数监管资金的筹集,以满足工业和社会发展的需要;(3)对财政资源有针对性和有效使用的控制。分配与控制功能是同一经济过程的两个方面。两者的统一和协调,财政才能表现出价值分配的理念。

在俄罗斯,通过最高立法机关和财政政策的财政法规监管国家公共财政的管理过程。我们可以清楚地描绘出这种管理体系的清晰框架,如图 10.1 所示。管理是任何经济领域中所固有的行为。财政管理是国家社会经济过程管理体系中的一个特别重要的部分。公共财政管理是公共部门为了保证公共财政职能的履行对财政收支进行的决策、管理、监督等活动的总和。公共财政管理的主体是公共部门,目的是为了保证最大限度地履行公共财政的基本职能。因此,公共财政管理被定义为政府对国家财政有意识地影响(包括联邦财政、区域财政、经济主体)和财政过程中发生的为了履行国家职能相关的各种收入和利润[②]。

财政管理,一方面包括公共财政的管理客体,即国家和市政各种预算关系的管理客体(各级政府的预算、国家预算外社保基金、国家信贷,地方预算外基金等)等;另一方面管理主体是指财政管理的组织结构,即监管和规范经济中的财政过程的战略或运营管理机构。

其中,联邦议会的主要职能是:审批联邦本预算年度预算草案和上一预算年度联邦预算执行报告;批准有关财政、预算、税收等方面的法律;批准国债的最高限额;实施财政监督等。联邦审计院实施对财政资金的监督。其主要职能是监督联邦预算收支项目的执行情况;监督预算资金在金融机构运行的合法性和及时性;判定财政支出、国家财产使用的有效性和合理性;对联邦预算、联邦预算外基金、联邦法律草案进行财政鉴定等。财政部除履行制定并实施国家统一的财政政策、推行

① Горбунова И. Е. Проблемы развития государственного финансового контроля в России и пути совершенствования его организации [Текст] / И. Е. Горбунова, С. А. Папоян // Актуальные вопросы экономики и управления: материалы междунар. Заоч. Науч. Конф. (г. Москва, апрель 2011 г.). Т. I. М.: РИОР, 2011. С. 67 – 69.

② Дадашев А. З., Черник Д. Г. Финансовая система России. Учебное пособие. М: ИНФРА М, 2003.

财政联邦制、制定联邦税收的分成定额草案、完善财政预算计划工作、编制联邦预算草案、联邦预算对联邦主体预算的补贴和补助草案、编制全国的联合预算等政治职能、制定有效措施发展金融市场、集中财力用于国家保证对全国性公共产品和服务需求的资金配置的经济职能外，还负责联邦预算的执行，对联邦预算收人和使用情况实施财政监督等。

公共财政管理的实质，在于通过财政政策的实施实现公共财政管理的目标，以确保国家的财政稳定和居民、企业和国家的经济利益，确保消除政府债务和增加俄罗斯联邦预算制度的长期平衡和稳定，以及本国货币的稳定，通过支出、税收、收入、费用等手段实现国家对经济活动的间接调控。也就是说，财政管理制度是公共部门、私人部门相互作用的复杂过程，通过一系列措施和手段以确保财政制度的有效运作。因此，公共财政管理制度，旨在于通过财政政策实现国家和地区的某些战略和技术目标。

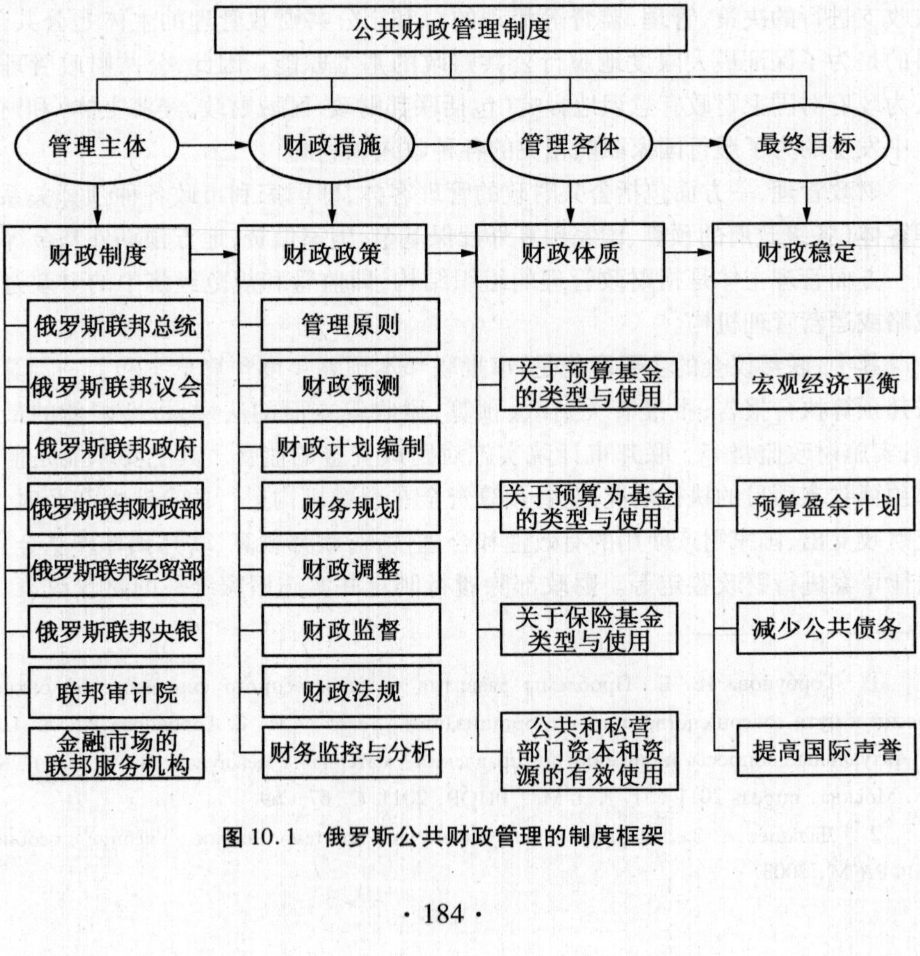

图 10.1 俄罗斯公共财政管理的制度框架

公共财政管理制度的形成有助于俄罗斯联邦支出责任执行过程的有效核查和初步控制。如联邦预算的国库单一账户管理,俄罗斯银行设立的俄罗斯联邦预算制度统一的预算科目的运作,在公共财政管理每个领域和每个阶段采取具体的方法和有针对性的财政措施,等等。具体要素包括财政规划、预测、运营管理、财务控制。

二、基本概况

俄罗斯独立之后,税收体制所面临的问题很多,一系列改革已经确立了与西方税制接轨又能促进本国经济增长的税收体系,即俄罗斯确立并基本稳定了和西方发达国家类似的"复税制"体系,税收已经成为公共财政收入的主要来源,其税制结构的主要特征是以间接税为主、直接税为辅。但是,税制的不稳定性比较突出,税法的频繁变更,使税种、税率、纳税体系以及分税制的相关规则都难以保证统一、稳固的法律依据。间接税特点能够有效地实现国家的财政收入,还可以刺激经济竞争和发展,但是税负易于转嫁。而直接税体现了税负公平和量能负担原则,有利于调节收入分配及提高社会福利水平。从间接税和直接税的特点来看,俄罗斯的税制结构重效率而轻公平,是与经济发展水平较低经济体制相适应的。

在财政支出管理方面,财政支出结构的最大变化是缩减对国民经济领域的投资,突出展现财政的社会公共职能。财政政策重点从过去刺激供给、稳定经济、消除危机为导向转向提高公共服务水平、关注民生福利问题。

(1)编制和实施中期财政计划。为了提高年度预算资金的确定性,保障支出单位在未来年度的可获资金,加强"瞻前顾后"的长期行为,减少预算审议中的阻力,2005 年俄罗斯改革预算编制方法,编制了"2006 ~ 2008 年俄罗斯中期财政计划",对未来三年的财政政策做出中期规划。中期财政规划涉及以降低税负为中心环节、国家经济社会政策优先项目选择、减少债务和降低预算支出规模的预算平衡政策等。

(2)建立财政预算储备机制。在经济衰退导致收入大量减少时,稳定基金能使政府不必过分依赖削减支出或提高税率来保障预算平衡,从而避免了可能加剧宏观经济波动的财政紧缩。在经济高涨时期,纳入基金的财政盈余也不会被盲目地消耗掉,从而避免了非正常的财政扩张。

在财政体制方面,建立了联邦预算、俄罗斯联邦主体预算和地方预算的三级预算体系;在联邦和联邦主体两级分别设立国家预算外基金预算、地区预算外基金预算,即社保基金预算;依据事权决定财权的原则明确划分了各级预算主体的支出责任;实行分税制和平衡联邦与地方财政关系的财政转移支付制度。

总之,在过去的预算年度中,俄罗斯联邦进行了明显的公共财政管理和机构改革,引进国际先进经验,奠定了现代公共财政管理制度的基础。最显著的成就包括:成功实施了国库会计制度的现代化与国库单一账户;简化预算过程和引进一项为期三年的联邦预算制度;设立石油储备基金;改革预算间关系,并建立了俄罗斯联邦主体的财政规则;实现税收管理制度的现代化等。这一系列改革有助于俄罗斯从传统的命令和控制模式向现代提供公共产品和服务为导向模式的转变。

10.2 公共财政管理存在的问题

俄罗斯发展现阶段的特征是提高国家在经济管理中的作用,引进创新技术,加强预算和财政领域的反腐败斗争,因为预算和财政资源是主要的管理工具。为了解决各层级和不同阶段预算执行和公共管理的问题需要采取各种措施。然而,直到现在为止在公共财政管理领域还存在许多缺点和尚未解决的问题。

一、中期财政规划

中期预算是一种涵盖3~10年的、以结果为导向的预算制度,其实质就是在长期预测的总额控制内,根据未来社会经济发展的优先方向,在预算资金管理者间或直接在各项预算规划间分配预算资金,完成公共支出管理从管理支出向管理结果模式的过渡。

中长期财政规划也是政府中长期预算,能够有效地消除年度预算责任不清晰、不连贯的短期化现象,克服资源配置和使用中诸如寅吃卯粮、成本代际转移等行为,使政府受托责任更加完整、连贯和可持续。但是,俄罗斯第一个中期规划未能履行其财政职责。

2004~2006年俄罗斯联邦预算改革理念的基础是在预算编制过程中需要规划足够的预算资金。因为,一方面政府需要履行社会公共服务义务;另一方面,又需要大量节省预算资金的支出。在这种情况下,作为预算改革框架的一部分,预算规划的成功编制和实施有益于预算承诺的实现。中期预算规划的编制与执行,是通过预算资金的分配和实际使用结果使其与国家战略重点和优先发展方向相一致，直接目标是提高公共支出效率，即以低成本达到理想的效果。这一改革的长期目标旨在国家政策中通过预算支出的优先次序来刺激经济增长。

然而，改革并没有达到预期的目的。俄罗斯政府承诺的公共支出效率结果并没有实现，政府并没有履行应承担的责任。2008～2009 年金融危机明显地暴露了俄罗斯预算制度和预算管理的弊端，中期规划实施的脆弱性，使政府缺乏财政纪律的约束。财政规划作为国家政策载体对宏观经济具有调控作用，作为一项制度具有约束政府财政行为的机会主义动机，实现利益相关者的经济利益。

经济形势和财政预算的关系十分密切，宏观经济环境和预算编制过程不可能没有变化。因此，在危机条件下中期预算编制的过程及预算规划的实施将更加复杂。

俄联邦预算分类的修订，包括向中期规划过渡的主要预算项目分类的审批并不是依据独立的法律，而是依据俄罗斯联邦预算法典。然而，由于 2008 年金融危机的影响，三年的预算规划指标作为临时的措施不得不停止实施。

应该承认，以结果为导向的预算规划仍然受联邦目标计划的制定和实施的限制。但是，这种制定和实施规划方案的方法基本上没有变化。

与此同时，政府并没有形成适当的文件对 2007 年通过的长期纲要的执行和实施的效果进行评估。纲要实施的效果是借助联邦目标计划（ФЦП）的各种参数进行的综合评估。据估计，俄罗斯联邦经济发展部对 2008 年第一季度的纲要实施的评估结果是，只有 5 个方案是有效率的，34 个方案只获得了平均效率，14 个项目无法做出有效性评价，因为这些方案缺少融资渠道。

编制预算规划的新方法是预算改革的一部分，旨在于有针对性地提高地区和预算资金的主要管理者在形成和执行投资政策方面的独立性和责任感。但是，近年来在预算投资方面实施的国家政策实践表明，联邦目标计划和联邦法典通过和实施的投资计划存在许多明显缺陷。

联邦机构中由于大量的行政壁垒阻碍了文件传输程序。行政壁垒的存在增加了协调工程预算的审批期限，包括联邦有针对性的投资计划（ФАИП）和联邦目标计划（ФЦП）项目的审批。这里还存在明显的问题，即预算融资计划实施的后期才发现本财政年度实现这些经济目标的支出和收入不均衡。

财政规划没有充分考虑地区的利益和优先选项，因此无法确保俄联邦主体建筑和工程项目清单的实现。此外，俄罗斯联邦主体对联邦有针对性的投资计划和联邦目标计划信息的研究滞后，以及缺乏联邦机构所需提交的明确方案。这导致这些地区延迟或错误地设计和提交了预算申请。

综上所述，可以发现预算规划应该以联邦目标计划为基础。对于此，有必要采取措施，按照俄联邦总统的预算咨文，加快实施以长期规划形成为基础的预算规划方案的原则。

二、财政预测的预见性

财政预测是现代财政管理的重要环节，是继财政规划后，公共财政管理的第二个重要内容，主要功能是研究公共财政未来的发展前景。财政预测的目的是研究财政在在未来时期可能的发展趋势，确定财政资源的适度规模、财政资金的来源、财政计划的依据，以及适当的修改出现的可能偏差等。

财政管理机构需要明确财政制度发展的各种方案，制定实施财政政策的最佳手段，俄罗斯国家杜马、总统办公厅、联邦财政部和其他部门是财政预测的主体。

根据财政预测预计财政资源及对这些资源的需求，推断未来财政收支的增减变化趋势，并评估未来可能的财政后果，是编制财政规划的基础，也决定了财政规划执行是否有效率。

这种预见性要求既能反映财政自身变化的趋势，又必须与社会经济发展趋势的预相一致。如果乐观地估计了预算规划的经济前景，必将使预算制度产生非常严重的财政风险，导致基本乐观预测而编制的财政规划出现执行效率低下。

俄罗斯高度依赖能源出口，油价暴跌必然重创经济。对于财政收入的50%依赖于石油和天然气的俄罗斯来说，必然产生一系列悬而未决的问题，其严重程度影响了以往有利的经济环境。这使得俄罗斯的预算制度产生了非常严重的财政风险，被迫选择更加积极的预算政策，以避免政府无力履行财政义务。在这种情况下，对俄罗斯预算规划的经济前景做出了过于乐观的估计。

从社会经济发展基本指标的预测与2008年度预算极其恶化可以判断过去的预期过于乐观。而2009～2011年的财政规划是根据2008年11月24日俄罗斯联邦法律（№204－FZ），2009年联邦预算和2010年和2011年的规划期预测进行的，见表10.1正是基于较高的预测构成了国家中期债务膨胀的基础。

面临经济形势的日益恶化，政府重新考虑修改预算制度的参数。但是，如果预算收入部分客观上比最初的计划削减超过40%，那么支出会是另外一种情景。在危机条件下，支出责任不仅难以消减，反而为支持疲软的经济和低收入群体，某些支出还要增加。

表 10.1 基于联邦预算收入的社会经济发展预测基本参数的比较

	2009			2010			2011		
	联邦预算 №204－ФЗ	预测	变化%	联邦预算 №204－ФЗ	预测	变化 %	联邦预算 №204－ФЗ	预测	变化 %
GDP[1)]	51 475	38 461	－25	59 146	42 372	－28	67 610	46 783	－31
GDP 累计增长[2)]	106.7%	91.5%	－14	113.7%	92.4%	－19	120.8%	94.8%	－22
累计 CPI(%)[3)]	108.5	112.0	3	116.0	123.0	6	124.0	133.0	7.3
美元平均汇率	24.7	32.6	32	26.0	34.5	33	27.3	37.0	36
乌拉尔原油价格[4)]	95	54	－43	90	55	－39	88	56	－36
天然气价格[5)]	421	229	－46	363	219	－40	358	215	－40
氢石油出口[6)]	255.0	245.5	－4	261.0	243.0	7	262.0	241.0	－8
天然气[7)]	213.5	160.8	－25	222.7	170.0	－24	227.0	181.5	－20
石油产品[8)]	115.4	117.3	2	117.6	115.4	－2	117.8	113.6	－4
油气生产[8)]	503	488	－3	514	485	－6	518	483	7
天然气[7)]	700	580	－17	715	596	－17	725	610	－16
外贸出口[9)]	507	274	－46	502	276	－45	509	282	－45
进口[9)]	370	190	－49	434	195	－55	490	205	－58

续表 11.1

	2009			2010			2011		
其他指标[10)]									
工资基金	12 888	10 746	-17	15 200	11 722	-23	17 708	12 977	-27
企业利润税	12 105	4 850	-60	13 550	8 510	-37	15 155	8 580	-43
税收折旧	1 630	1 854	14	1 815	2 022	11	2 021	2 251	11

注:1)10 亿卢布;2) 2008 年;3)2008 年 12 月;4)美元/桶;5)美元/千立方米;6)百万吨;7)10 亿/м^3;8)万吨;9)10 亿美元;10)10 亿卢布

在这种情况下,2009 年 4 月 28 日联邦法(№76-Ф3)取消了 2010~2011 年预算规划,对 2009 年预算指标进行了明确的调整。按名义价值计算,2009 年的联邦预算收入比原计划降低了 38.6%,联邦预算支出增加了 7.4%。2009 年的预算收入实际增长 2.3%,甚至更低,而支出上升 3.0%①。

因此,由于宏观经济形势整体上恶化,2010 年预算制度实施的结果使收入急剧下降,而预算支出实际上维持不变。2010 年更新后的预算支出为 98 230 亿, 2011 年是 93 590 亿卢布,而不是 99 800 亿卢布。这种情况意味着预算支出结构实际上发生了变化,联邦预算用于养老保险基金、公共债务和利息的转移支付支出增加了。

由于世界能源价格的下降,近几年俄罗斯预算收入急剧下降。在 2010~2011 年期间,世界石油和天然气的价格低于市场预期的 36~40%。对国内生产总值增长的预测与过去相比明显不同:2011 年与 2008 年相比,国内生产总值增长 20% 以上,2011 年实际国内生产总值实际的规模却比 2008 年低 5.2%,而名义国内生产总值为 28~31%,低于 2009 年至 2011 年的初始预算计划。

根据预测,外贸出口也发生了变化。2010 年与 2009 年相比,按美元计算的外贸出口下降了 45%,进口量下降了 55~58%。据估计,2010 年和 2011 年企业利润税低于联邦法典(№204-Ф3)的计划,分别是 43%、37%。收入的急剧下降,不仅是因为不断恶化的宏观经济环境,而且也是克服危机而采取的财政刺激措施的后果。因此,企业所得税税率降低 4 个百分点(考虑联邦预算收入),联邦税率的 0.5 个百分点转移到区域预算。联邦预算的利润税税率从 6.5% 下降到 2%。这项措施

① Концепция среднесрочной программы Правительства Российской Федерации на 2009-2012 гг. // Вопросы экономики, 2009, №1.

使2009年的联邦预算约占国内生产总值的1%。

2010~2012年期间社会经济发展的预测结果,俄罗斯政府实施的反危机措施使经济增长出现了积极变化。在2010年,国内生产总值增长1.0%,2011年2.6%,2012年3.8%。考虑到石油生产需求的预测,随着时间的推移,其生产水平将下降。国内石油消费的增长,石油出口逐步下降,在未来几年天然气生产继2009年大幅下跌后开始恢复。

2010年固定资产投资增长0.5%左右,主要是在自然垄断行业的投资以及公共资金占有率较高的行业,如交通、教育、医疗保健、公用事业和住房等。在2011-2012年,在所有经济部门的投资活动都得到恢复,稳定了银行系统的信贷增长。

居民实际收入在随后的几年中,以每年2~3%的速度适度增长。名义工资每年平均增加到10~11%。2010年通货膨胀目标估计为10%,2011年为7.8%。很显然,从2009年春末到仲夏时节,石油价格的快速上涨,造成了回报率过于乐观的预期。

由此可见,俄罗斯成功的预算规划依赖于与出口相联系的国内与世界经济的科学预测,其中包括原材料价格的变化对俄罗斯预算收入、财政支出结构、财政赤字的影响等。

三、预算支出效率

俄罗斯预算执行过程中,还存在各层级公共部门缺乏降低联邦预算支出的激励,由此也产生了提高支出效率和预算资金合理使用问题。在图10.2中清楚地显示,尽管财政政策旨在于降低支出规模,但是2011年到2014年联邦预算支出的实际规模和2014-2017年法律标准都逐年提高,2014年的法律标准仍然低于实际运行状况[①]。

① Информационно - аналитический отдел Минфина РФ [Электронные ресурсы] // Министерство финансов Российской Федерации [сайт]. URL : http://info. minfin. ru/fbrash. php (дата обращения 01. 03. 2015 г.

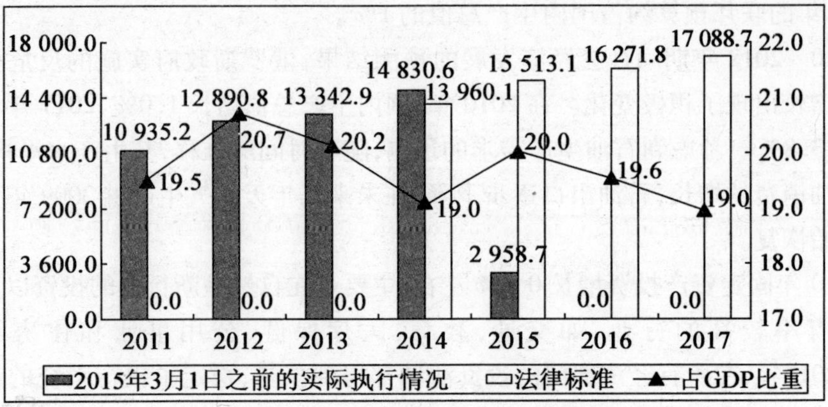

图 10.2　2011－2017 年联邦预算支出的变化

而图 10.3 显示了联邦预算收入的变化态势[①]。该图表明,2012 年到 2015 年从预算执行到法律标准的预算收入的数额都低于支出规模。

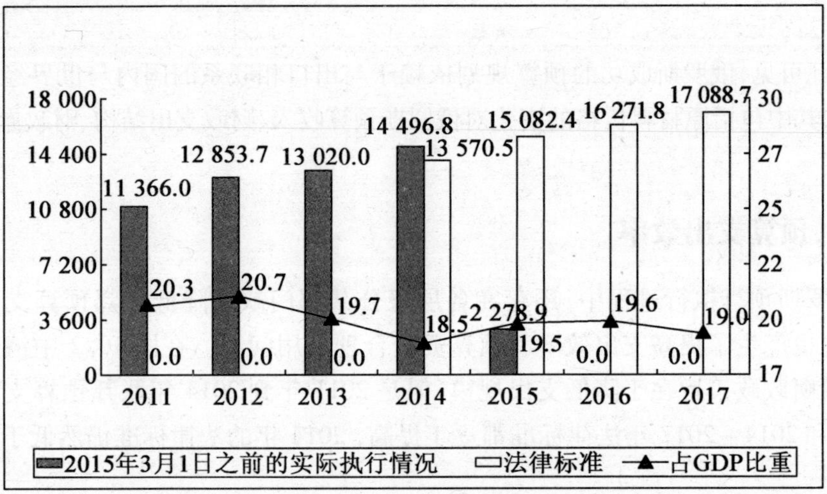

图 10.3　2011－2017 年联邦预算收入的变化

由宏观经济理论可知,如果政府支出,如政府采购和转移支付支出超过税收融

① Информационно－аналитический отдел Минфина РФ［Электронные ресурсы］// Министерство финансов Российской Федерации［сайт］. URL : http://info. minfin. ru/fbdohod. php（дата обращения 01. 03. 2015 г.

资的预算收入,必然使国家出现赤字状态,为了弥补财政赤字并为预算支出融资必须在金融市场借贷,成为债务人。因此,为了使预算平衡,国家应该发行公债并且在证券市场出售。债券的购买者用其储蓄的一部分购买政府债券,使支出超过收入而产生的财政赤字得以弥补。

很显然,俄罗斯政府尚缺乏最有效的手段以降低国家支出超过收入的部分,需要寻找并采用特殊手段引导社会政策的发展和完善。

四、财政制度效率

预算资金的分配和使用还存在违规和腐败风险,导致财政制度的效率低下。在反腐败的背景下,预算领域仍然存在着大量滥用公共权力谋求对自己和利益相关者的利益。财政体制内的腐败是一个严重的现象,与简单缺陷和错误存在明显的不同。

通过统计数据可以反映公共财政领域存在的“公地悲剧”和公共资源的非理性消费。例如,2012 年财政预算审核和检查了最典型的违规行为超过 15 700 项。根据审核和检查的结果来看,违规涉及的数额几乎达到 7 500 亿卢布,其中联邦预算资金达 6 430 亿卢布。违反效率原则使用的货币资金和和物质资源的规模比 2011 年降低了 2.3 个百分点。非法使用的资金规模是 355 亿卢布(其中包括 31.5 亿没有按预期目的使用),比 2011 年增长了 7.7 个百分点。2012 年各级政府和预算外基金未支付的数额比 2011 年平均降低了 63.6 个百分点,约达 22.7 亿卢布[①]。

违反俄罗斯联邦地区预算支出法律的资金总额为 46 亿卢布,其中联邦预算资金为 34 亿,联邦主体为 12 亿,这些地区包括阿尔泰共和国、塔吉斯坦共和国、印古什、卡尔梅克,北奥塞梯 - 阿兰共和国、卡拉恰伊 - 切尔克斯共和国、车臣和堪察加边疆区和楚科奇自治区。同时,挪用资金共计 7.240 千万卢布,其中挪用联邦预算资金为 4.55 千万卢布,联邦主体为 2.69 千万卢布。多缴超支的货币资金和实物价值总额近 12 亿卢布,其中联邦预算资金约为 11.7 亿,联邦主体预算资金达 1 900

① Исаев Э. А. На страже государственной казны [Электронные ресурсы] // Бюджет. RU [сайт], 2013. № 4. URL : http://bujet. ru/article/225356. php (дата обращения 27. 04. 2013).

万卢布①。

此外,俄罗斯联邦审计院使用统计数据审查的结果,显示了更有效和高质量识别预算违法的监管措施所取得的结果,2012年审计院采取了502项审计和专家分析措施。其中包括370项审计措施和132项专家分析措施,这些措施覆盖83个联邦主体1 086项工程。统计结果见表10.2。

表10.2 2012年联邦审计院核查的预算资金使用的情况单位:10亿卢布

	2012年	2011年	2010年
违法并要求追加预算资金的	4.5	11	2.3
违反预算法	187,2	60,5	177,6
违反俄联邦税法	1,4	0.1	0.4
违反国家和市政需要的采购法	130,7	238.5	42.6
国有资产处置和管理不规范	8.2	15.5	10
违反会计和财务报告法规	16.6	65.3	13.2
推迟向信托管理机构和人从养老基金转移信托基金	389.9	2 958	1 973
其他违法使用的预算资金	463	416	412
非专项预算资金的使用	12	12	16
提供和使用预算制度资金的违规和失误	781.4	718.5	483.9

总之,俄罗斯在财政支出管理和财政资金使用等方面存在各种形式的违法行为,虚报、冒领、挪用骗取财政资金等非法获益的行为。这种违规行为必然导致预算资金使用效率低下,财政资源浪费和扭曲性配置,使社会福利水平下降。

最近几年,俄罗斯一直为削减财政支出而努力。连续几年的年度预算法也是围绕该核心问题的修正法案,通过了有关规范公共财政管理执行机构的责任和监管国家资金支出有效性的法律。然而,俄罗斯联邦预算法通过的修正案没能产生由法律保障的公共财政监管制度。

俄罗斯财政管理需要克服很多困难和问题,因为存在着一些限制国家财政管

① 同上

理有效性的因素。这些措施包括:在预算法中缺乏公共财政管理的界定以及国家和联邦层面的监管标准,没有形成明晰和全面的财政规划的法律框架,特别是缺少统一财政管理体制的联邦法律;公共财政管理的组织结构没有充分反映联邦国家体制的特征;缺乏联邦和地区公共财政管理机构的法律地位的界定;缺乏明确界定推卸责任的活动范围;监管机构之间相互沟通不足,监管部门活动的先后次序缺乏统一性;没有统一的数据库和监测方法;缺乏财政监管工作规划和财务违规行为分类的全国性原则;未解决的法律问题阻止合理解决国家财政控制的实际问题。所有上述问题无疑会影响公共财政管理的质量。

10.3　公共财政管理问题的解决

所以俄罗斯现阶段发展的特点是提高公共管理在经济增长中的作用,支持在各个领域的技术创新,打击预算和财政部门不断上升的腐败和犯罪,为了解决各级政府和各个阶段的预算执行和公共财政管理存在的问题需要采取各种措施。

一、发达国家公共财政管理的经验

从发达国家特别是 OECD 国家实施的比较成功的经验来看,成功的公共财政管理具备五个要素:强化政府财政责任、长期预算管理、保持预算支出的长期性,自上而下的预算程序,放权投入控制,采用产出基础的受托责任体制。而政府的会计改革对上述公共财政管理模式起着重要的支持性作用。

1. 强化政府的财政责任

约束政府财政责任制度旨在于增强政府承诺的可信度,形成稳定的市场预期。理论和经验表明,开放的金融市场(尤其是资本市场)能够及时反应政府财政信息,又会约束政府的财政行为。在财政框架中约束政府财政责任的创新有两项:建立中期预算基准,强化政府财务报告的透明度与及时性。

中期预算基准的核心是中期支出、赤字和债务约束基准。在建立中期预算基准方面,欧盟的综合财政基准是对追求相同目标的多个国家提出的财政约束基准,其中最重要的两项是赤字比率不超过3%,债务比率不超过60%。目前除了欧盟设立共同的财政基准来约束成员国外,新西兰、英国、澳大利亚、瑞士等其他许多国家也通过法律建立了自己的财政约束基准,用以增强政府履行其财政责任的可信度。

2. **中长期预算管理**

中长期预算管理一般情况下是指1年以上10年以下的计划为中期规划,10年以上的计划为长期规划。在市场经济条件下,经济周期性波动是客观存在的,而制定财政中长期规划是在市场经济条件下政府进行反经济周期波动、调节经济的重要手段,是实现经济增长的重要工具。在形成和决定预算政策的过程中,多年期预算框架可在年度预算过程起到约束公共支出需求的作用,限制政治家、利益集团、官僚以及公共资金的使用者的支出需求。

3. **自上而下的预算程序**

采纳新型的自上而下的预算程序也是预算管理的重大创新。这项创新的核心内容是:(1)在预算准备过程的起始阶段,即由较高级别的部门建立和公布总量预算限额、部门预算限额;(2)总量预算限额同部门预算限额问题或部门预算限额同规划的配置问题,这是两类相关但又不同的问题。对这两类问题的分别考虑有助于增强预算约束,有助于各部门协调,使政策目标在预算决策中得到更优先的考虑[①]。

4. **放松投入控制**

澳大利亚、新西兰、瑞典以及英国在总额控制的基础上,赋予支出机构完全的自由裁量权,在资源使用方面具有很高的灵活性。

例如,增量预算与零基预算就是其中的一个例子。增量预算是指新的预算在以前期间的预算或者实际业绩基础上进行编制,并增加相应的内容;零基预算,能够不考虑过去的预算项目和收支水平,以零为基点编制预算;绩效预算是在"零基预算"基础上进行的改进。发展到20世纪80年代,世界上多数国家在零基预算基础上又推出了绩效预算,这是政府公共管理方式的又一次大的变革,由政府各个职能部门首先确定自己的职能,然后对职能目标进行细分,按照职能目标确定预算经费。

5. **理想的支出管理制度**

Campos and Pradhan(1996)指出理想的支出管理制度具备三个要素:财政纪

---

① Robert D. Putnam, "Diplomacy and Domestic Policy: The Logic of Two - Level Games," in P. B. Evans et al., Double - Edged Dlplomacy, University of California, 1993, pp. 431 - 468.

律、资源配置政策的优先事项以及良好的运营管理[①]。

财政纪律是对支出的控制和赤字的严格管理。有效的财政管理会抑制政府及各级官员的机会主义动机，避免公共资源的“公地悲剧”。

比如，激励政治家为了获得更多的权力而维护某些利益相关者的利益，并经常通过赤字而诱导预算资金的过度使用，从而增加后代人的偿债负担。

除了赤字开支以外，一些国家如俄罗斯缺乏财政纪律的主要原因是依赖于石油资源高价格，而不是有益于后代的生产性投资。财政纪律是建立在良好的收入预测，系统准确地规划和监测支出，实现资源的战略配置，并将其分配到优先领域来实现可持续发展的目标。但是，客观上也存在弱化财政纪律的因素。Campos and Pradhan 指出，如奖励制度会影响预算执行的结果，过度使用资源而导致“公地悲剧”；选举周期可以阻碍战略优先选择；信息不对称会妨碍资源的有效分配和使用。相反，如果能形成对政客和官员的约束力限制，才能达到上述三个结果。

良好的运营管理具有经济（质高价低）、效率（产出最大成本最低）和效益（达到预期的结果）的特点。

综上所述，一个国家成功的公共财政管理取决于很多因素。除了上述因素影响公共管理的效率和透明度外，政治和体制缺陷也会阻碍国家对改革的努力，此外，国家的多样化语言和历史文化传统在一定程度上也可能影响改革的效果（Batley, Richard and George A. Larbi. 2004）等[②]。

二、公共财政管理改革的国际援助

俄罗斯公共财政管理的建设多次得到国际经济组织的援助。比如，2013 年，国际复兴开发银行提供了项目实施为期四年的技术援助贷款，大部分资金将用于技术援助。3275000 美元用于购买硬件和软件，以创建地方税务机构为纳税人提供的信息和咨询服务的基础设施。香港国际金融中心（IFC）为俄罗斯提供支持私营部门的发展，鼓励经济增长的策略。

---

① Campos, Ed and Sanjay Pradhan, 1996. Budgetary Institutions and Expenditure Outcomes: Binding Governments to Fiscal performance. Policy Research Working Paper 1646. Washington, DC: World Bank.

② Batley, Richard and George A. Larbi. Changing Role of Government The Reform of Public Services in Developing Countries. Basingstoke Hampshire (UK): Palgrave Macmillan. 2004, 18.

2013 年 9 月 13 日世界银行董事会批准了一项 5 000 万美元的贷款,用以资助俄罗斯联邦政府的一项 13 357.1 万美元的公共财政管理技术援助项目。该项目协助俄罗斯财政部,联邦税务局、联邦财政部、经济发展部等,旨在于提高公共财政管理的透明度以提高预算效率、影响和问责制。

该项目直接支持世行“俄罗斯联邦国家伙伴战略”的一个主题,即改善治理和透明度。它还将有助于确保公共投资和公共服务提供更有效率和财政可持续,从而促进底端 40% 人口的收入增长;纳税人将受益于联邦税务局对纳税人服务手段的调整和改进争端解决等程序,企业可以从税务政策和行政管理的改革中获益,从而为商业和投资创造更好的环境。

该项目的战略目标将通过以下 4 个主要领域的配套措施来实现:(1)提高俄罗斯的税收制度的经济效率,修改税收政策的主要领域和提高联邦税务局为纳税人提供服务的质量。(2)简化地方政府融资的方法,加强其对预算周期的各个阶段运行结果的重视,加强地方政府对公共财政的管理能力。(3)通过实施财务管理信息系统(电子预算)提高预算信息的质量、传递速度和实用性。最大限度地促进透明度和问责制。(4)完善预算编制过程,控制和监督其实施,以确保更加注重预算支出的效率。

通过以上措施的实施旨在于达到以下效果:(1)减少中小型企业税收计算和支付税款所花费的时间,以反映《商业环境报告》的指标;(2)提高在公共财政管理方面更满意的地区数量;(3)实现更高的预算透明度指标;(4)在联邦预算中更多地使用绩效指标来反映政府支出计划的目标和结果。

以该方案为基础,实现俄罗斯联邦和世界银行之间在预算规划、税收政策和税收管理等领域之间的长期合作。包括区域财政技术援助项目、财政联邦制和区域预算制度改革计划、税务管理现代化项目、以及联邦国库发展项目。新项目旨在支持有关税收政策和税收管理,政府间财政预算关系的有效性,以及电子预算战略方向的转变。

三、主要领域的改革

始于 20 世纪 90 年代的财政管理的首要内容是如何筹集更多的收入以保障政府良好的治理水平。但是,由于石油价格的冲击,给支出带来了一系列的挑战,导致财政收入不稳定和财政赤字上升。这些挑战包括脆弱的公共支出和资金计划,预算结构不合理(资本和经常性预算矛盾并且联系薄弱)、预算执行情况(如现金管理弱化)、会计报告(如无承诺会计)和提高绩效和配置的选择性改革。

在实践中,公共财政管理不能采用适合所有国家的方法来决策。基于对国家的传统,能力和需求的深刻理解,有效的改革取决于不断变化的政治和组织变革。

1. 对预算支出的有效性进行评估

完善和扩大预算规划的方案和目标的方法的应用范围,包括评估预算支出有效性程序的形成和纳入预算过程。遗憾的是,直到现在也没有形成对预算分配有效性的系统和全面监督,缺乏研究,法律上没有确定评价指标。这要求加速这个方面的工作,以便根据将要取得的具体成果分配相应的预算资金。

效果的评估应按所有的预算拨款进行,包括股份制企业(开发机构)和公共部门的法定资本。

2. 公共部门改革

促进经济增长和提高预算资金的使用效率的最重要的条件之一,是要加快预算部门结构调整。在大多数情况下,预算筹资机制是无效率的,因为与预算部门活动的结果缺乏联系。伴随预算外收入的可能性激励了公共部门提供收费性质的公共服务的兴趣,但降低了他们实现其核心业务的质量的积极性。其结果是降低了国家和市政公共服务的数量和质量。

大多数公共部门能够在市场条件下提供公共服务,但是,现在他们中的很多部门都无法成为独立的机构。因此,有必要创造条件,鼓励公共机构成为独立自主的企业。此外,公共部门重组过程十分缓慢,因为俄罗斯联邦的政府没有采取一系列关于2006年通过的关于"自治组织"的联邦法律的实施方案。

最后,公共部门改革的当前趋势是鼓励私人部门为政府提供有限服务。比如地方政府经营的一些业务,采用外包政府服务的式,由私人部门能更高效地提供一些公共服务。这方面,日本是历史上规模最大的改革实体,值得借鉴。

3. 国家财政的控制

公共领域腐败对国家履行其职责和发挥公民的作用将带来严重的后果,必将使公民失去对国家的信任。这就需要政府在该领域防止违规和打击犯罪行为。传统的打击腐败的技术和方法,只能解决一些常见的问题。比如国家专项资金的限制和使用,以及实施财政管理的规范和准则。解决腐败问题需要更复杂、更有效的财务调查和打击方法。为了打击这种现象需要启动司法制度,司法程序有义务调查和防止所有犯罪活动,并对腐败者进行处罚和制裁。这种制度安排实际上是运用国家监管的经济杠杆影响财政结果。

联邦审计院使用统计数据审查的结果,显示了如何有效和高效率地对预算违规活动进行监测活动,见图 10.4、图 10.5。

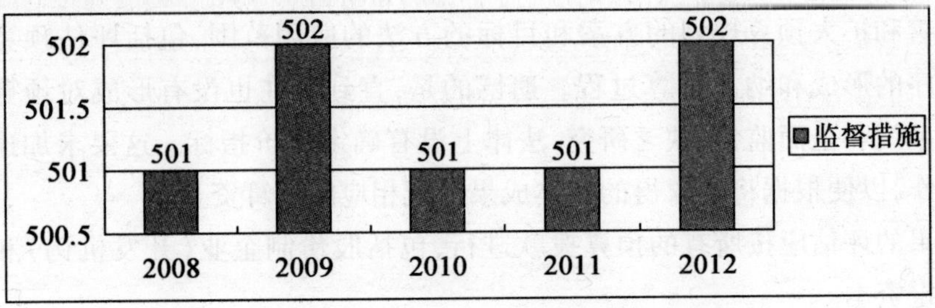

图 10.4　联邦审计院采取的财政控制措施的数量

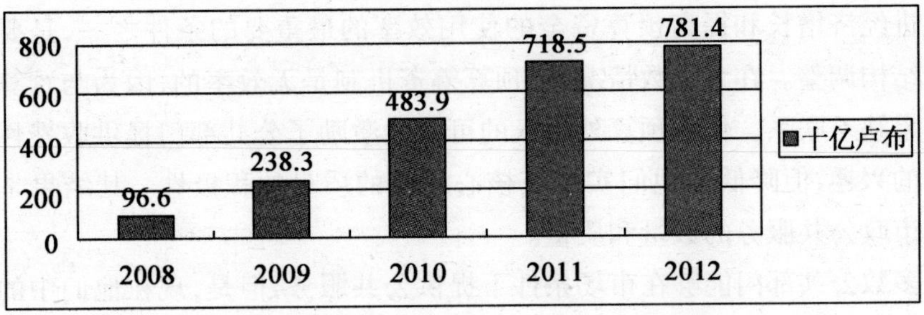

图 10.5　2008～2012 年财政领域违法规模

从审计院核查和审计的数据变化可见,2008～2012 年监管措施的数量几乎没有变化,仅在 2009 年和 2012 年增加了。但是以货币形式表示的违规数量显著上升。比如共查明违法和失误的国有资产处置和管理的收入和预算资金共计 7 814 亿卢布①。

伴随有效率的预算规划的发展,国家财政控制的作用需要加强。国家财政资金的监管体系应包括对官员行为、公共资金的规划和管理决策的强制评估。

① Итоги работы Счетной палаты Российской Федерации в 2012 году и Основные направления деятельности в 2013 году / Официальное издание. Подписано в печать 01. 02. 2013 г.

然而,到现在为止,政府尚未做出承诺,调整国家财政控制的法律基础,即联邦预算法典。此外,还没有形成对国家社会经济发展进行中期预测的现代框架,需要完善预算规划的质量。因此,俄罗斯现阶段的发展需要对预算制度的积极改革,以实现各级预算的效率目标。

改革涉及预算过程的许多方面和不同方案的质量。通过财政控制对预算过程的复杂性和可能产生的影响做出判断,因为这些都始终与官僚机构、大量的腐败和一些国家的经济机构发展密不可分。

综上所述,俄罗斯当务之急是及时解决财政分配的控制和完善法律和体制框架,构建合理的组织和结构问题,建立国家控制的凝聚力和有效的制度,保障公共财政的健康和高效的发展和成功的经济政策。为了解决这些问题,有必要提出系统化的解决方案:预算资金使用效率;在预算支出增长超过收入增长的条件下,有必要激励各层级公共部门提高预算资金使用效率,并鼓励联邦预算资金的合理使用;合理编制财政规划,为了获得更加有效率的预算,需要使其目标与任务的制定应该与社会经济发展的中期和长期目标相一致,这将有助于提高资金支出的有效性。显然,联邦预算编制所有支出项目应该明确反映长期财政规划的所有目标和实现措施;预算过程改革的主要任务是为更有效的公共财政管理与国家政策的优先选项相适应创造必要条件。总之,公共财政管理的改革旨在于增加公共财政管理和建设的透明度,以提高预算效率、效力、改善治理和问责制的制度基础。

参考文献

[1] AYALA A, BLAZSEK S. Structural breaks in public finances in Central and Eastern European countries[J]. Economic Systems, Volume 37, Issue 1, March 2013, Pages 45 –60.

[2] ANDRIEVSKAYA I, SEMENOVA M. Does biological endowment matter for demand for financial services? Evidence from 2D:4D ratio in the Russian household survey[J]. Personality and Individual Differences, Volume 104, January 2017, Pages 155 – 165.

[3] CHEN S and RAVALLION M. The Developing World Is Poorer Than We Thought, But No Less Successful In The Fight Against Poverty[J]. The Quarterly Journal of Economics, 2010, 125(4):1577 –1625.

[4] DEVARAJAN S, SWAROOP Vand H. Zou. The Composiotion of Public Expenditure and Economic Growth[J]. Journal of Monetary Economics, 1996(37):314 –344.

[5] DAVYDOV D, NIKKINEN J, V? h? maa S. Does the decision to issue public debt affect firm valuation? Russian evidence[J]. Emerging Markets Review, Volume 20, September 2014, Pages 136 – 151.

[6] FAN S and SAURKAR A. Public expenditures, growth, and poverty : lessons from developing countries[M]. Baltimore:Johns Hopkins University Press, 2008: 91 – 124.

[7] GRAHAM D A, MARSHALL R C. Collusive Bidder Behavior at Single – Object Second – Price and English Auctions[J]. Journal of Political Economy, 1987: 1217 – 1239.

[8] GUPTA S. Competition and Collusion in a Government Procurement Auction Mar-

ket[J]. Atlantic Economic Journal, 2002: 13 -25.

[9] GIANNAKOURIS K. Ageing Characterizes the Demographic Perspectives of the European Societies[J]. Luxembourg: Eurostat Statistics in focus, Working Paper, No. 72, 2008.

[10] GRECHENYUK A, GRECHENYUK O, POLOZHENTSEVA Y. The Specificity of the Problems of Assessing the Financial Condition of Russian Companies[J]. Procedia Economics and Finance, Volume 27, 2015, Pages 230 -234.

[11] GORDEEV V S, PAVLOVA M, GROOT W. Two decades of reforms. Appraisal of the financial reforms in the Russian public healthcare sector[J]. Health Policy, Volume 102, Issues 2 - 3, October 2011, Pages 270 -277.

[12] JAVAKHADZE D, FERRIS S P, DAN W F. Social capital, investments, and external financing[J]. Journal of Corporate Finance, Volume 37, April 2016, Pages 38 -55.

[13] KUZNETS S. Economic Growth and Income Inequality[J]. American Economic Review, 2010(45):1.

[14] LYNCH A C. The influence of regime type on Russian foreign policy toward "the West," 1992 - 2015[J]. Communist and Post - Communist Studies, 2016, 49(1):101 -111.

[15] LYBRAND C &. International tax summaries[M]. New Jersey: Wiley, 1982.

[16] MURASHOV Y, RATNIKOVA T. Under - reported income of Russian households[J]. Russian Journal of Economics, Volume 2, Issue 1, March 2016, Pages 56 -85.

[17] YAKOVLEV A. Russian modernization: Between the need for new players and the fear of losing control of rent sources[J]. Journal of Eurasian Studies, Volume 5, Issue 1, January2014, Pages 10 -20.

[18] YOUNGER D S. Health Care in the Russian Federation[J]. Neurologic Clinics, Volume 34, Issue 4, November 2016, Pages 1085 -1102.

[19] Артемьева Ю. А. К вопросу о способах толкования налоговых норм [J]. Глобальный научный потенциал, 2013, 8: 128 -132.

[20] Афанасьев Р. С. и др. Бюджетная политика субъектов Российской Федерации

[М]. под ред. Головановой Н. В. М. : Изд－во ? Дело? РАНХ, 2010.

[21] Белоусов Ю. В. , Голованова Н. В. , Тимофеева О. И. Мониторинг открытости региональных бюджетов РФ в 2013 － 2015 годах [J]. Финансы, 2016, 10: 70 －75.

[22] Калинина О. В. Социальная направленность российской налоговой системы: национальный и международный аспекты [М]. Финансы и кредит, 2011,3 (435): 43 －52.

[23] Клисторин В. И. Российский федерализм: региональная политика, направленная на поддержку муниципальных образований [J]. Регион: экономика и социология, 2009, 3: 41 －54.

[24] Куликов М. В. Оценка текущей макроэкономической ситуации и ее ближайшая перспектива [J]. Деньги и кредит, 2015, 11: 3 －4.

[25] Кудрин А. Л. Трёхлетний бюджет диверсификации экономики [J]. Финансы, 2007, (4): 41.

[26] Концепция среднесрочной программы Правительства Российской Федерации на 2009 －2012 гг [J]. Вопросы экономики, 2009, 1.

[27] Колесов Р. В. , Юрченко А. В. Система государственного финансового контроля РФ: проблемы и перспективы [М]: Монография. －Ярославль: ЯФ МФЮА, 2013.

[28] Калинина О. В. Социальная направленность российской налоговой системы: национальный и международный аспекты [R]. Финансы и кредит, 2011, 3 (435): 43 －52.

[29] Клоцвог Ф. Н. , Магомедов Г. М. Пути активизации российской региональной политики. Научные труды: Институт народнохозяйственного прог нозирования РАН [R]. Гл. ред. А. Г. Коровкин. М. МАКС Пресс, 2005.

[30] Лабузова В. А. Проблемы и направления совершенствования системы налогообложения в России [J]. Молодой ученый, 2014, 20: 323 －325.

[31] Любовный В. Состояние и проблемы российских городов в контексте понятия экономической безопасности [J]. РЭЖ, 2011, 11: 25 －40.

[32] Личутина Е. А. К вопросу о государственном финансовом контроле [R].

Научный альманах, 2015, 7.

[33] Малева Т. 2014 – 2015 гг.: Экономический кризис—социальное измерение [M]. М.: РАНХиГС, 2015.

[34] Мау В. А., Кузьминов Я. И. Стратегия – 2020: Новая модель роста — новая социальная политика: в 2 – х т [M]. М.: Дело, 2013.

[35] Меркулова Т. В. Экономический рост и неравенство: институциональный аспект и эмпи – рический анализ [J]. Экономическая теория, 2009, 1: 81 – 90.

[36] Сенчагов В. Бюджетная политика и ее роль в обеспечении экономического роста [J]. Вопросы экономики, 2007, (5): 65 – 80.

[37] Сидорович А. В. Курс экономической теории: учебное пособие [M]. Под ред. М: Дело и сервис, 2007.

[38] Синельников – Мурылев С., Дробышевский С., Казакова М. Декомпозиция темпов роста ВВП России в 1999 – 2014 годах [J]. Экономическая политика, 2014, 5: 7 – 37.

[39] Сигов И. И. Регионоведение, как наука о территориальной организации общества [J]. Регион: политика, экономика, социология, 2011, 1: 16.

[40] Турбина Н. М. Проблемы администрирования региональных и местных налогов [J]. Социально – экономические явления и процессы, 2013, 2 (048): 121 – 23.

[41] Табах А., Андреева Д. Долговые стратегии российских регионов [J]. Вопросы экономики, 2015, 10: 78 – 93.

[42] Хрусталев А. А. Совершенствование налогообложения в регионах в условиях нарастания бюджетного дефицита (на примере г. Москвы) [J]. Молодой ученый, 2016, 7: 1024 – 1029.

[43] Цирель С. Влияние государственного вмешательства в экономику и социального неравенства на экономический рост [R]. Вопросы экономики, 2007, 5: 20 – 29.

[44] Чернявский А. Проблемы сбалансированности региональных бюджетов [J]. Финансы, 2014, 8: 15 – 21.

[45] Чхутиашвили Л. В. Аудит эффективности как инструмент противодействия коррупции в РФ. Чхутиашвили [R]. Финансы и управление, 2014, 3.

[46] Шаталов С. Д. Налоговый кодекс: Изменения в налоговой системе закладывают основу экономического роста: Беседа с первым зам. министра финансов РФ С. Д. Шаталовым. [J] Финансы. 2000, 8: 3 – 6.

[47] Юшков А. О. и др. Роль субвенций в российской системе бюджетного федерализма [J]. Вопросы экономики, 2016, 10: 49 – 64.

[48] Роик В. Д. Социальный бюджет России: каким ему быть в XXI веке? [J]. ЭКО, 2016, 10: 156 – 171.

[49] 郭连成. 俄罗斯财税体制改革与财政政策调整及其效应分析[J]. 世界经济与政治, 2002, (12): 67 – 72.

[50] 李俊霖. 宏观税负、财政支出与经济增长[J]. 经济科学, 2007, (4): 34.

[51] 李中海. 俄罗斯外债问题研究[D]. 对外经济贸易大学硕士学位论文, 2001, 9 – 14.

[52] 李淑霞. 财政分权与财政激励——基于俄罗斯预算联邦制的研究[M]. 北京: 经济科学出版社. 2009.

[53] 李淑霞. 俄罗斯财政分权与软预算约束[J]. 国外社会科学, 2012, (02).

[54] 李淑霞, 梁伟涛. 财政联邦主义理论的传统与创新[J]. 学习与探索, 2010, (05).

[55] 刘文革. 俄罗斯经济转轨进程中的通货紧缩——兼与中国的比较[J].《俄罗斯中亚东欧研究》,2003, (3): 41 – 49.

[56] 刘微. 转轨时期的俄罗斯财政[M]. 北京: 中国财政经济出版社, 2005.

[57] 刘云龙. 民主机制与民主财政 – 政府间财政分工及分工方式[M]. 北京: 中国城市出版社, 2001.

[58] 刘溶沧, 赵志耘. 税制改革国际比较研究[M]. 北京: 中国财政经济出版社, 2002.

[59] 刘军, 郭庆旺. 世界性税制改革理论与实践研究[M]. 北京: 中国人民大学出版社, 2001.

[60] 娄芳. 俄罗斯: 从计划到市场的艰难过渡——透视 21 世纪经济改革目标[J]. 东欧中亚研究, 2001, (6).